LA CONSTITUCIÓN TRAICIONADA

De la ingenuidad de la Transición a la embestida secesionista

Aleix Vidal-Quadras

La Constitución traicionada

De la ingenuidad de la Transición a la embestida secesionista

LIBROSLIBRES

LIBROSLIBRES
Raimundo Lulio, 20, 1º Dcha.
28010 Madrid (España)
Telf.: 34-91 594 09 22
Fax: 34-91 594 36 44
correo@libroslibres.info
www.libroslibres.info

Primera edición: abril de 2006
Depósito Legal: S. 331-2006
ISBN: 84-96088-49-9

Impresión: Gráficas Varona, S.A.
Impreso en España - Printed in Spain

«...pero eran tan pocos
que no se podían oponer a los que no lo eran,
y no era bien crear la sierpe en el seno,
teniendo los enemigos dentro de casa.»
El ingenioso hidalgo Don Quijote de La Mancha
MIGUEL DE CERVANTES

«Todo iba bien hasta que llegó esa cosa endemoniada.»
*(Declaraciones de Mirjana, una mujer macedonia eslava
al enviado especial de un periódico español a finales de junio
de 2001 en el arrasado pueblo de Singelic, junto a Skopje)*

«Yo he dicho siempre
que consideraba a los partidos locales
como una enfermedad de la política española.»
ANTONIO MAURA

ÍNDICE

IV. ¿POSTNACIONALISMO EN LA UNIÓN EUROPEA?

LA CONSTITUCIÓN TRAICIONADA

PRÓLOGO

Desde que me dedico a la política activa, unas veces en primera línea de combate, otras en la retaguardia inquieta y forzosa, he publicado cuatro libros en los que se recogen artículos de periódicos, conferencias, intervenciones en encuentros públicos de diversa naturaleza y ensayos en revistas de pensamiento. La vida parlamentaria y las responsabilidades de partido, con sus idas, venidas, reuniones innumerables y urgencias devoradoras, generan un ambiente poco propicio para la escritura tranquila, reposada y reflexiva. Sin embargo, hay ocasiones en las que surge la necesidad de elaborar un pensamiento más estructurado, bien sea debido a la invitación a participar en un curso de verano, a la petición de un texto para un volumen colectivo o a la ineludible demanda de pronunciar un discurso por algún motivo solemne o trascendente. Es en tales coyunturas cuando se dan al papel reflexiones y argumentos de mayor calado y alcance que los propios de los condensados mensajes de la efímera rueda de prensa, la apresurada columna de opinión o el desatado fervor del mitin electoral. Por supuesto, cualquier político con cierta ambición intelectual desea disponer del tiempo y la serenidad requeridos para dar a la luz un cuerpo de doctrina consistente, completo y claramente perfilado, pero en ausencia de estas condiciones ideales, bueno es reunir fragmentos que, encerrados en una única encuadernación, permitan al lector construir por sí mismo, como el que junta pacientemente las piezas de un puzle en el que figuran principios, valores, análisis, críticas y propuestas programáticas en desordenado montón, el esquema conceptual y axiológico que guía la actuación del que reclama su adhesión o solicita su voto.

Por eso entrego a la imprenta este quinto libro en momentos de profunda crisis nacional. Quizá no lo hubiera hecho si no tuviera la percepción de que nos hallamos en la antesala inmediata de cambios dramáticos en nuestro sistema institucional y jurídico, el que se alumbró con la Transición hace ahora casi treinta años, cuando un grupo de hombres y mujeres imbuidos de buena voluntad y generoso patriotismo creyeron haber hallado la fórmula para derrotar para siempre a nuestros ancestrales demonios. Esta ilusión colectiva ha durado un cuarto de siglo y para nuestra desgracia se está desvaneciendo sin remedio a gran velocidad ante los ojos horrorizados e incrédulos de millones de españoles sensatos y decentes. El nuevo Estatuto de Cataluña, en fase de acelerada confección en la Comisión Constitucional del Congreso mientras tecleo estas líneas, marca el principio del fin de la Carta Magna de 1978, y junto a la claudicación deshonrosa del Gobierno frente a ETA y a las reformas estatutarias que se perfilan en el horizonte para el País Vasco y Galicia, anuncia el derrumbe del edificio normativo en el que habitamos al abrigo de los embates del terrorismo, de las amenazas del totalitarismo y de los abusos de la venalidad. Pronto quedaremos a la intemperie, y al igual que el yerno de Tomás Moro cuando instaba a su santo suegro a traicionar su conciencia para salvar el cuello firmando la declaración exigida por el rey, veremos muy de cerca el rostro del Mal sin leyes que nos defiendan de su hálito venenoso.

La política práctica casa mal con las estrategias a largo plazo y con las convicciones morales sin plazo. Se mueve demasiado a menudo arrastrada por la impaciencia por alcanzar el poder, que nubla el paisaje lejano, y por el autoengaño que confunde la carencia de escrúpulos con la ética de la responsabilidad, anulando cualquier asomo de virtud. No es extraño, en este contexto de desastres, que uno de los libros de cabecera de Pasqual Maragall, según confesó en una de esas entrevistas que intentan ahondar en el personaje, sea *El sabio y la política* de Max Weber. El gran sociólogo alemán jamás pudo llegar a suponer hasta qué punto su célebre ensayo serviría de coartada a una legión de desaprensivos que se aferrarían en el futuro a sus inspiradas páginas para justificar las atrocidades más pavorosas y las miserias más repulsivas. Dos son las acusaciones que caen como un látigo restallante sobre el diputado, concejal o ministro que intenta conciliar su tarea ejecutiva o legislativa con unas mínimas reglas éticas o con algo de rigor mental, la de fundamentalista y la de intelectual, estigmas despiadados que arrojan al réprobo culpable de tales debilidades a la cuneta de los partidos. Pese a todo, hay que seguir luchando, inasequibles al desaliento, porque del forcejeo continuo con la idiotez, el oportunismo y la codicia saltan esporádicamente relámpagos de grandeza, de heroísmo o de belleza que compensan el espectáculo deplorable de tanta bajeza y tanta cobardía.

Hemos vivido razonablemente bien durante tres décadas dando por válidas dos hipótesis que el tiempo y la experiencia han revelado falsas: la primera es que los partidos nacionalistas son fuerzas políticas como las demás, que por encima y más allá de sus objetivos concretos y de su particular ideología, comparten con el resto de la sociedad española unos fundamentos morales y un marco constitucional que, abstracción hecha de sus excesos verbales o de sus gestos desafiantes, respetarán en toda circunstancia sin romper la baraja que se reparte civilizadamente sobre el tapete verde de la democracia; la segunda es que los dos grandes partidos nacionales, el centro-derecha y el centro-izquierda moderados e ilustrados, están dispuestos permanentemente a cerrar filas con el fin de defender sin vacilaciones la Constitución y el gran pacto civil de la Transición si falla la primera hipótesis. Esta construcción ingenua se ha venido abajo sin disimulo posible desde que José Luis Rodríguez Zapatero comenzara su mandato como presidente del Gobierno.

Los españoles que deseamos seguir siéndolo, y que aún somos por fortuna una abrumadora mayoría, hemos de entender lo que está sucediendo en este período aciago de nuestra historia común, porque si no sabemos lo que nos pasa, como se lamentaba Ortega, lo que se avecina será mucho peor de lo que imaginamos. Y lo que pasa es que uno de los dos grandes partidos nacionales ha cedido a la tentación diabólica de un trueque fáustico: ha entregado España a los nacionalistas a cambio del poder eterno. En efecto, el plan del actual inquilino de La Moncloa es ya transparente, por mucho que intente disfrazarlo con seráficas apelaciones al diálogo y a la armonía de las esferas celestes. El Estado capitulará ante ETA, porque la frase «sin vencedores ni vencidos», cuando la otra parte es el crimen organizado, indica que las instancias democráticas están dispuestas a rendirse a los asesinos, Cataluña y el País Vasco serán segregadas del conjunto de la Nación como micronaciones cuasi-soberanas consagrando el principio de legitimidad étnico-lingüístico como superior al racional-democrático, y el Partido Socialista en justa compensación ocupará durante generaciones el puente de mando de un Estado residual sin alma nacional que paseará por el mundo su irrelevancia y su deshonra. Pero no hemos alcanzado este punto trágico de la noche a la mañana, sino que la catástrofe presente es el fruto de un dilatado proceso de renuncias, egoísmos, pusilanimidades y vanidades en el que las culpas, si bien no se reparten uniformemente, sí salpican a todos.

Hay quien ha observado, desde una perspectiva indudablemente realista, que sin acuerdos con los nacionalistas Aznar no hubiese sido presidente del Gobierno en 1996. Esa es una gran verdad, como tampoco lo hubiese sido Felipe González en 1993, ni Zapatero en 2004. El problema es que este tipo de maniobras tiene un recorrido de longitud finita —al salchichón ya no le quedan rodajas que cortar— y que hemos llegado a la estación término, en la que nos van a obligar a cambiar de tren y salir hacia un destino desconocido. Volvemos a la cuestión de la mirada larga y los principios frente al regate corto y al pragmatismo demoscópico. Los errores se pagan y las flaquezas conducen a la derrota. Ahora se trata de salir del hoyo antes de que empiecen a echarnos tierra encima y no creo exagerar si señalo que el margen de tiempo y espacio que nos queda es desoladoramente escaso. Es muy difícil, por no decir imposible, que un solo partido vertebre a la Nación. Por tanto, es imprescindible que la Nación despierte y se pronuncie, de tal forma que su voluntad inequívoca y masiva abra la salida regeneradora del *impasse* enfangado en el que nos debatimos.

La misión del único partido que persiste en navegar, aunque con el casco dañado y las velas hechas jirones por la tempestad, por las aguas constitucionales manteniendo su compromiso firme con la sociedad abierta, consiste en esta hora decisiva en exponer sin ambages ni complejos ante la ciudadanía la gravedad de la situación que atravesamos y llamarla a las urnas en las próximas elecciones generales con una propuesta de reforma constitucional que corrija aquellas deficiencias de nuestro presente ordenamiento que nos han colocado, por la desidia de unos y la traición de otros, al borde del abismo. El miedo a ser acusado de catastrofista ha de ser superado y el ánimo para reforzar la cohesión nacional, devolver al Estado competencias que nunca debió ceder y recuperar el orgullo de pertenecer a una de las democracias más avanzadas y prósperas del planeta, no ha de declinar ni un ápice porque la reserva de energías almacenada en la Constitución de 1978 para mantener unida la Nación se haya agotado. Si los españoles perciben la magnitud del peligro y se les ofrece un liderazgo valiente, inteligente y honesto que les oriente en la tribulación y el desconcierto que hoy les posee, lo seguirán sin vacilar. La comodidad, la pereza, la inercia o el encogimiento han de ser descartados y el lastre compuesto de tibios, camaleónicos y cínicos echado sin contemplaciones por la borda. El desafío es tremendo y este libro intenta afrontarlo sin temor.

Madrid, 22 de febrero de 2006

ESTATUTO DE CATALUÑA

NADA QUE GANAR, MUCHO QUE PERDER

Os agradezco una vez más vuestra respuesta a una convocatoria de la Fundación Concordia para llevar a cabo una reflexión conjunta sobre los grandes temas que afectan de manera decisiva a la sociedad catalana y a la española en su conjunto.

Hace cuatro meses en esta misma sala, la Fundación lanzó una llamada de atención sobre el proyecto de nuevo Estatuto de Autonomía de Cataluña, que en aquella fecha, principios de septiembre, se acababa de aprobar por la ponencia del Parlamento de Cataluña que lo había estado elaborando durante cerca de dos años. Y lo hizo porque hasta aquel momento nadie desde Cataluña, repito, nadie, había alertado con la sonoridad requerida a la ciudadanía catalana y a la del resto de España de la extrema peligrosidad del documento al que, reunión tras reunión, a lo largo de muchos meses, un equipo redactor formado por representantes de todos, y subrayo, *todos* los partidos del arco parlamentario catalán, había ido dando cuerpo en largas y densas deliberaciones, continuamente asistidos por el Institut d´Estudis Autonòmics.

Un repaso de las hemerotecas para seguir la temperatura del debate durante aquel dilatado período produce asombro. El sigilo era casi absoluto y recordaba, paradojas de la vida, la frase de la carta de Olivares a Felipe IV en la que le instaba a trabajar «con consejo mudado y secreto». Bajo la superficie del volcán, era tenuemente audible el borboteo sordo de la lava que auguraba la terrible erupción, pero el encargado de los sismógrafos ocultaba deliberadamente los registros, crecientemente inquietantes. ¿Por qué? ¿Cuál podía ser la explicación de tan extraño proceder? ¿Qué justificación se puede dar a la pérdida de un tiempo precioso que se hubiera debido aprovechar para crear anticipadamente un estado de opinión lo más amplio e intenso posible en contra de la aberración jurídica y política que ahora abre cada día las portadas de los periódicos? En el caso de los nacionalistas, está claro. Nadie suele avisar al enemigo antes del ataque para ayudarle a prepararse a repelerlo. Pero, ¿y los que tenían la obligación política de subir al campanario y percutir el bronce hasta cansarse a la mínima señal de sombras amenazadoras en el horizonte? ¿De qué sirve un centinela si sestea en su garita mientras las fuerzas contrarias van ocupando tranquilamente posiciones de ventaja? Inaudito.

Otro ejemplo igualmente significativo: la ley de creación del Consell Audiovisual de Catalunya. La lectura de un elocuente párrafo de la exposición de motivos de esta edificante norma ayudará a situarnos. Dicen los preclaros legisladores nacionalistas: «Esta ley se fundamenta en el derecho de los ciudadanos de Cataluña a disponer de un sistema audiovisual que refleje su realidad inmediata a partir de formas expresivas vinculadas a un abanico de tradiciones y a su entorno simbólico». Vale. Escuchemos a continuación para orientarnos las palabras que el ministro de Justicia del III Reich, Hans Frank, creador del *Volkergerichtshof*, dirigió a los jueces que integraban este Tribunal especial para iluminarles en su noble tarea: «La ideología nacionalista es el fundamento de todas las leyes básicas. No existe ninguna independencia de la ley respecto al nacionalsocialismo. En cada decisión que adopten, díganse a sí mismos: ¿cómo actuaría el Führer en mi lugar? En cada sentencia que emitan, pregúntense: ¿es compatible con la conciencia del pueblo alemán?». Es obvio que en su dictamen sobre la COPE, el amigo Carbonell se planteó la cuestión en estos términos: «¿Reflejan adecuadamente las opiniones y las informaciones difundidas por la COPE la realidad inmediata de Cataluña y utiliza esta emisora formas expresivas suficientemente vinculadas a nuestro abanico de tradiciones y su entorno simbólico?». Sólo le faltaba plantearse: ¿cómo escribiría este dictamen Carod-Rovira? Y así le salió, naturalmente.

Pues bien, ante la perspectiva de crear por ley un órgano político de control de la libertad de expresión con facultades para sancionar e incluso clausurar medios de comunicación, iniciativa de todo punto inadmisible en una sociedad abierta, ningún grupo parlamentario de la Cámara autonómica catalana puso la menor pega, es más, hubo unanimidad en la ponencia designada al efecto. Cuando determinados comentaristas y la dirección nacional del partido que en teoría vela en Cataluña por que los derechos de los ciudadanos no sean barridos por el vendaval identitario, pusieron el grito en el cielo, y sólo entonces, se procedió a pedir una opinión al Consell Consultiu. Esta acción paralizó el trámite, pero ante el deseo del tripartito de que el asunto pudiese ser resuelto antes de Navidad, se retiró la solicitud de consulta con el fin de acelerar el procedimiento, eso sí, votando en contra en el pleno tras una intervención políticamente inane en la que lo único que faltaba era pedir excusas por el atrevimiento de discrepar. Así están las cosas.

La curiosa teoría que subyacía al incomprensible comportamiento de silencio y cuerpo a tierra durante la preparación del proyecto de nuevo Estatuto era la siguiente: nunca habrá acuerdo entre el tripartito y CiU, por tanto, como no habrá Estatuto, lo mejor es adoptar un perfil bajo y discreto, dejar que se aniquilen entre sí y al final emerger incólume como paradigma de moderación, diálogo y centralidad. Bajo tan estimulante enfoque, se llegó a declarar en cierta ocasión que si todos los demás partidos estaban de acuerdo en denominar *nación* a Cataluña en el Estatuto, no sería el Partido Popular el que crease problemas. Después, como siempre, ante el escándalo creado, vinieron las rectificaciones renuentes y la aceptación resignada de las directrices emanadas desde arriba, actitud profundamente desmoralizadora para los propios y fuente de inmenso regocijo para los adversarios.

Vamos a ver cuál hubiera debido ser, desde mi modesto punto de vista, el análisis durante la elaboración del proyecto. El riesgo es el producto de una probabilidad por un daño. Suponiendo que la probabilidad de que los nacionalistas llegasen a un acuerdo era pequeña, el daño asociado a la presentación a las Cortes de un proyecto de Estatuto secesionista y anticonstitucional en las actuales circunstancias políticas, con un Gobierno central que oscila entre la debilidad y la confusión y que se había comprometido irresponsablemente a aceptar lo que le llegase del Parlamento de Cataluña, era enorme, luego el riesgo de la operación era alto. Esa sola consideración debería haber bastado para mostrar mucho mayor entusiasmo a la hora de denunciar los disparates que se iban cociendo en la ponencia, pero además, incluso si el tripartito y CiU no hubiesen sido capaces de pactar un texto común, la oportunidad de hacer visible una posición alternativa y de defender la Constitución de 1978 contra el telón de fondo de la lenta destilación de tan venenoso ataque contra nuestro sistema de convivencia, no podía en modo alguno ser desaprovechada.

Como veis, sustento ciertas diferencias constructivas de criterio con la estrategia que está desarrollando mi partido en Cataluña que espero su dirección perciba como lo que son, una aportación hecha con ánimo positivo para ayudarles a acertar en sus decisiones. Sin embargo, yo no las hubiese manifestado si no se diesen dos circunstancias que me han movido a pasar a la acción, porque, como se comprenderá, trabajo no me falta en el Parlamento Europeo, en Madrid, con especial énfasis en el distrito de Salamanca, y en España en general. La primera es que nos encontramos en una etapa de emergencia nacional, con la posibilidad real de que el nuevo Estatuto de Cataluña haga saltar por los aires no ya la Constitución vigente, sino la existencia misma de España como Nación. Y la segunda, determinante para mí, es porque me Cataluña me lo ha pedido. El número de cartas, correos electrónicos, llamadas telefónicas, abordajes espontáneos en la vía pública, en los que se me solicita una mayor presencia en Cataluña ha alcanzado tal volumen, que no puedo dejar de ser sensible a su cantidad y a su intensidad.

Aunque he de confesar que este es un fenómeno que se viene produciendo desde hace tiempo, la cosa ha llegado a un punto a raíz de la reforma estatutaria que empezaba a crearme mala conciencia. Por eso pronuncié la conferencia del pasado 8 de septiembre y por eso lo hago de nuevo. Y también por eso me complace anunciaros que la Fundación Concordia ha establecido una delegación permanente en Cataluña a cargo de un pequeño equipo de voluntarios eficazmente coordinados por mi estrecho colaborador y gran amigo Manolo Turrillo. En los próximos tres meses, además de realizar un seguimiento detallado de la evolución de la discusión del Estatuto en la Comisión Constitucional del Congreso, la Fundación se propone organizar una serie de actividades sectoriales en torno a este tema, dirigidas al mundo de la justicia, de la empresa, de la enseñanza y de las profesiones tituladas, ámbitos todos ellos directa y negativamente afectados por el nuevo marco jurídico que los nacionalistas pretenden imponer. Os invito a colaborar con nosotros en estas acciones de concienciación, información y movilización. Quiero recordaros que la Fundación está integrada en la plataforma de entidades y ciudadanos Convivencia Cívica Catalana, que tan esforzadamente anima y preside mi compañero de muchos combates a favor de la libertad Francisco Caja, por lo que la condición de amigo de la Fundación Concordia implica automáticamente el formar parte de este gran movimiento civil que ha impulsado e impulsa numerosas y valientes iniciativas en defensa de los derechos fundamentales de los ciudadanos de Cataluña. Hace ya tiempo que en esta comunidad trabajan no pocas asociaciones de este tipo, que están configurando progresivamente una tupida red de agentes colectivos de distinto signo y propósito, pero que comparten sin excepción una común voluntad de hacer de Cataluña una sociedad abierta y de liberarla de la opresión del pensamiento único nacionalista, que tanto la empobrece, la limita y la empequeñece. Con todos estos grupos la Fundación Concordia mantiene relaciones cordiales de colaboración y a través sobre todo de Convivencia Cívica Catalana con fundaciones y asociaciones análogas en el País Vasco.

En un contexto de alarmante divorcio en Cataluña entre representantes y representados, en un panorama desolador dominado hasta la asfixia por la neurosis identitaria y por el particularismo secesionista, hay dos tareas urgentes en las que todos los demócratas catalanes de centro, de centro-derecha y de derecha limpios del virus nacionalista nos hemos de implicar: una, la articulación de una amplia corriente de opinión formada por todos aquellos de nuestros conciudadanos que desean vivir y prosperar en una Cataluña abierta, plural, dinámica, avanzada y plenamente inserta en una gran empresa española común y que, más allá de adscripciones ideológicas o políticas concretas, consideran que el nacionalismo excluyente, tribal y coactivo es la peor amenaza que gravita hoy sobre nuestro presente y nuestro futuro y, dos, la devolución del Partido Popular de Cataluña a la senda que nunca debió abandonar y que tan buenos frutos rindió en la primera mitad de los noventa del siglo XX, es decir, el compromiso firme, inequívoco, moralmente sólido e intelectualmente bien armado con la causa de la libertad, de los valores constitucionales, del pluralismo y de la primacía de los derechos individuales, tangibles y reales, sobre los fantasmagóricos y totalitarios derechos colectivos.

No se trata de ocupar una *haima* raída en el borde del putrefacto oasis nacionalista, sino de montar un gigantesco campamento fuera de su contorno deletéreo y reunir en él un contingente suficiente de personas libres, decentes y auténticamente demócratas como para pasar a la ofensiva, conquistarlo y limpiar sus aguas pestilentes, de tal forma que la gente que habite el dichoso palmeral hable la lengua que quiera, se implique en el proyecto colectivo que le dé la gana, reciba con los brazos abiertos a los demás españoles, pueda aspirar a un contrato de obras o servicios con la Administración de la Generalitat sin abonar la correspondiente mordida y compita en el mercado global sin el riego de verse sometido a boicots surgidos de las provocaciones y de las ofensas al mejor cliente de Cataluña, que es el resto de España, por una pandilla de fanáticos rencorosos de alma tan oscura como sus camisas. En definitiva, que ya está bien de concesiones, de complejos, de disimulos, de repliegues tácticos, de procurar no molestar, de no alzar la voz, de no desentonar. Hay que pasar sin vacilación al ataque, porque la manera más segura de perder una guerra es darla por perdida. Espero haberme explicado con suficiente claridad.

Hubo una época en la que cierta izquierda esperaba ingenuamente —y no me importa admitir que yo consideraba fundada esa esperanza— que la llegada de Maragall cambiaría las cosas. Y desde luego que las ha cambiado. Pero a peor. Si el nacionalismo era hegemónico durante la larga era pujolista, ahora es opresivo, si la identidad era un incordio, ahora es un tóxico, si el afán de separarse de España latía soterrado, ahora se despliega agresivo y beligerante en el proyecto de nuevo Estatuto, del que Esquerra Republicana se vanagloria públicamente que ha recogido el noventa por ciento de sus tesis. En la Cataluña de principios del siglo XXI, todos los partidos menos uno son nacionalistas. Disfrutamos de un panel riquísimo de especies dentro de este género voraz: nacionalistas socialistas, nacionalistas ecosocialistas, nacionalistas independentistas y nacionalistas neopujolistas. Y el único que queda que no se declara ni actúa como tal, se encoge y se acomoda a la sombra del *pal de paller*. Y lo curioso es que el nacionalismo identitario no es la solución a nada, al contrario, es una fuente inagotable de conflictos, de gasto inútil y de corrupción. Creedme, a estas alturas de nuestra historia el nacionalismo no es el motor de Cataluña, es un lastre, una rémora, una enfermedad que la corroe y que, si no reaccionamos de inmediato con la suficiente energía, la acabará destruyendo.

Porque nadie con dos dedos de seso niega que el Estatuto no tiene arreglo posible. Algunos desde la oposición lo decimos sin rebozo y otros desde el Gobierno lo lamentan en privado. Es suficiente examinar los paquetes de enmiendas presentados por los dos grandes partidos nacionales en el Congreso para demostrar esta realidad incuestionable. Ni la cirugía traumatológica masiva del Partido Popular ni la sofisticada operación de cirugía estética del Partido Socialista transforman el proyecto de Estatuto en constitucional, ya que esa es una misión imposible. Lo que ambos hacen es proceder a su rechazo, dado que si todas y cada una de las modificaciones propuestas tanto por uno como por otro se llevasen a cabo, el producto resultante tendría tanto que ver con el original como el monstruo de Frankenstein con la Venus de Milo. El PSOE, que es el que se supone que quiere llegar a un acuerdo a toda costa, ha presentado quince escritos de enmiendas que abarcan el texto completo, del preámbulo a la última disposición final y tan sólo en el correspondiente a Materias de Competencias, que es uno de los quince, pone más de doscientas objeciones, bastantes de ellas de considerable calado. Por tanto, el tema no es susceptible de discusión: una verdadera limpieza del Estatuto equivale a su devolución a los corrales.

Entonces, ¿a qué viene tanta ida y venida en puente aéreo y tanto cruce de borradores y tanta filtración interesada y engañosa? Pues, lisa y llanamente, a vestir el muñeco del fraude que nos están preparando. Si al final hay pacto entre los nacionalistas y el Gobierno, y con el actual inquilino de la Moncloa la experiencia aconseja ponerse siempre en lo peor, el resultado será nefasto para España y para Cataluña porque será un retorcido agregado de concesiones onerosas en el límite de la Constitución, remisiones a reformas de Leyes Orgánicas debilitadoras del Estado, preceptos de interpretación confusa que las coyunturas políticas irán abduciendo hacia la más disgregadora y alusiones genéricas e inocuas a la legislación estatal precedidas de nuevas atribuciones concretas y efectivas a la Generalitat, que representarán otro paso de varias leguas hacia la definitiva reducción de España a una confederación interiormente desvertebrada e irrelevante en la escena internacional.

El proyecto de nuevo Estatuto de Cataluña demuestra que el trayecto iniciado en la Transición de sucesivos apaños para apaciguar a los nacionalistas ha llegado a término. La radical anticonstitucionalidad del proyecto, la absoluta desconfianza hacia el Estado español que rezuma cada uno de sus artículos, el odio a España, a la que no se nombra ni una sola vez en todo el documento, que recurre a toda suerte de elipsis y vericuetos verbales con tal de no pronunciar el vocablo nefando, el vaciado de competencias al que se somete a las instancias centrales de Gobierno, el desprecio al resto de españoles, a los que se quiere impedir la libre circulación por el territorio nacional, la repugnante voluntad depredadora de un sistema de financiación que no sólo acaba con la solidaridad, sino que obliga a los contribuyentes del resto de España a pagar la eventual ineficiencia de la Generalitat o la posible pérdida de competitividad de las empresas catalanas, erigen un monumento al egoísmo, al rencor y a la anacronía de tal envergadura que cuesta creer que un Parlamento en el que se sienta una mayoría abrumadora de representantes de los dos grandes partidos nacionales no haya hecho una pelota de semejante afrenta para enviarla a continuación de un puntapié a la plaza de Sant Jaume. El oprobio al que se nos va a someter al contemplar como este saco de despropósitos es objeto de respetuoso debate en la Comisión Constitucional de la sede de la soberanía nacional nos indica lo bajo que estamos cayendo como Nación.

Este es un país en el que se olvida la historia con pasmosa facilidad, lo que es una lástima porque es maestra de la vida y no digamos de la política. La polémica en torno al Estatuto ha obligado a bastantes comentaristas a releer los célebres discursos de Ortega y de Azaña pronunciados en las Cortes de la Segunda República en 1932 con motivo del debate sobre el Estatuto de Sau. Es un ejercicio recomendable porque los mismos errores de planteamiento cometidos entonces es obvio que no han sido superados. Ortega, con su elegante y fluido verbo, expuso en aquella trascendental ocasión, bajo el cobijo de su esquema de la razón histórica, una teoría sobre los nacionalismos particularistas que consistía en atribuirles un carácter casi telúrico, inamovible e inevitable, un fenómeno, por consiguiente, ligado de manera intrínseca a determinados pueblos, condenados sin remisión a perseguir su identidad perdida en algún luctuoso episodio de su devenir colectivo. Esta atribución de fatalidad insuperable sólo deja un posible tratamiento del problema: el de la conllevancia, o sea, ir tirando a base de parches hasta que una de las partes se canse y se rinda o hasta que un acontecimiento catastrófico fuerce a una recomposición dolorosa y vuelta a empezar a la espera de la próxima hecatombe. El cuadro pintado por la figura cumbre de nuestro pensamiento contemporáneo resulta así bastante descorazonador: las tensiones centrífugas entre centro y periferia generan sin remedio incómodos y malhumorados períodos de soportarse mutuamente, separados por bruscas discontinuidades sangrientas cuya convalecencia toma la forma de una tregua más fruto de la necesidad que del ánimo pacificador. De acuerdo con esta interpretación, la guerra dels Segadors, la guerra de Sucesión, la primera República, el golpe de Companys de octubre del 1934 y la guerra civil marcarían las cesuras violentas que jalonarían el conflicto entre Cataluña y España desde el siglo XVII hasta la actualidad. El nuevo Estatuto, en este marco interpretativo de tipo historicista, sería el heraldo de una inminente crisis destructiva. Parece evidente que seguimos trabajando sujetos a esta misma hipótesis, lo que nos arrastra a una dinámica perversa de aplacamiento del cruel ídolo identitario a base de sacrificios humanos —diálogo con ETA— o de ofrendas materiales —más competencias, más financiación, más reconocimiento simbólico, más aplastamiento de derechos individuales en el ámbito cultural y lingüístico, caso de la negociación sobre el nuevo Estatuto de Cataluña.

Pues bien, yo no creo para nada que la historia se desarrolle regida por mecanismos inexorables ni que el nacionalismo de identidad sea una impronta indeleble en el supuesto espíritu de un imaginario pueblo elegido caracterizado por rasgos permanentes e indelebles. Es más, estoy convencido de que todo eso son paparruchas para engañar a incautos sentimentalmente vulnerables, por mucho que intenten vestir de legítima reivindicación su lacrimosa cursilería, o para satisfacer las bajas pasiones de energúmenos, aunque se vistan de diseño. Abundando en el argumento, hace mucho que sé, y lo he escrito y lo he enunciado, que el nacionalismo étnico-lingüístico es la explotación racional de lo irracional al servicio de la conquista del poder político.

Vayamos a continuación a la intervención de Azaña en aquella memorable sesión. El inteligente y cultivado líder republicano esgrimió, en contraposición a la razón histórica de Ortega, lo que denominó «razón política», y se pronunció a favor de buscar una solución jurídico-institucional al problema particularista. La Constitución y la Ley son la clave, proclamó, y como los catalanes, dijo, han respetado los trámites, discutamos su propuesta, encajémosla en el ordenamiento de la República y asunto resuelto. Si un personaje de la talla intelectual de Azaña cayó en esa trampa, tampoco le podemos reprochar demasiado al descubridor de que la libertad nos hace verdaderos y del patriotismo social que tropiece en la misma piedra, especialmente si todavía no le han explicado la historia de España en dos tardes. La dificultad está en que a los nacionalistas les importa una higa la Constitución, se mofaron de la de la segunda República como hacen befa de la de 1978, y en lo que se refiere a los trámites, entonces, al igual que ahora, solamente los aprovechan para cometer fraude de ley y para encubrir bajo su manto formal su brutal ataque a la unidad nacional. Hay que reconocerle a Azaña un relámpago de lucidez en su extraordinaria pieza oratoria del 27 de mayo de 1932 cuando señaló que la fórmula que iban a arbitrar para la autonomía catalana no era para siempre. En efecto, duró dos años y medio, hasta el golpe de Estado perpetrado por el entonces presidente de la Generalitat el 6 de octubre de 1934. Seguramente, Azaña tenía en mente una vigencia un poco más larga para la norma que estaban debatiendo y una percepción en exceso optimista del sentido de la lealtad de los nacionalistas catalanes. Si el Estatuto de Sau ha sido más longevo que el de Nuria no es porque los nacionalistas de hoy tengan distintos objetivos que los de hace setenta años, sino porque la generación de la Transición guardaba fresca la memoria de los acontecimientos que acabaron con la Generalitat republicana y además eran gente más seria que la tropilla de jóvenes agitadores nerviosos e inexpertos que Maragall ha dejado sueltos por los despachos de las consellerias.

En definitiva, ni Ortega ni Azaña acertaron y así pasó después lo que pasó. «No es eso, no es eso», se lamentaba el gran educador y prolífico ensayista, pero demasiado tarde. La hoguera del odio ya ardía sin control y se disponía a consumir, junto con la razón histórica y la razón política, un millón de vidas españolas.

Aprendamos, pues, las lecciones del pasado. Ni razón histórica, que nada explica, ni razón política, que nada controla. Razón a secas. Argumentos contundentes, medidas eficaces, llamar a las cosas por su nombre y no arrugarse. Mientras la preocupación principal sea no perder la centralidad, entendiendo por *centralidad* la equidistancia de los extremos de un campo definido por los nacionalistas, no saldremos del rincón en el que nuestros adversarios nos han confinado en Cataluña. Yo os propongo desplazar el vértice del debate a otra zona de la cancha, una elegida por nosotros, en la que el oponente no maniobre con la soltura con la que ahora pasea el balón. Dejemos ya las posiciones defensivas y vayamos a por todas, contrapongamos descarnadamente al nacionalismo identitario arcaico, fragmentador, excluyente, empobrecedor y conflictivo la Nación cívica, ilustrada, generosa y moderna. Sintamos orgullo de creer lo que creemos y de sustentar los valores que sustentamos y que este orgullo se note y sea contagioso. Para convencer a los tibios hay que transmitirles el ardor de nuestras convicciones, no desincentivarlos con medias tintas ¿Que se quiere persistir en este planteamiento política, moral y empíricamente erróneo? Pues muy bien, pero lo que es yo no pienso callarme mi visión de las cosas, porque hay circunstancias en las que el pecado de omisión reviste especial gravedad. Os invito a que emprendamos juntos este recorrido que nos conducirá o no al éxito, pero que nos garantiza conservar la dignidad.

Maragall alimenta una ensoñación alucinada concebida tras una lectura adolescente y mitómana de la correspondencia entre su abuelo y Unamuno, que consiste en aplicar al tiempo actual un esquema de pensamiento totalmente desconectado de la realidad. España no es la de hace un siglo, la morta, caciquil, latifundista, atrasada, oligárquica, de la que una Cataluña industrial, avanzada, dinámica y regeneradora ha de desprenderse para volar sin trabas hacia un destino grandioso. España en el año 2006 es un país desarrollado, pujante, democrático, innovador y miembro de la

Unión Europea, que le proporciona a esa parte de su territorio que es Cataluña un capital humano valiosísimo, un mercado determinante, una matriz de afectos impagable, un marco jurídico-político imprescindible y una inserción europea irrenunciable. Hasta tal punto es así, que la independencia ya no es un buen negocio y ha sido sustituida en el plan nacionalista por una versión más rentable: el parasitismo depredador. Según las previsiones del nuevo Estatuto, el Estado español desaparece de Cataluña, pero la Generalitat está presente en todos los órganos relevantes del Estado, al Estado le corresponde la política exterior, si bien sometida a la voluntad soberana del Parlamento catalán, las relaciones entre la Generalitat y el Estado son bilaterales y el resto de España asiste como mero espectador, la Generalitat se queda con todos los impuestos recaudados en Cataluña, generados por cierto mayoritariamente por la actividad económica de los catalanes en el resto de España, y aporta lo que le da la gana a los gastos comunes, pero los contribuyentes españoles le garantizan su lugar en el *ranking* de comunidades por renta per cápita, un funcionario no catalano-hablante de los cuerpos estatales no puede ocupar una plaza en Cataluña en virtud de la barrera lingüística, pero cualquier funcionario catalán de esos cuerpos se puede mover sin trabas a lo largo y ancho de la geografía nacional, una familia inglesa, francesa, alemana o italiana que esté temporalmente en Barcelona puede escolarizar a sus hijos en su idioma materno, a una familia procedente del resto de España le está vedada tal opción, y la máxima expresión del catalanismo integrador la encarnan las Oficinas de Delación Lingüística. Y este cúmulo de abusos, imposiciones, vejaciones y privilegios intolerables es el que Zapatero y Rubalcaba van a dejar limpio como una patena. Será sin duda una hazaña notable, un milagro más del método deliberativo.

Para comprender lo que representa de verdad el nuevo Estatuto, es conveniente contemplar el último cuarto de siglo de historia española con una perspectiva de conjunto. En 1978 se intentó con éxito apreciable superar nuestros dos grandes relatos trágicos, el de las dos Españas y el de la España y la anti-España. La izquierda abandonó sus sueños revolucionarios, la derecha se redimió de su pasado autoritario, la Iglesia aceptó la aconfesionalidad del Estado, el Ejército se subordinó al poder civil y la

Corona se ciñó a su papel meramente simbólico y arbitral, el esfuerzo fue tremendo, la generosidad admirable y el equilibrio y la racionalidad prevalecieron. Los únicos que se han negado a entrar en la casa común de la reconciliación y de la primacía del interés general han sido los nacionalistas. Sólo ellos siguen empecinados en sus objetivos máximos de carácter divisivo y disolvente, sólo ellos perturban la estabilidad del sistema que nos hemos dado libre y democráticamente, sólo ellos exigen lo imposible destruyendo de paso lo posible para los demás. Carod-Rovira lo ha voceado sin tapujos: «Únicamente debo lealtad a Cataluña». Resurge así el grito iracundo, cortante como una navaja oxidada, que separa a los catalanes del resto de los españoles, que nos devuelve a épocas de intransigencia y de sangre que creíamos enterradas definitivamente, regresa la dicotomía reduccionista y bárbara de la Cataluña y la anti-Cataluña, de Cataluña frente a España, de lo propio y lo ajeno, de la fabricación suicida de un enemigo exterior, de la vida consumida contra la inventada amenaza alógena en vez de enriquecida con la realidad de la patria común y compartida. Y es que en la historia, los hechos son sagrados y las interpretaciones opinables, pero para los nacionalistas los hechos son irrelevantes y la interpretación es única, por supuesto, la suya. Los nacionalismos particularistas no es ya que no puedan exhibir ningún plus democrático, del que intrínsecamente carecen, sino que por el contrario, representan el peor obstáculo para la plena consolidación de nuestra democracia, de la que son el único palo en la rueda que queda después del nobilísimo logro de la Transición. Y no olvidéis que sólo somos responsables del presente y, en la medida que lo preparemos, del futuro, pero no del pasado. Por tanto, ya vale de presentar al cobro apergaminadas facturas atrasadas, que han sido pagadas con creces. Imaginad, además, la trifulca monumental que se podría montar si todos hiciésemos lo mismo. No habría en el presupuesto del Estado dinero suficiente para reparar los innumerables agravios acumulados desde la Edad Media. La recuperación de la memoria está muy bien, siempre y cuando no sea selectiva y si lo es, resulta demasiado cara y perturbadora, y a más de uno que se dedica a escarbar en desgracias pretéritas le podría acarrear un serio disgusto. Asimilemos, pues, las lecciones de la Historia y dejemos que los muertos entierren a los muertos.

No hay nada más destructivo, más divisivo, más corrosivo, que el nacionalismo identitario, tanto endógena como exógenamente. La manía por forjar un solo pueblo provoca la confrontación interna si la sociedad es plural y la guerra si es homogénea. Nunca he sido capaz de comprender un hecho diferencial que consiste en machacar las diferencias en su seno y que exacerba la diferencia hacia fuera mientras la aborrece hacia dentro. Ese es el motivo por el cual España no puede ni debe ser un Estado plurinacional, como postula el Preámbulo del nuevo Estatuto, porque en la Nación plural definida por la Constitución vigente, Cataluña también es internamente plural, mientras que en el Estado plurinacional, cada una de las nacioncillas rabiosas que se erigen en poder pseudoconstituyente impone la uniformidad en su territorio ahogando las libertades y los derechos individuales. Diré más, si en España hay naciones sin Estado, y el nuevo Estatuto así lo proclama, entonces España es un Estado sin Nación, y eso es una mentira, aparte de una imbecilidad, y ninguno de los que pensamos contrario lo vamos a aceptar jamás.

De cara al debate en la Comisión Constitucional que se avecina y al pacto que están gestando en secreto los nacionalistas y el Gobierno, conviene señalar que la Constitución no puede ser apurada al límite en todo momento y circunstancia y que el estiramiento extremo de sus costuras no ha de ser la técnica jurídica recurrente. El que oscila permanentemente al borde del abismo acaba cayendo en él, rompiéndose la crisma. La construcción de la casa común en el deslizante terreno del borde constitucional, el que linda con las tinieblas exteriores, comporta un riesgo intolerable al que los españoles no tenemos por qué someternos, por lo menos sin que se nos consulte. Nuestro ordenamiento se ha de cimentar en el núcleo cálido y fecundo de nuestra Carta Magna, allí donde habitan la libertad, la igualdad y la solidaridad, y evitar en lo posible las inclemencias frías y oscuras de las fronteras que la separan del totalitarismo y del tribalismo disgregador.

Por otra parte, el sueño novocentista de Eugenio d´Ors de configurar una pequeña nación que, con voluntad y acierto institucional, se ganase un lugar en el mundo, carece hoy por completo de vigencia. Cataluña no está llamada en el planeta globalizado a ser Bélgica, Holanda o Austria, piezas de segundo orden en la formidable y gigantesca maquinaria europea, sino un componente esencial, motor y vanguardia de un gran Estado-Miembro de la Unión como es España. Y ese rol tan atractivo no lo asumirá si el nuevo Estatuto o un remedo medio disfrazado por Rubalcaba entra en vigor, porque en tal supuesto España desaparecería como Nación y su Estado se adelgazaría hasta la consunción, con lo que Cataluña quedaría a la intemperie de los vientos de los mercados y las organizaciones supranacionales equipada con unos recursos y dotada de un tamaño que la situarían irremisiblemente en el margen de la historia.

En los albores del tercer milenio, Cataluña ya no tiene como misión transformar España, como pudo haber tenido en el primer tercio del siglo XX, porque España ha progresado espectacularmente y no necesita regiones redentoras. Cataluña ha de concentrarse en la transformación de sí misma, desprendiéndose de la obsesión identitaria, olvidándose del *ser* para volcarse en el *hacer*. Véase al respecto el ejemplo del Gobierno del tripartito, frenéticamente abstraído en el cultivo de las esencias y en separarse de España, que lleva dos años de vacaciones en el ámbito de la gestión de los problemas reales de los catalanes.

Que nadie se engañe. En este momento histórico, los Estados nacionales, fuertes, unidos y potentes, siguen siendo necesarios y se mantendrán en escena durante mucho tiempo. La pretensión de construir un pseudo-Estadito al precio de inutilizar el gran Estado-nación que la alberga, conduciría a Cataluña a la ruina económica y a la irrelevancia política. No hay por tanto para los catalanes en esta etapa de nuestro devenir colectivo misión más urgente que la de neutralizar al nacionalismo identitario que nos precipita al desastre. En su libro *En busca de un nuevo orden. Una política de la libertad para el siglo XXI*, Ralph Dahrendorf hace una referencia a los nacionalismos que merece la pena traer aquí:

> A diferencia del localismo, el nuevo regionalismo que suele defenderse con pasión y no pocas veces con violencia, es siempre antidemocrático. O al menos no es el fruto de una voluntad de autodeterminación democrática, sino del deseo de homogeneidad étnica, lingüística o religiosa. Su principio fundamental es la delimitación hacia fuera frente a los vecinos «extranjeros», hacia

> dentro frente a las minorías «extranjeras». El regionalismo no está impulsado por un verdadero movimiento popular, sino por el activismo de demagogos y el interés de los funcionarios. De ahí que si el intento tiene éxito, los más beneficiados son los activistas, no los ciudadanos. Entonces ya no se habla tanto de democracia; cuando se es por fin escocés, vasco o catalán, todo lo demás se considera ya secundario.

No se puede dibujar con mayor exactitud el actual escenario público catalán enredado en la espesa malla del debate sobre el nuevo Estatuto.

Voy a terminar reiterando mi compromiso con Cataluña, con España, con Europa y con los valores de la sociedad abierta que los nacionalismos identitarios nos quieren arrebatar y que los cultivadores de la centralidad pusilánime nos dificultan combatir con todas las armas políticas y democráticas a nuestro alcance. Extraña centralidad, que estriba en complacer al enemigo más que en derrotarle y que practica la oposición saliendo a cazar rinocerontes embravecidos armada con un tirachinas. Nosotros, los que estamos reunidos aquí esta noche, estamos hechos de un material algo más duro y vamos a luchar con auténtica voluntad de ganar. Recordad lo que os dije al principio: la Fundación Concordia vuelve a estar operativa en Cataluña, yo me propongo incrementar mi presencia activa entre vosotros y tanto yo como la Fundación os necesitamos y os esperamos. Porque para vosotros y para mí no hay ni un asomo de duda: los catalanes, si el nuevo Estatuto entra en vigor, tenemos mucho que perder y nada que ganar.

(Conferencia del 9 de enero de 2006,
organizada por la Fundación Concordia en Barcelona.)

LA DESAPARICIÓN DEL ESTADO ESPAÑOL EN CATALUÑA

La última vez que tomé la palabra en este salón fue hace siete meses, con motivo de la campaña a favor del *sí* a la Constitución europea que llevaron a cabo los dos grandes partidos nacionales. En aquella ocasión, el esfuerzo realizado junto con Arcadi Espada, Mikel Buesa, Paco Caja, Carlos Martínez Gorriarán y Marita Rodríguez se vio coronado por el éxito porque el resultado de la consulta fue favorable a nuestras tesis. Lamentablemente, los partidarios del nuevo Tratado Constitucional no tuvieron la misma suerte en Francia y en Holanda y hoy el proceso de ratificación se encuentra paralizado y su destino es incierto. Sin embargo, nos cabe la satisfacción de que nosotros, como españoles, cumplimos nuestra parte y alcanzamos el objetivo previsto.

Esta noche comparezco en el mismo lugar que el pasado 18 de febrero y lo hago en defensa de la misma causa. Entonces afirmamos que los principios y valores que inspiran la Constitución europea son los mismos que animan nuestra Constitución española de 1978 y por eso al pedir el voto para aquella renovábamos nuestro compromiso con esta. En el momento presente, una nueva amenaza de enorme gravedad se cierne sobre nuestro gran pacto civil, sobre la base ética y política de nuestra convivencia en paz y libertad, una amenaza formidable e inminente en la que, por desgracia, a diferencia de lo que sucedió con motivo del referendo europeo, las dos principales fuerzas, la que actualmente gobierna España y la alternativa que aspira a volver a gobernar, no comparten la misma posición, sino que, por el contrario, mientras una apadrina e impulsa esta iniciativa nefasta, la otra se opone a ella de la manera más enérgica.

A la hora de configurar el futuro de la Unión Europea, los dos grandes partidos actuaron al unísono al servicio de los intereses superiores del Estado, en el trance decisivo de articular el futuro de España, se enfrentan de forma irreconciliable desgarrando con sus discrepancias el cuerpo, a estas alturas ya muy castigado, de la Nación. Estoy convencido de que en esta lucha la razón no está repartida entre los dos bandos que se contraponen. Ni siquiera que una porción de la verdad, por mínima que sea, se encuentra del lado del Gobierno y sus aliados. Creo, y lo creo sinceramente, que en el choque de trenes que se avecina una parte acierta completamente y la otra se equivoca sin remisión, que el lado de los que quieren preservar la Constitución de 1978 es el bueno y el de los que quieren dinamitarla es el malo. Sin matices ni componendas, sin miedo a enunciar las cosas con crudeza, sin tentaciones de ceder a la corrección política, quiero hablar de este problema bajo mi exclusiva responsabilidad personal, como catalán y como español. Hay quien milita en un partido porque en sus filas puede defender mejor los principios y valores que considera correctos sin oscilar con las circunstancias cambiantes, hay quien fluctúa con las coyunturas sea cual sea el partido al que pertenece para mejor medrar en política. Os aseguro que siempre he procurado no pertenecer a esta segunda categoría de responsables públicos. Por eso hago un llamamiento, porque percibo un peligro muy serio e inmediato y considero mi deber advertirlo.

No hay nadie en este recinto que no sepa a qué amenaza me estoy refiriendo. El proyecto de reforma del Estatuto de Autonomía de Cataluña no es una reforma ni estructura una autonomía. Se trata de liquidar el Estatuto vigente para alumbrar un texto aberrante que hace desaparecer el Estado español de esta comunidad, abre el camino a la secesión, rompe con el espíritu de la Transición, destruye la cohesión nacional, vulnera el acuerdo que hace un cuarto de siglo permitió la recuperación de la democracia e invocando una concepción federal transforma España en una confederación de supuestas naciones inconexas entre sí. Y para mayor escarnio, los autores de semejante disparate pretenden que se ajusta a la

Constitución. Con este planteamiento, o nos encontramos ante unos ignorantes supinos que desconocen nuestro ordenamiento o nos quieren tomar a los demás por imbéciles. Sin descartar la primera opción, sobre todo en algunos casos particulares bastante obvios, la segunda me parece intolerable y yo, desde luego, no estoy dispuesto a seguirles el juego. Espero que mi intervención lo deje suficientemente claro.

La Constitución española, el Estatuto de Cataluña en vigor y el Reglamento del Parlamento de Cataluña, más los correspondientes índices temáticos, cabrían en un pequeño volumen. El Estatuto cubre exactamente cuarenta y cuatro páginas en formato reducido y consta de cincuenta y siete artículos, siete disposiciones adicionales y siete disposiciones transitorias. El proyecto de reforma del tripartito contiene doscientos dieciocho artículos, siete disposiciones adicionales, cuatro disposiciones transitorias y cinco disposiciones finales. En gran formato ocupa cuarenta y seis páginas y abarca una extensión casi diez veces la del Estatuto actual. Pero no sólo son las cifras globales las que resultan llamativas. Consideremos un asunto concreto, uno que los catalanes consideramos, incluso sobresaltados por OPAs hostiles, estrictamente sentimental: las cajas de ahorro. En nuestra norma autonómica fundamental estas entidades de crédito aparecen mencionadas en el artículo 12, apartado 1, punto 6. Y digo mencionadas con toda propiedad porque lo único que hace el Estatuto vigente es enumerar en el punto 6 del apartado 1 del artículo 12 las instituciones de crédito corporativo, público y territorial y las cajas, sin otra precisión o desarrollo ulteriores. El Estatuto establece que de acuerdo con las bases y la ordenación de la actividad económica general y la política monetaria del Estado, corresponde a la Generalitat, en los términos de lo dispuesto en los artículos 38, 131 y los números 11 y 13 del apartado 1 del artículo 149 de la Constitución, la competencia exclusiva sobre cajas de ahorro. Así de conciso, claro y escueto. Vamos a continuación al proyecto de reforma maragalliano. Las cajas de ahorro merecen un artículo entero, el 117, con una extensión igual o superior a la de muchos artículos del Estatuto del 79. Es decir, que dos palabras, *caixes d´estalvi*, ahora han sido sustituidas por más de doscientas en un precepto que detalla hasta la extenuación todo aquello que corresponde a la Generalitat en este ámbito, órganos rectores, representación de intereses sociales, régimen jurídico de creación, fusión, liquidación y registro, fundaciones, agrupaciones de cajas, cuotas participativas, distribución de los excedentes de la obra social, disciplina, inspección y sanción. Cuando pienso que uno de los directores generales de la primera caja de Cataluña ha firmado una carta en la que él y otros eximios representantes del mundo económico solicitan a Maragall que llegue a un acuerdo con Mas para que la reforma del Estatuto vea por fin la luz, para que esta reforma del Estatuto se haga realidad, me confirmo en mi apreciación de que el nacionalismo no es un problema únicamente político sino psiquiátrico, en el que el sadomasoquismo juega un papel relevante. De hecho, a los nacionalistas no hay que integrarlos, hay que curarlos, y la mejor terapia que yo conozco para la alteración que padecen es la de choque, o sea, derrotarles en las urnas. Pero volvamos a las cajas y a su tratamiento en el proyecto de nuevo Estatuto. No falta al respecto un toque surrealista, no en vano Salvador Dalí nació en el Ampurdán y Marcel Duchamp jugaba al ajedrez en las mesas de los bares de Cadaqués. Si una caja con sede en Cataluña, atención, opera en otras partes de España, la Generalitat tendrá competencia compartida en materia de disciplina, inspección y sanción, con lo que si se produce alguna presunta irregularidad en la gestión de una sucursal de una caja catalana en Madrid, Mérida o Málaga, allá van los inspectores del Conseller Castells junto con los del Banco de España y del Ministerio de Hacienda para poner una nota de eficiencia y *seny* catalán más allá de nuestras fronteras. La imaginación al poder y *embolica que fa fort*.

El proyecto llamado impropiamente «de reforma» está plagado de fantasías oníricas de este tipo y me llevaría varias horas relatarlas aquí. Sin embargo, no me resisto a citar otra, notable por su impulso al autogobierno. En el Estatuto del 79, el artículo 9 apartado 17 incluye entre las competencias exclusivas de la Generalitat con encomiable y lacónica precisión «pesca en aguas interiores, cría y recogida de mariscos, acuicultura, caza y pesca fluvial y lacustre». No hay más. En el mamotreto nacionalista que nos quieren endilgar, un apartado de dos líneas en un largo artículo se transforma en un artículo entero, el 142, que entra en una lista exhaustiva de pormenores que alcanza hasta el buceo profesional, materia muy adecuada para otorgarle una mención explícita en una norma del bloque constitucional, pero lo realmente novedoso es que la gloriosa ponencia estatutaria atribuye a la Generalitat «la competencia exclusiva en materia de actividades marítimas en aguas interiores y ¡exteriores!», sí, han oído bien, no ha sido una alucinación, competencia exclusiva en aguas exteriores. Pronto tendremos un conseller de Marina, una escuadra cuatribarrada que surcará las aguas territoriales catalanas a la busca y captura de buzos ilegales, de barcos de pesca que utilicen artes no permitidas y de yates cuyo patrón no tenga la titulación exigida, y una Escola Naútica de la Generalitat de la que saldrán promociones de oficiales de nuestras patrulleras, destructores y submarinos. Ya veo deslumbrante en su uniforme azul cuajado de entorchados a Miquel Iceta, erguido y marcial, muy puesto en su responsabilidad de *gran almirantet de la Floteta Catalana de Llevant*.

Pero ahora que nos hemos reído un poco, dispongámonos a temblar. Ya he dicho que no estamos ante una reforma estatutaria; el tripartito nos invita al entierro del Estatuto de Sau y a la apertura de un proceso constituyente encubierto con un Estatuto de nuevo cuño que no modifica y perfecciona el del 79, simplemente lo tira a la papelera por inservible y arranca de cero, como si un cuarto de siglo de avance del autogobierno no hubiese servido para nada. Este adanismo desestabilizador y agresivo ha sido calificado, con el cauto lenguaje de los juristas, como «una de esas oscilaciones tan peligrosas para el sistema» por un constitucionalista prestigioso al que el Ministerio de Administraciones Públicas ha solicitado un dictamen sobre la reforma. En efecto, nuestra arquitectura institucional y las equilibradas reglas de juego que nos dimos a nosotros mismos libremente los españoles en 1978 saltarán por los aires si la reforma nacionalista acaba triunfando.

Que el proyecto del tripartito aprobado por la ponencia estatutaria en el Parlamento de Cataluña es inconstitucional no es un objeto de polémica, es un dato objetivo, según han probado con todo rigor tanto el equipo de constitucionalistas y administrativistas contratado por Jordi Sevilla para pronunciarse al respecto como el propio Consejo Consultivo de la Generalitat. Para que nos percatemos del nivel de irresponsabilidad en el que se mueven los máximos capitostes nacionalistas en estos días, basta recordar que una figura pública tenida normalmente por sensata, como

Josep Antón Durán i Lleida, ha declarado con motivo del pronunciamiento negativo del Consejo Consultivo que este órgano «no es más que un instrumento político del PSC» y otra resplandeciente luminaria de la democracia occidental, Francesc Homs, ha remachado el clavo diciendo que las resoluciones del Consejo Consultivo tomadas por mayoría son una expresión «partidista» y que si en el Parlamento catalán hubiera una mayoría nacionalista «el dictamen estaría de acuerdo con las posiciones nacionalistas». Dejando aparte que si la actual composición del Parlamento catalán no le parece a Homs de mayoría nacionalista, produce escalofríos pensar lo que este energúmeno consideraría una Cámara auténticamente dominada por este color ideológico, suenan todas las alarmas al comprobar que estos pronunciamientos de representantes elegidos de descalificación beligerante de órganos estatutarios clasifican a Cataluña como una república bananera y nos devuelven al ambiente de caos y de desprecio a la legalidad que precedió a la guerra civil. Además, si en Convergència i Unió impera un clima de este calibre de subversión contra el orden establecido, más vale no imaginar el estado de ebullición revolucionaria que debe reinar en el partido de los independentistas contertulios de asesinos y asaltantes de piscinas privadas.

Pero el Estatuto nacionalista no se limita a ser inconstitucional, que lo es por los cuatro costados. El Consultivo ha apreciado inconstitucionalidad en el sistema de financiación y en la invocación de los derechos históricos para fundamentar determinadas competencias. El equipo que ha ilustrado al Ministerio de Administraciones Públicas ha apuntado que Maragall nos quiere colar «un sucedáneo de reforma constitucional», un cambio constitucional vía reforma estatutaria sin acudir al proceso que la propia Ley de leyes establece. En otras palabras, el tripartito se propone estafar a todos los españoles y traicionar el espíritu de la Transición. Su proyecto de nuevo Estatuto es más que inconstitucional, es venenosa y arteramente anticonstitucional. La inconstitucionalidad puede derivar de una interpretación errónea de la Constitución que, sin mala intención, conduzca a desbordarla en un precepto específico. La anticonstitucionalidad, que es lo que practica el tripartito, es algo diferente, es la voluntad maligna y corrosiva de destruir nuestra Ley Fundamental, de demoler el pilar de nuestra paz civil, de nuestro progreso y de nuestra supervivencia como sociedad integrada y solidaria. No es lo mismo derrapar de buena fe en una curva de la Constitución que colocarse a sabiendas contra ella, como hacen Maragall y sus socios secesionistas.

La manera idónea de comprobarlo es leyendo el texto aprobado por la ponencia, de la primera línea a la última, además de las enmiendas presentadas por los distintos Grupos. Yo he coronado este fatigoso ejercicio, que me ha llevado unas cuantas horas, y por eso ahora puedo expresar mi opinión con conocimiento de causa. Puedo asegurar que nada de lo que han publicado los medios ni de lo que han declarado los distintos responsables políticos sobre el tema da una idea ni siquiera aproximada de la magnitud del trauma que la aprobación de este Estatuto delirante acarrearía a Cataluña y al conjunto de España. Hay que tenerlo bajo los ojos para creerlo y durante su lectura ha habido momentos en que no sabía si mi incredulidad era superior a mi indignación.

Expondré algunas perlas particularmente voluminosas del producto de las deliberaciones de la ponencia que ha contado, para mayor INRI, con el asesoramiento permanente del Instituto de Estudios Autonómicos cuyo director, puestos a apurar la copa del absurdo, fue vicepresidente del Tribunal Constitucional. Sí, sí, vicepresidente del Tribunal Constitucional. *Visca Catalunya i Visca el Barça.*

Artículo 191. Tratados y Convenios internacionales. «El Gobierno de España ha de informar a la Generalitat con carácter previo —nada de a toro pasado, *con carácter previo*—, sobre los procesos de negociación de Tratados y Convenios internacionales si afectan a las competencias e intereses de Cataluña.» O sea, siempre, porque los intereses de Cataluña como es bien sabido, son universales e infinitos. Obviamente, el Gobierno de la Generalitat y el Parlament pueden dirigir al Gobierno de la Nación las observaciones que consideren pertinentes al caso. Además, «la Generalitat ha de participar en las negociaciones de los Tratados internacionales que afecten a sus competencias», es decir, en todos. Y si las competencias afectadas son exclusivas, el informe del Parlament será determinante para el Ejecutivo central.

Ya estoy viendo la escena. Entrevista negociadora de Moratinos y Condy Rice. Moratinos: «*Ms. Rice, this is Mr Puigcercós, whose opinión on our agreement is conclusive*». Y Condy Rice: «*Pleased to meet you Mr. Puig, Puig what? Ah, Puigcercós. Sit down, please*». Y Puigcercós: «*Encantat de coneixer-la. Catalonia is an oppressed nation*». Y Condy Rice: «*I beg your pardon?*». En fin, para qué seguir. Y si, como es lógico, esta prerrogativa se ha de extender a las diecisiete comunidades autónomas con el fin de evitar discriminaciones, los encuentros de nuestros ministros con sus homólogos de otros países para preparar y cerrar acuerdos internacionales se parecerán bastante al camarote de los hermanos Marx. Dato interesante: a este artículo, al que el PP ha presentado, naturalmente, una enmienda de supresión, el PSC no ha presentado ninguna. ¿A que el tema está peor de lo que nos cuentan?

Artículos 178 hasta el 181. Relaciones de la Generalitat con la UE. Exactamente lo mismo, calcado del 191 con algunos suculentos añadidos. «Cuando se convoca una Conferencia Intergubernamental para reformar los Tratados, el Gobierno de la Nación ha de informar y escuchar la opinión de la Generalitat, incorporar a representantes de la misma en la delegación española que negocie con los demás Estados-Miembros y en aquellos elementos que afecten a competencias exclusivas de la autonomía catalana, la posición de la Generalitat ha de ser seguida obligatoriamente por el Gobierno central.»

En lo de escuchar a la Generalitat no especifica si el presidente del Gobierno central ha de hacerlo genuflexo o vale que permanezca de pie respetuosamente inclinado. Además de menoscabar la soberanía nacional hasta extremos inaceptables, la extensión a las diecisiete comunidades autónomas de este procedimiento haría inviable la negociación convirtiendo además al reino de España en objeto de irrisión ante sus socios comunitarios. Tampoco hay ninguna enmienda sustantiva del PSC a un esquema tan contrario a la racionalidad jurídica y al funcionamiento eficaz de las Conferencias Intergubernamentales europeas.

Supongo que todos estamos de acuerdo, empezando por las organizaciones empresariales catalanas, que en España es conveniente que exista unidad de mercado. Pues bien, en el artículo 144 del proyecto de reforma, Corporaciones de Derecho Público y Profesiones Tituladas, se asigna a la

Generalitat «la competencia exclusiva en la determinación de requisitos y condiciones del ejercicio de profesiones tituladas y de acceso al ejercicio profesional, el establecimiento de los derechos y obligaciones de los profesionales titulados y su régimen de incompatibilidades». Si se contrastan estas disposiciones con el artículo 9.23 del Estatuto actual, plenamente respetuoso con la Constitución, y con los artículos 36, 149.1.30 y 139 de nuestra Ley Fundamental de 1978, se advierte hasta dónde llega la insania intervencionista e inconstitucional del tripartito. ¿Es que un profesional titulado español ha de encontrar obstáculos a su movilidad laboral en el interior de las fronteras de su país? Mientras a nivel europeo se toman medidas para que desaparezca cualquier barrera académica o administrativa para la libre circulación de profesionales, Maragall y Carod deshacen por abajo lo que como miembros de la Unión estamos construyendo por arriba.

En el artículo 150 de la reforma, Mercados de Valores y Centros de Contratación, la Generalitat se arroga la facultad de «introducir requisitos adicionales a los que imperan en el conjunto del Estado para la admisión de valores negociables, para el régimen de incompatibilidades de los administradores de las empresas de servicios de inversión que operen en Cataluña y para la publicidad en relación a emisiones, agentes y funcionamiento del mercado de valores». Es evidente que el presidente del Fomento del Trabajo, debido a sus múltiples ocupaciones, no ha llegado a leerse en su totalidad el proyecto de reforma porque si lo hubiera hecho no habría firmado la inaudita carta pidiendo que este bodrio alcance el BOE. Y análoga fragmentación del mercado español encontramos en el artículo 135, Trabajo y Relaciones Laborales, en el 148, Industria y Artesanía, y en el 152, Promoción y Defensa de la Competencia.

Pero no os pido que creáis lo que os estoy contando, os pido que lo leáis y saquéis vuestras propias conclusiones. Y una vez hayáis advertido directamente, sin intermediarios políticos o periodísticos, que el tripartito arrastra a la ruina a Cataluña con este Estatuto obsesivamente intervencionista, rabiosamente anticonstitucional y enloquecidamente subversivo, movilizaos contra él, defendeos de Maragall y de Carod, contraatacad, explicad a vuestros compañeros de trabajo, a vuestros vecinos y a vuestros amigos de tertulia lo que a Cataluña se le viene encima. Es así de sencillo: o acabamos con el Estatuto nacionalista o el Estatuto nacionalista acaba con todos nosotros.

Hay un título concreto del proyecto que merece un recorrido monográfico porque nos proporciona con nítida e indisimulada brutalidad el significado y el alcance de esta operación de eliminación del Estado español en Cataluña y de separación efectiva de Cataluña del resto de la Nación. Me refiero al Título III, sobre el Poder Judicial en Cataluña, que tritura la unidad de la Administración de Justicia en España. Según se prescribe en sus tres capítulos y quince artículos, la Generalitat asume todas las competencias y atribuciones que actualmente residen en el Consejo General del Poder Judicial mediante un órgano de nueva creación, el Consejo de Justicia de Cataluña. Así, la capacidad de convocar oposiciones, nombrar a jueces y magistrados, fijar las demarcaciones judiciales, abrir y cerrar juzgados, inspeccionar juzgados y tribunales e imponer medidas disciplinarias, corresponde a este organismo cuyos miembros son designados por el Parlamento de Cataluña por mayoría cualificada. En cuanto al presidente del Tribunal Superior, a los presidentes de Sala del mismo y al fiscal superior, el Consejo General del Poder Judicial viene obligado a nombrarlos entre los integrantes de una terna que le presenta el Consejo de Justicia de Cataluña o el Gobierno de la Generalitat, respectivamente. Cualquier aspirante a una vacante de juez o magistrado en Cataluña ha de acreditar un conocimiento suficiente de la lengua catalana, requisito que resulta indispensable para ocupar la plaza.

Es obvio que estas disposiciones impiden en la práctica que ningún juez o magistrado oriundo de las comunidades monolingües en castellano, que son doce, desempeñe su labor en Cataluña, con la consiguiente discriminación intolerable y el inevitable empobrecimiento de la calidad y de la independencia de la Justicia en el territorio del Principado.

Disposiciones idénticas se aplican en el artículo 130 a los notarios y a los registros civil, mercantil y de la propiedad. Mismas competencias de la Generalitat abarcando todos los aspectos del funcionamiento de dichos cuerpos, misma obligación del conocimiento de la lengua. *Volem bisbes catalans, volem notaris i registradors catalans, volem jutges catalans, volem mestres catalans*, la voluntad enfermiza de cerrar Cataluña a las aportaciones humanas del resto de España, la introversión neurótica y esterilizante que niega la realidad palpable de que la prosperidad material, el dinamismo cultural y hasta la propia supervivencia de la lengua catalana han sido posibles gracias a los flujos masivos de gentes procedentes ayer de todas las regiones de la Península y hoy de otros continentes. Si una sociedad se enclaustra, más pronto que tarde entrará en decadencia consumida por sus carencias porque ningún colectivo humano es autosuficiente. En la era de la globalización, nuestros micronacionalistas desperdician preciosas energías en levantar murallas inútiles frente a una España a la que Cataluña pertenece por historia, por demografía, por interdependencia económica, por vínculos de afecto que son demasiado vivos, demasiado intensos, para ser borrados por operaciones mezquinas de ingeniería social a cargo de un puñado de filólogos de tres al cuarto.

Y dediquemos a continuación unos minutos al tema candente de la financiación, uno de los caballos de batalla junto a los derechos históricos y al blindaje de competencias, de esta reforma infumable. El enfoque del tripartito en este campo introduce cinco elementos que rompen con el modelo actual y que son incompatibles con los principios constitucionales de igualdad y solidaridad:

1. La Generalitat recauda, gestiona, inspecciona y regula todos los impuestos sin excepción, incluyendo los grandes tributos estatales, renta, IVA y sociedades. Ya no hay impuestos reservados al Estado, sino que todos pasan a ser cedidos a la Generalitat, total o parcialmente. Una medida de este tipo, aplicada con carácter general a las diecisiete comunidades, deja al Estado inerme y sin recursos para cumplir sus fines, reservada en exclusividad a Cataluña introduce un privilegio intolerable.

2. La Administración tributaria del Estado se esfuma en Cataluña y la Agencia Tributaria catalana que la reemplaza se «coordina» con ella. Para esta propuesta descabellada valen las mismas observaciones que para la anterior.

3. La contribución a la solidaridad de la comunidad catalana tiene un límite: no puede rebasar el cincuenta por ciento del volumen recaudado para cada uno de los tributos cedidos total o parcialmente. Es de cajón que la imposición de una cota máxima a la aportación al proyecto común de manera unilateral es inadmisible por parte del Estado y de las restantes

autonomías. Si las diecisiete hicieran lo mismo, el Estado colapsaría. Si sólo se le permite a Cataluña, se vulnera de manera flagrante el principio de igualdad.

4. Las comunidades, según el tripartito, han de recibir el mismo nivel de servicios públicos únicamente si su esfuerzo fiscal es similar. Se trata de un criterio tramposo y perversamente insolidario con las autonomías de menor renta. El esfuerzo fiscal, es decir, el porcentaje recaudado en términos de PIB dividido por la renta per cápita, no es el mismo en un territorio menos desarrollado que en otro más rico, ya que el sistema es progresivo. En consecuencia, aunque el esfuerzo fiscal de una comunidad modesta sea inferior al de Cataluña, negarle un nivel equiparable de sanidad, educación y bienestar social a cargo de fondos públicos es una muestra de egoísmo repulsivo y de falta absoluta de conciencia nacional. En mi opinión, este es un rasgo del modelo diseñado por el tripartito que más claramente pone en evidencia no ya la mofa que de la Constitución hacen Maragall y sus socios separatistas, sino la radical inmoralidad de sus concepciones políticas. El mero hecho de poner negro sobre blanco semejante abuso representa una provocación peligrosamente desestabilizadora. Uno de los acuerdos tácitos de la Transición fue que nadie en el futuro rompería la baraja. Salta a la vista que al tripartito le quedan ya pocos naipes que rasgar.

5. Se crea una Comisión Mixta de Relaciones Fiscales y Financieras Estado-Generalitat que con carácter bilateral resuelve todas las cuestiones relativas a la financiación autonómica de Cataluña. Estamos ante otra descarada violación de la Constitución. El marco para pactar el modelo de financiación autonómica es el Consejo de Política Fiscal y Financiera del Estado, donde de manera multilateral y bajo el arbitraje del Gobierno central, garante y depositario del interés general, se alcanzan fórmulas equilibradas que preserven la solidaridad y la igualdad. El tratamiento confederal de la distribución de recursos que pretende el tripartito no es de recibo y equivale a una bofetada al resto de autonomías, a las que se trata, de facto, como inferiores.

Este Estatuto nacionalista nos conduce a una conclusión tan desoladora como inocultable: en la Transición se cometió un error de perspectiva, bienintencionado sin duda, pero letal, y ese error fue confiar en los nacionalistas, asimilar los nacionalismos etnicistas al resto de partidos democráticos, cuando la experiencia ha demostrado hasta la saciedad que son de una especie distinta. La Constitución de 1978 se erigió sobre una hipótesis que el tiempo ha revelado trágicamente falsa: la de que los nacionalismos identitarios eran opciones políticas como las demás, que pugnarían por el poder sin romper las reglas, trabajando dentro del sistema, sin quebrar el marco común. Las evidencias se han ido acumulando, pero tras el Plan Ibarretxe y el Estatuto de Carod, negarse a reconocer la imposibilidad de gobernar una Nación con la colaboración de aquellos cuyo objetivo es destruirla o es ceguera o es traición.

El gran pacto de la Transición tuvo cinco componentes principales:

- el social, que trajo el equilibrio de intereses entre capital y trabajo, y que empresarios y sindicatos han respetado;
- el militar, que sometió este estamento al poder civil, y que las Fuerzas Armadas y las instancias democráticas han respetado;
- el religioso, que separó la Iglesia y el Estado, y que ambos han respetado;
- el de la forma de Estado, que superó la disyuntiva Monarquía-República, y que la Corona y la izquierda nacional han respetado;
- el territorial, introducido para apaciguar la tensión centro-periferia, que los grandes partidos nacionales han cumplido y los nacionalistas han pisoteado.

Este es un hecho doloroso, decepcionante, desesperante, si se quiere, pero real, y vivir de espaldas a esa realidad nos aniquila como sociedad vertebrada. He aquí el gran problema nacional de España en el inicio de siglo XXI, la negativa contumaz y destructiva de los nacionalistas identitarios a incorporarse lealmente a un gran proyecto español cohesionado y plural en el que la diversidad sea respetada y la unidad conservada. De nada sirve fingir que este mal no nos aflige, actuar como si las cosas fuesen de otra manera, si son como son. Esta incapacidad para enfrentarse a una circunstancia tan incómoda como tangible nos ha deslizado lenta pero inexorablemente hacia la insostenible y delirante situación actual, a saber, el presidente del Gobierno de la Nación nos comunica que el concepto de *nación* es relativo, su rama catalana se manifiesta abiertamente nacionalista, su filial vasca ha abandonado la causa constitucionalista, los terroristas se sientan en un Parlamento autonómico y el Gobierno central se mantiene gracias a los independentistas. ¿Adónde hemos llegado?, ¿cómo es posible que una grande y antigua Nación europea se vea obligada a soportar tanta vergüenza, tanta indignidad, tanta cobardía de los que, en principio, están llamados a fortalecerla, servirla y hacerla respetar?, ¿qué viscosa mezcla de ignorancia, pusilanimidad, oportunismo, deseo de conservar el poder a toda costa y animadversión sectaria al otro gran partido nacional nos está debilitando hasta dejarnos exánimes?

Nos encontramos en un trance que sólo puede ser calificado como de emergencia nacional. El momento es de extrema gravedad porque la Nación no está amenazada únicamente en su seguridad, en su prosperidad y en su estabilidad, sino en su misma existencia. Si el Gobierno central y una mayoría en el Congreso de los Diputados avala la creación de una nación étnica en el seno de una nación cívica, si el artículo primero del proyecto de Estatuto de Cataluña, ese que postula que Cataluña es una nación, haciendo trizas el artículo segundo de la Constitución, pasa a formar parte de nuestro ordenamiento, se iniciará indudablemente una nueva etapa en la historia de España, la de su desaparición.

Hay una idea que considero clave y cuyo olvido o cuya ausencia es la causa del auge de los micronacionalismos secesionistas en nuestro país. La perversidad intrínseca de los nacionalismos de identidad no radica en sus pretensiones soberanistas y separatistas, sino en las bases éticas en las que apoyan esta pretensión. Lo rechazable no es la reclamación de soberanía, lo es el principio étnico excluyente y totalitario en el que los nacionalistas apoyan esa pretensión. Si la soberanía es indispensable para ganar o recuperar la libertad, para implantar el respeto a los derechos humanos, para obtener justicia, para eliminar la discriminación, o sea, para vivir en sociedad de acuerdo con los principios y valores de nuestra Constitución de 1978, bienvenido sea el combate para alcanzarla. Si se demanda la soberanía para imponer la uniformidad allí donde hay pluralidad, para distinguir entre ciudadanos de primera y de segunda en función de la lengua, la raza, la cultura o las creencias, para atropellar derechos individuales inalienables con el fin de satisfacer imaginarios derechos colectivos, entonces la autodeterminación es sinónimo de tiranía y considerarla un avance democrático, una broma siniestra.

Las dificultades que nos agobian en la tarea de consolidar el edificio constitucional construido en 1978 arrancan de la incapacidad por parte de muchos de comprender la verdadera naturaleza del nacionalismo. No hay nacionalismo identitario benigno porque en cualquier conflicto de identidad se genera irremisiblemente una dinámica del odio. El pobre Patxi López intenta curar la septicemia que corroe a la sociedad vasca con dosis moderadas de agentes patógenos activos. Otros se ufanan de pertenecer a la centralidad política para enmascarar su falta de valor o de convicciones. No se puede prestar mejor ayuda a los nacionalistas que aparentar normalidad en el presente estado de cosas, no se puede facilitar de manera más sumisa su labor disolvente que sentándose durante dieciocho meses en una ponencia parlamentaria que redacta la demolición de nuestro sistema de convivencia sin descomponer el gesto ni levantar la voz aunque las enmiendas que se presenten sean jurídicamente impecables. En política, el volumen, el tono, el timbre y la orquestación con los que se interpreta la partitura son tan importantes como la música misma. ¿O es que el centrismo consiste en tocar el último movimiento de la Novena de Beethoven con una flautita? Confundir el centrismo con el colaboracionismo me parece una equivocación imperdonable.

Los nacionalistas no interpretan las concesiones como un gesto generoso que ha de ser correspondido, sino como una debilidad del interlocutor que debe ser inmediatamente explotada. La reforma estatutaria del tripartito es una muestra palpable de esta pauta permanente. ¿Qué más hará falta para que algunos se enteren? ¿Quizá una ceremonia de flagelación de Manolo Chaves en la plaza de la Maestranza a cargo de Ernest Benach?

Los jerarcas metropayeses de Esquerra se han llenado de júbilo porque su Estatuto liberticida devolvía a Cataluña a sus tiempos dorados anteriores a 1714. Logro notable, el regreso al Antiguo Régimen. ¿Contemplan también estos encendidos patriotas la recuperación alborozada de la higiene, la medicina, las comunicaciones y los medios de transporte del siglo XVII? Al fin y al cabo, Carod se vanagloria de que no tiene carné de conducir, pero, que se sepa, no ha rechazado el coche oficial ni el teléfono móvil a cargo de los impuestos... cedidos. ¿Sienten nostalgia por las aduanas interiores, por el absolutismo, por la proliferación de monedas, por el

Tribunal de la Inquisición? Quizá sí, teniendo en cuenta que ya han puesto en marcha oficinas de delación lingüística.

Insólita empresa la de crear pequeños Estados-Nación cultural y lingüísticamente homogéneos fuera de su tiempo histórico cuando el proyecto de unidad europea aspira a configurar un vasto espacio político-jurídico superador de las diferencias de lengua y de cultura basado en principios y valores universales.

En definitiva, amigos míos, el Estatuto del tripartito es la culminación de veinticinco años de abdicaciones, ingenuidades, errores estratégicos, relativismo ético, cesiones a las urgencias cortoplacistas y debilidad conceptual de unos y de otros, y ahora el monstruo ha crecido hasta alcanzar proporciones difícilmente manejables. Sin embargo, hay que conservar la esperanza y mantener el ánimo porque las mayorías efectivas no coinciden necesariamente con las mayorías reales, aunque estas se encuentren temporalmente desactivadas. Yo os invito a la movilización a favor de la Nación española definida por nuestra Constitución de 1978, una comunidad moral y racional de hombres y mujeres libres que los nacionalistas quieren degradar a hervidero de tribus hostiles entre sí, yo os invito a no ceder a la tentación del conformismo ni de la indiferencia, a recuperar el espíritu combativo que electrizó Cataluña en la primera mitad de los noventa del pasado siglo. Afortunadamente disponemos del instrumento político adecuado para esta misión urgente e insoslayable y no hay que inventar ninguno nuevo, sobre todo porque ante un enemigo formidable no hay nada peor que la dispersión de esfuerzos. Después de todo, el nacionalismo no es más que la solución imposible a un problema inventado. Con los nacionalistas no hay que dialogar, hay que hacerles morder el polvo en las elecciones, no se trata de integrarles, sino de poner en evidencia sus miserias, en vez de darles cancha no hay que darles cuartel. Pongamos fin a los complejos, las tácticas miopes, los seguidismos vergonzantes y las maniobras de salón para volver al combate a pecho descubierto, orgullosos de nuestro credo y de nuestras siglas. Y no olvidéis una cosa, que digo por experiencia. No existe peor melancolía que la que produce un trabajo dejado a medio hacer.

(Conferencia pronunciada en Barcelona el 8 de septiembre de 2005, con motivo del proyecto de reforma del Estatuto de Autonomía de Cataluña.)

LOS NACIONALISMOS EN ESPAÑA

ETNOS Y POLIS: UNA RELACIÓN DIFÍCIL

El debate sobre el nacionalismo está presente en la vida pública española desde hace más de un siglo y la profunda transformación de la estructura territorial del Estado asociada a la Constitución de 1978 no ha conseguido, por desgracia, apaciguarlo. Por tanto, la reflexión sobre la cuestión nacionalista, tanto en sus aspectos descriptivos como normativos, resulta siempre de plena actualidad y, de hecho, estoy convencido de que la solución a este conflicto secular, que atormenta a nuestro país robándole muchas de sus mejores energías que debieran dedicarse a propósitos más útiles, vendrá del análisis sereno y riguroso sobre los diferentes conceptos que se manejan en torno a una materia tan sujeta a emociones colectivas de difícil control.

Me propongo tratar aquí dos concepciones distintas de *nación*, una la basada en la asimilación de las comunidades políticas a comunidades culturales, la otra derivada de la identificación de las comunidades políticas con los modernos Estados, tal como se refleja en la denominación «Naciones Unidas» para la organización internacional de dimensión planetaria con sede en Nueva York. Estos dos tipos de nación suelen conocerse como «nación étnica» y «nación cívica», siendo ejemplos característicos de la primera Alemania, Japón y la mayoría de los países de la Europa del Este, mientras que Francia, Estados Unidos, Canadá o Suiza encajarían en la segunda categoría. Esta clasificación dicotómica está estrechamente relacionada con otras que aluden al mismo esquema: nacionalismo oriental frente a nacionalismo occidental, *etnos* frente a *demos*, o concepto alemán de *nación* frente al concepto francés. Asimismo, estas dos aproximaciones a la idea de *nación* se corresponden respectivamente con las formas más peligrosas y más benignas del nacionalismo y la distinción entre el nacionalismo étnico y el cívico ha permitido al pensamiento liberal intentar reconciliar el sentimiento nacional con los requerimientos de un orden político civilizado, es decir, con el respeto a los derechos individuales, la libertad y la pluralidad. En la España actual, los dos grandes partidos nacionales, el Partido Socialista y el Partido Popular, comprometidos ambos con el orden constitucional vigente, defienden una idea de Nación asimilable a la nación cívica, mientras que los partidos nacionalistas de corte soberanista, que operan en Cataluña, en el País Vasco y en Galicia, se sitúan agresivamente en el ámbito ideológico del etnonacionalismo.

Veamos de manera muy simplificada cómo son los dos tipos «puros» de nación así caracterizados. La nación cívica sería una comunidad política construida sobre el acuerdo en torno a una serie de principios y valores universales emanados de la Ilustración, un conjunto de individuos que se adhieren racionalmente a un credo político concreto amasado con los ingredientes de la libertad, la democracia, la justicia, la igualdad, el pluralismo, el respeto a los derechos humanos y el imperio de la ley. Esta clase de nación es plenamente compatible con el legado de las Luces, impregnado de racionalismo e individualismo. La nación étnica, en contraste, se aparta del cuerpo doctrinal ilustrado y busca el vínculo nacional en rasgos heredados y no en una serie de principios políticos y morales elegidos tras un examen racional de las opciones disponibles. Utilizando las mismas palabras que Michel Ignatieff en su libro *Sangre y pertenencia*, en la nación étnica «la comunidad nacional define al individuo, no son los individuos los que definen la comunidad nacional». Sin embargo, la realidad no es tan diáfana como estas idealizaciones mentales.

En el País Vasco hay ciudadanos que se sienten tan vascos como españoles y que rechazan el nacionalismo estrecho y excluyente profesado por Arzalluz, Ibarretxe, Egibar y sus correligionarios. Ahora bien, estos ciudadanos están lejos de ser cosmopolitas perfectos carentes de cualquier atisbo de ligadura emocional con una determinada cultura, lengua, historia o paisaje. Su identidad nacional española, a la que no quieren renunciar por fuertes que sean las presiones de su entorno, violencia etarra incluida, sin duda está relacionada con su coincidencia con los principios políticos y éticos consagrados en la Constitución de 1978, pero también late en su interior un sentimiento de pertenencia a una memoria colectiva, a unos símbolos, a unas claves culturales y estéticas, que no han llegado a sus conciencias como fruto de una estricta elección racional, sino que les han sido proporcionadas por su origen familiar, por el lugar donde nacieron o donde nacieron sus padres, por unas vivencias personales que les han acompañado desde la cuna sin que su voluntad tuviese ocasión prácticamente de aceptarlas o eliminarlas de su existencia. Ya he mencionado que Francia y Estados Unidos son paradigmas de la nación cívica, pero a nadie se le oculta que la condición de francés o de norteamericano va más allá de la simple adhesión a unos principios políticos asépticos. Francia y Estados Unidos son, además de comunidades políticas fundamentadas en unos ordenamientos constitucionales y jurídicos concretos, construcciones culturales y sentimentales destiladas a partir de un relato histórico de héroes, batallas, victorias y derrotas, de una amalgama de poemas, músicas, mitos, leyendas y banderas al viento, que en las grandes ceremonias públicas reviven y agitan los corazones de los asistentes transportándolos a una esfera colectiva en la que se sienten parte de una inevitable y eterna unidad. La extraordinaria primera página de las *Memorias de Guerra* del general De Gaulle jamás hubiera sido escrita si su autor hubiese considerado Francia como una República intemporal surgida de la fría determinación cartesiana de edificar una sociedad regida por principios y valores universales, ni tampoco probablemente hubiera sido capaz de desplegar la energía necesaria para liberar a su patria del odioso yugo nazi sin estar animado por la devoción fervorosa que sentía por ella. La vinculación a ciertos principios políticos puede que sea una condición necesaria para despertar la lealtad de muchos ciudadanos a su comunidad política en las democracias liberales modernas, pero disponemos de suficientes indicios de que dista de ser suficiente. El legado, bien que contingente y evolutivo, de un relato histórico diferenciado capaz de cristalizar en una épica colectiva, de relaciones de linaje y parentesco, de paisajes vividos desde la infancia, de la lengua aprendida de los labios maternos, aparece como indisociable de cualquier identidad nacional y la creencia de que hay naciones cívicas incontaminadas de todo rastro de elementos identitarios pre-racionales es tan falsa como los inventos a los que recurren los nacionalistas étnicos para fabricar sus imaginarias arcadias primigenias.

Los defensores del mito de la nación cívica suelen citar la célebre definición de Renan de la nación como «un plebiscito de todos los días», pero su conferencia en La Sorbona afirma también que una nación consta de dos elementos: «Uno descansa en el pasado, el otro en el presente. Uno es la posesión de un rico legado de recuerdos, el otro es el consenso del hoy, el deseo de vivir juntos, la voluntad de perpetuar el valor de la herencia indivisa que se ha recibido. (...) La nación, como los individuos, es la culminación de un largo pasado de ambición, sacrificio y entrega». Todo apunta a que sin un «rico legado de recuerdos» no hay lealtad a la comunidad susceptible de ser sometida a consenso. Los entusiastas de la nación étnica niegan cualquier posibilidad de elección de la identidad nacional; somos la cultura heredada y poco más. Los partidarios de la nación cívica, en cambio, no contemplan otra identidad nacional que la proporcionada por la libre elección; somos los principios políticos que compartimos con otros individuos igualmente racionales. Este enfoque es particularmente atractivo para un gran número de norteamericanos, que perciben su nación como la agregación sucesiva de oleadas de inmigrantes de distintas nacionalidades de origen a partir del acontecimiento fundacional entendido como la materialización en la costa nororiental de los actuales Estados Unidos de los principios de democracia, libertad y pluralismo en la segunda mitad del siglo XVIII. Este relato histórico alimenta la imagen de una asociación de individuos realizada en función de unos principios y valores comúnmente aceptados.

Uno de los impulsores más vigorosos del concepto de nación cívica ha sido Jürgen Habermas con su propuesta de «patriotismo constitucional». Esta idea, que ha hecho fortuna en el debate contemporáneo sobre el nacionalismo, arranca de la necesidad de los alemanes de superar su pasado de nacionalismo belicista y genocida bajo el régimen hitleriano y de consolidar un marco teórico para justificar la reunificación tras la caída del Muro sin tener que recurrir a la apelación a una comunidad prepolítica de lengua, cultura y destino histórico, línea argumental de resonancias siniestras a la luz de la terrible experiencia nacionalsocialista. Aunque un planteamiento semejante resulta comprensible en las peculiares circunstancias de Alemania en el siglo pasado, no explica el motivo por el cual la República Federal asumió el enorme coste social y económico de la anexión de la Alemania Oriental y no ofreció una posibilidad similar a otros países vecinos excomunistas como Chequia o Polonia. Si la única fuerza motriz de la reunificación hubiese sido la suministrada por un conjunto de principios políticos de validez general sin connotación cultural o histórica alguna, la avidez por incorporar a los *länder* germano-orientales con preferencia indubitada a otros territorios limítrofes hubiera estado desprovista de sentido. El propio Habermas demuestra ser consciente de la insuficiencia de su descripción cuando dice que el patriotismo constitucional representa una forma de incardinar principios universales «en el horizonte histórico de una nación». Esta constatación revela que el consenso sobre un ordenamiento político democrático y liberal no es alcanzado a través de la deliberación racional por un grupo arbitrario e incoloro de seres humanos, sino que requiere la existencia previa de una comunidad prepolítica aglutinada a partir de unas experiencias históricas compartidas y de un sustrato cultural homogéneo. La existencia de esta identidad colectiva previa es, pues, el requisito indispensable para que la llamada al patriotismo constitucional encuentre un auditorio receptivo. La diferencia esencial entre el nacionalismo cívico y el nacionalismo étnico es que este último invita a la comunidad prepolítica a la adhesión acrítica a una identidad canónica inventada que comporta la laminación de los individuos que no encajan en su horma o que no se someten, mientras que el nacionalismo cívico estructura políticamente la comunidad cultural e histórica de manera que los derechos individuales y la pluralidad interna de la sociedad quedan garantizados.

Lo que hay que entender es que las teorías políticas contractualistas de corte neokantiano presuponen, aunque con frecuencia no lo destaquen explícitamente, un grupo de individuos ya definido en términos culturales e históricos. Si esta hipótesis de partida se cumple, el proceso nacionalizador tiene abierto el camino del éxito, si lo que se dirime por vías pacíficas o violentas es la naturaleza y configuración del grupo en cuestión, entonces aparece el conflicto nacionalista en sus diferentes grados, que abarcan una amplia gama de situaciones desde las relativamente tolerables de Quebec, Escocia o Cataluña hasta las trágicas de Irlanda del Norte, Bosnia o el País Vasco.

La repugnancia que los liberales, entre los que me cuento, sienten por el concepto étnico de nación se debe a que lo perciben como un producto nocivo de la reacción romántica e irracional contra la Ilustración y la cultura política moderna. Pero hemos de tener en cuenta, si deseamos tener una visión completa de la cuestión, que la cultura liberal-democrática contiene a su vez un elemento que fuerza a la gente a considerarse parte de una comunidad prepolítica de carácter primordial. Me refiero a la idea de soberanía popular. La retórica del pueblo soberano pone el énfasis en que detrás de cada Estado hay un «pueblo», una comunidad de individuos que se organiza políticamente para autogobernarse. Esta doctrina se elaboró a lo largo de los siglos XVII y XVIII para llenar el vacío creado por la desaparición de las monarquías absolutas y del orden social estamental propio del Antiguo Régimen. De Locke en adelante, los teóricos de la soberanía popular respondieron a la angustia generada por los cambios revolucionarios acaecidos en Inglaterra, en América del Norte y en Francia, con el argumento de que la disolución de una forma concreta de Gobierno no suponía la dispersión del grupo humano gobernado, llámese este «sociedad civil», «comunidad» o «pueblo», sino que este, en virtud de su libre voluntad, podía decidir dotarse de un nuevo orden jurídico-político. En las Constituciones democráticas modernas, el sujeto constituyente es, en efecto, el «pueblo», y los ciudadanos de los Estados actuales imaginan la comunidad política a la que pertenecen como una entidad distinta y anterior al Estado, que es la estructura institucional concreta que les sirve para autogobernarse. Así, cuando nos referimos a la red de organizaciones públicas y privadas que canalizan las complejas interacciones e intereses que dinamizan a las sociedades contemporáneas hablamos de *sociedad civil*, si lo que queremos es identificar el colectivo ante el que deben responder las autoridades democráticamente elegidas utilizamos el vocablo *pueblo*, y en el momento en que deseamos enfatizar la identidad común, recurrimos a la palabra *nación*. Todos estos conceptos, *sociedad civil*, *pueblo* y *nación*, aluden a una comunidad de individuos distinta del Estado, que se sirve de este para organizar jurídica y políticamente su convivencia.

Habermas sortea esta dificultad concibiendo la soberanía popular como un proceso abstracto en el que un conjunto de individuos alcanzan el consenso mediante una discusión en la que todos participan en pie de igualdad y en la que el procedimiento aplicado es único e idéntico para todos. Por desgracia, no se conoce ningún ejemplo histórico de un proceso semejante y en la realidad los individuos ansiosos de ejercer la soberanía popular sabían de antemano con quiénes otros individuos estaban dispuestos a buscar el consenso. Si no hay controversia sobre la composición y la delimitación del grupo humano que debe alzarse cuando se le invoca para ejercitar su soberanía, como fue el caso de las revoluciones inglesa, americana y francesa, el «pueblo» es un dato previo asumido que no suscita conflicto, pero si la situación es tal que la identidad del «pueblo» llamado a convertirse en «nación» no está clara, surgen dificultades a veces insuperables y el alumbramiento del nuevo protagonista histórico colectivo puede llegar a degenerar en el genocidio o en la limpieza étnica.

Los nacionalistas étnicos, constructores insaciables de identidades raciales, culturales, lingüísticas y religiosas, chocan asimismo con la realidad contingente y cambiante. Con el fin de definir su nación, se ven forzados a elegir arbitrariamente determinados rasgos con criterios oportunistas y a postular que la identidad nacional así consagrada es inmutable en el tiempo, y si en una etapa histórica concreta dicha identidad desaparece o se difumina hasta ser irreconocible, no importa, porque sigue latente, hibernando como una bella durmiente en espera del beso amoroso que la despierte. Supongo que este regreso a la vigilia tras haber recibido el ósculo de Jordi Pujol o de Xabier Arzalluz puede ser una experiencia desagradable para bastantes catalanes o vascos sumidos en el letargo de la falta de identidad, pero si el príncipe salvador es Josu Ternera, la vuelta a la consciencia conduce a una pesadilla sangrienta que hace absolutamente preferible la continuidad del sueño.

La fragilidad del nacionalismo cívico estriba en que sus fundamentos normativos nos iluminan sobre cómo garantizar la convivencia en el seno de comunidades nacionales previamente consolidadas, pero nos da muy pocas pistas a la hora de dibujar el contorno de esas comunidades, sin las cuales los loables principios de la democracia liberal se quedan sin campo tangible de aplicación.

Una manera muy eficaz de comprender hasta qué punto los ciudadanos de naciones contemporáneas como Francia o Estados Unidos, que se reclaman naciones cívicas en el sentido que hemos descrito, establecen una íntima conexión entre las dimensiones cultural y política de sus países, es comparar su concepción nacional con la que reinaba en la Grecia clásica. Para los griegos del siglo V a.C., la distinción entre *demos* y *etnos* era un principio organizativo más que un imperativo moral. La identidad cultural que compartían en tanto que griegos quedaba a sus ojos perfectamente deslindada de su identidad política como ciudadanos de una determinada *polis*. Esta nítida separación de su identidad política y su identidad cultural resulta muy ajena a los planteamientos de un ciudadano de un Estado moderno.

Desde nuestra perspectiva actual, parece muy extraño que los atenienses, los espartanos o los tebanos de los tiempos de Pericles, equipados con una cultura tan potente y homogénea, no desarrollasen una entidad política que unificase toda la Hélade y que recibiese su lealtad y su adhesión como griegos. Produce incluso asombro que entre las muchas y decisivas contribuciones de Grecia al patrimonio espiritual de la Humanidad no figure la noción de «comunidad nacional». Pero no nos dejemos engañar por nuestros prejuicios de europeos occidentales de principios del siglo XXI, no fueron los antiguos griegos los peculiares, sino nosotros. En efecto, somos nosotros, defensores conspicuos de la democracia liberal, los que, dos mil quinientos años después, predicamos la separación de la comunidad política de la comunidad cultural mientras nos comportamos como si estuvieran inextricablemente fusionadas. Es ilustrativo recordar, en este contexto, cómo los griegos fundaban sus colonias. Una expedición de ciudadanos de una *polis* armaba sus naves y partía para conquistar o levantar desde cero un nuevo enclave griego en tierras remotas. Lo hacían plenamente poseídos de su condición de griegos, religiosa y culturalmente, pero dejaban atrás su identidad política al abandonar definitivamente su ciudad natal. En este sentido, su vinculación afectiva y su lealtad a su origen eran marcadamente distintas a los de un colonizador europeo moderno respecto de la potencia en nombre de la cual ejercía su labor conquistadora o civilizadora. Otra muestra elocuente de este desapego de los antiguos griegos a su identidad política, que entendían como independiente de su identidad cultural, lo encontramos en su juicio moral sobre la traición a su *polis*. Cuesta imaginar que comportamientos como los de un Alcibíades, un Temístocles o un Pausanias no fueran objeto de la repulsa pública más intensa y de los castigos más extremos. Contempladas desde nuestra perspectiva, sus defecciones para pasarse al enemigo, fuera este otra ciudad griega hostil o el Imperio persa, merecerían la enérgica condena de sus conciudadanos y su desprecio de por vida. Por el contrario, ellos y los griegos de su tiempo consideraban normal que una vez enviados al exilio o desposeídos de sus responsabilidades públicas, buscasen acomodo y reconocimiento político en una comunidad foránea, incluso contra sus anteriores compatriotas, para regresar después y recuperar sus posiciones de poder y de honor si las circunstancias cambiantes aconsejaban una rectificación a los gobernantes de la ciudad que los había preterido o tratado desconsideradamente.

La explicación a valoraciones tan dispares de una misma conducta separadas por veinticinco siglos radica en que para los hombres y mujeres de hoy la traición a nuestra nación equivale a una autotraición en la medida que ser desleales a nuestra identidad cultural es serlo a lo que nos configura como personas. La conexión que establecemos entre identidad cultural e identidad política es tan fuerte, incluso en las democracias liberales, que hemos perdido la capacidad de manejarlas por separado. Los antiguos griegos, en cambio, sí podían hacerlo, y Alcibíades seguía considerándose griego cuando se pasó al bando espartano y lo mismo le sucedió a Temístocles mientras servía al soberano persa. Una vez que Atenas les hubo rechazado, prescindieron tranquilamente de su condición de atenienses sin que esta renuncia les provocase una crisis de conciencia o un desgarro emocional. Al igual que los colonizadores que izaban las velas en pos de una nueva vida personal y política, los dos caudillos legendarios que tanta gloria habían dado a las armas atenienses se despojaron sin traumas de su ciudadanía como quien rescinde un contrato por falta de cumplimiento de la otra parte.

El drástico cambio experimentado por la conciencia patriótica desde la Antigüedad hasta la era moderna queda llamativamente reflejado por el contraste entre la desafección de los dos héroes atenienses citados respecto de su comunidad política originaria y la lealtad a toda prueba de Alfred Dreyfus a Francia, a pesar de la tremenda injusticia que los tribunales y el ejército franceses le infligieron a causa de su filiación étnica, que chocaba con la concepción de la identidad nacional de las élites galas del momento. Dreyfus era judío, pero se sentía profunda y sinceramente francés, y se mantuvo sentimental y moralmente ligado a una Francia que con tanta crueldad le torturaba y le vejaba, y no cejó hasta ver restaurada su honorabilidad como francés y rehabilitado su rango militar. La comparación del sometimiento incondicional de Dreyfus a la República Francesa con la tranquilidad con la que Temístocles le devolvió a Atenas su ingratitud poniéndose al servicio de su enemigo tradicional ilustra la diferencia entre la concepción del compromiso político como una obligación racional y como una adhesión acrítica de tipo emocional. Temístocles analiza desapasionadamente su relación con Atenas y responde a un exilio injusto con la deserción, vengándose fríamente de la ofensa recibida. El pobre Dreyfus, arrojado a los rigores de la isla del Diablo por un delito del que era inocente, se empeña en recuperar el favor de la nación que tan vilmente le maltrata. De las dos actitudes, la de Temístocles parece la más cercana a la cordura, aunque la de Dreyfus es sin duda más conmovedora.

Estos casos reales extraídos de la historia nos llevan a una conclusión ineluctable y sorprendente: los ciudadanos de los Estados modernos muestran una mayor lealtad a su comunidad política que los antiguos griegos a las suyas, lo que se aparta del lugar común que presenta a estos como absolutamente entregados al servicio de su *polis*. Además, cuesta aceptar que la pasividad de la ciudadanía de las actuales naciones esté asociada a un nivel de lealtad a las mismas superior al que los antiguos griegos demostraban a sus ciudades-Estado, en cuyos asuntos públicos se implicaban directa y activamente. Este hecho curioso nos indica que participación e identificación son cosas distintas. Los antiguos griegos sentían pasión por la actividad política y quizá por ello no subsumían su identidad individual en la identidad colectiva de la *polis*, lo que nos conduce a la conclusión de que el nacionalismo étnico, además de un error intelectual y una aberración ética, es una forma decepcionante de pereza mental.

Es conocida la irónica apreciación de Ernest Gellner sobre la teoría marxista de la historia calificándola de «teoría de la dirección equivocada» porque el mensaje que iba dirigido a las clases sociales fue enviado por error a otras señas y lo recibieron las naciones. Lo mismo se podría decir del liberalismo: el mensaje destinado a los individuos también se perdió y acabó entregado asimismo a las naciones. La era del liberalismo ha coincidido con la era del nacionalismo y los principios liberales se han aplicado en su mayor parte en el marco de comunidades nacionales diferenciadas. El modelo de nación cívica, que Bernard Yack no vacila en calificar de mito, es la herramienta estratégica de la que los liberales nos servimos para lograr una forma de comunidad nacional compatible con nuestros valores. Si fuera posible un tipo de nación que se definiera a partir de principios políticos aceptados por la inmensa mayoría de los ciudadanos sin necesidad de legado cultural alguno, dispondríamos de una clase de identidad nacional que no representaría una amenaza para la pluralidad social y para los derechos humanos. El mensaje correcto de la historia llegaría a los individuos y la nación cívica sería su vehículo postal más eficaz. Pero la realidad es lamentablemente más compleja y menos perfecta. El concepto de *nación cívica* transporta el equipaje axiológico de la Ilustración a través de una idea cuya viabilidad ha sido bloqueada por el triunfo del nacionalismo real. El esquema liberal de derechos individuales y racionalidad política se ha visto obligado a desarrollarse en el seno de comunidades políticas cohesionadas y delimitadas por identidades culturales heredadas que los pensadores de las Luces no previeron. El combate por la libertad, los derechos humanos y el pluralismo se libra en el campo preparado por el nacionalismo étnico y es dentro de este espacio conceptual y emocional donde nos esforzamos por impulsar formas de nacionalismo más inclusivas y respetuosas con las libertades individuales y con la diversidad social. Sin embargo, los liberales hemos de ser humildes y realistas y asumir que la construcción de naciones cívicas químicamente puras no está todavía a nuestro alcance. El resultado de las últimas elecciones autonómicas vascas es una prueba palpable y dolorosa de esta imposibilidad.

Incluso si fuera factible el nacimiento de naciones cívicas perfectas, tampoco en ellas los derechos individuales quedarían a salvo de amenazas porque la exigencia de aceptación de un credo político para adquirir la ciudadanía llevada a su extremo desemboca en el macartismo o en la guillotina del Comité de Salvación Pública. Bajo este prisma, el *ius soli* es un criterio más imparcial e inofensivo de otorgamiento de la condición de ciudadano que la adhesión a un texto constitucional, por muy liberal que este sea.

Al final de este recorrido a lo largo de la línea divisoria entre *etnos* y *polis* o, lo que es lo mismo, entre *etnos* y *demos*, me parece saludable volver a Renan y a su descripción dual de la nación, la superposición de un plebiscito constante y de una identidad cultural heredada. Sin consenso racional y pacífico por métodos democráticos, nuestro legado cultural nos poseería por completo y nos anularía como individuos en vez de fijar simplemente unas condiciones de contorno en las que debemos desenvolvernos para preservar nuestra libertad. Ahora bien, si desapareciese nuestra identidad cultural heredada, el consenso democrático devendría imposible porque no dispondríamos de un grupo humano en el que buscarlo y nos perderíamos en una universalidad difusa sin señales indicadoras. Pero una vez culminado este ejercicio de objetividad y de realismo, no me quedaría tranquilo si no expresara con toda rotundidad un convencimiento que resulta indispensable a estas alturas de nuestro análisis: es verdad que tanto el nacionalismo cívico como el étnico son dos mitos irrealizables, pero no debemos olvidar que los intentos históricos de perseguir el primero han cristalizado en sociedades abiertas en las que el reconocimiento de la dignidad intrínseca de los seres humanos, la libertad y la prosperidad material han alcanzado las más altas cotas conocidas desde que nuestra especie inició su camino sobre la tierra, mientras que los experimentos de ingeniería social emprendidos con el propósito de imponer el segundo han abierto las puertas del infierno y han desembocado en los horrores más tenebrosos que la Humanidad se ha visto condenada a sufrir.

(Conferencia pronunciada en los Cursos de Verano de la Universidad de Cantabria el 29 de julio de 2004.)

PROHIBIDO JUGAR CON DINAMITA

Algunas aclaraciones sobre el derecho de autodeterminación de los pueblos

«Quien ha estado largo tiempo confinado en el papel de menor y ha tenido que dedicar todos sus esfuerzos a la definición y a la defensa de su propia identidad, tiende a prolongar esta actitud incluso cuando ya no es necesaria. Al mirarse a sí mismo, absorto en la afirmación de su propia personalidad y cuidando que los demás le rindan el debido reconocimiento, corre el peligro de dedicar todas sus energías a esta defensa y de empobrecer el horizonte de su existencia, de carecer de grandeza en sus relaciones con el mundo.» Claudio Magris, *El Danubio*.

«El pueblo no puede decidir hasta que alguien no decida quién es el pueblo.» Ivor Jennings, *The Approach to Self-Government*.

La ceremonia de la confusión

La reclamación del derecho de autodeterminación está de moda. Los nacionalistas y su aparato de propaganda intelectual y mediático han contribuido de manera deliberada e incansable a vulgarizar el término y, tal como es costumbre en ellos, a falsearlo. Con insistencia machacona, en declaraciones conjuntas de carácter solemne, en programas políticos, en artículos de fondo o en debates académicos, la máquina nacionalista de creación de opinión ha introducido en la sociedad española la idea de que el derecho de autodeterminación de los pueblos, del que por supuesto se guardan siempre muy bien de especificar en qué consiste, es un componente democrático irrenunciable de cualquier ordenamiento jurídico presentable, que su ausencia de la vigente Constitución española es un defecto a corregir y que poner en duda tales axiomas revela una actitud opresivamente centralista e irritantemente vulneradora de libertades fundamentales. Estas tesis han sido voceadas por numerosos comentaristas apresurados, teorizadas por determinados eruditos desaprensivos siempre dispuestos a adornarse con perifollos periféricos o a percibir jugosas minutas, e incluso incorporadas a su agenda por la tercera fuerza política de ámbito nacional en un disparatado ejercicio leninista de autonegación. La pretensión de confederalizar institucionalmente el Estado, de romper su unidad fiscal o asistencial, de expulsar la lengua común del espacio oficial y público en determinadas comunidades bilingües o de resolver el problema del terrorismo etarra mediante la introducción de un inconstitucional «ámbito vasco de decisión», son aspectos variados de esta implacable operación de subversión ideológica destinada a fragmentar la unidad nacional liquidando el gran pacto civil y democrático de 1978. En cuanto a los dos grandes partidos nacionales, que debieran ser sus más esforzados garantes, parece que han olvidado que, tal como señalara lúcidamente Ortega, los remeros abandonan el barco y el empeño de la boga cuando ven al patrón poco seguro en la fijación del rumbo y del puerto de destino.

Por supuesto, el problema no es nuevo ni exclusivamente español. Las alteraciones traumáticas de fronteras y el alumbramiento, desaparición, agrupación o desmembramiento más o menos violento de Estados preexistentes ha sido un fenómeno habitual en la historia europea del último siglo, invariablemente asociado a acontecimientos cataclísmicos: las dos grandes guerras y el derrumbamiento del Imperio soviético. En la actualidad, asistimos en Europa a una corriente imparable de destrucción de marcos de convivencia amplios que coexiste paradójicamente con la construcción de una Unión de Estados y de ciudadanos de considerable alcance, calado y ambición. En dos planos distintos operan con enorme vigor dos principios contrapuestos, por una parte, el principio racional-democrático de ciudadanía que inspira la profundización, consolidación y ampliación de la Unión Europea, y por otra, el irracional de identidad étnico-lingüística que socava los órdenes constitucionales y la convivencia pacífica en el seno de importantes Estados-Nación democráticos e históricamente asentados. España, sin dejar de actuar con entusiasmo como miembro especialmente activo de la Unión, tiene el ingrato privilegio de albergar algunos de los más notorios y virulentos ejemplos de esta segunda tendencia.

A gran escala, Europa se ha liberado de su viejo demonio familiar de la unificación por la fuerza bajo la égida de una gran potencia hegemónica autopercibida como la representante más cualificada de la cultura universal y de los valores superiores de la civilización. España, Francia y Alemania intentaron sucesivamente la hazaña impulsadas por Dios, por la Razón y por la Raza. Hoy, afortunadamente, Carlos V, Napoleón y Hitler, salvadas entre ellos las obvias distancias, son sólo motivo de recuerdos conmemorativos o de arrepentimientos avergonzados. La Unión Europea constituye una opción decidida por la convivencia armoniosa, solidaria y democrática de pueblos, lenguas, tradiciones y credos enriquecedoramente heterogéneos con el noble e inteligente propósito de realizar juntos tareas que beneficien a todos. Parece como si otro de los grandes experimentos fracasados de vida en común de muchas gentes diversas cubriendo vastos territorios, el Imperio danubiano de los Habsburgo, volviera para insuflar su espíritu amablemente paternal, tolerante y plural a los líderes europeos de finales del siglo XX, recordándoles que es posible articular lo diferente cuando el nexo de unión es flexible y está basado en valores moralmente superiores a la primitiva y degradante identidad tribal.

Sin embargo, y para nuestra desgracia, la otra tentación luciferina del alma europea, el romanticismo esencialista pulverizador de Estados en nombre de la Nación, continúa vigente y cobra renovados bríos. De nada sirven la experiencia histórica acumulada, con sus estelas de horror, de barbarie y de muerte infligidas a poblaciones inocentes a mayor gloria del *Volksgeist*, ni la observación de los presentes conflictos sangrientos que han desgarrado y todavía laten en los Balcanes, en Irlanda o en el País Vasco, ni, sin llegar a tales niveles de tragedia, la incertidumbre, el desasosiego o las tensiones reinantes en Italia, en Francia y en España en torno a las agresivas políticas disgregadoras de los nacionalismos padano, corso o catalán. La tremenda y siniestra eficacia electoral de la apelación a la identidad étnica, lingüística o cultural, o al imaginario agravio económico o fiscal, induce irresistiblemente a los dirigentes nacionalistas a llamar a la división, a la separación y al enfrentamiento con sus Estados matriz, por democráticos, descentralizados y redistributivos que estos sean. La suprema certidumbre del poder es mucho más atractiva que el humilde fulgor de la verdad.

En este agitado contexto, la exigencia airada del derecho de autodeterminación, de su ejercicio irrestricto y de su inclusión en los marcos legales de los Estados compuestos, como es el caso del Estado español, se ha convertido en una de las principales armas dialécticas de los nacionalismos particularistas en su afán por conseguir la «soberanía» para sus supuestas «naciones». Evidentemente, esta perentoria petición no es más que una maniobra de distracción y un astuto ejercicio de calentamiento del ambiente porque en el momento en que los nacionalistas advierten que son mayoría en las comunidades donde operan, proceden indefectiblemente a una convocatoria unilateral del plebiscito para la independencia, sin esperar a modificación constitucional alguna. La impúdica afirmación del jefe de filas del independentismo quebequés, Lucien Bouchard, de que llamarán al referendo cuando «*les conditions seront gagnants*» se comenta sola. Ni que decir tiene que la posibilidad de volver a preguntar al pueblo de Quebec si desea su reintegración en la federación canadiense, una vez que la hipotética consulta «*gagnant*» hubiera tenido lugar, ni se contempla. Los nacionalistas de todas las latitudes, y en esto hay que alabarles el gusto, sólo compran lotería si saben que les toca.

Ahora bien, no es casualidad que, pese a la existencia en el mundo de unas mil quinientas naciones catalogadas en el sentido étnico-cultural, los asientos de las Naciones Unidas estén ocupados por dos centenares escasos de Estados reconocidos, entre los cuales tan sólo una docena presentan, a la luz de esta misma perspectiva, una perfecta homogeneidad. Tampoco es un capricho que el orden internacional ofrezca una indisimulada resistencia a los cambios en el número e identidad de los Estados independientes homologados y reconocidos como tales por el resto. Aunque la asignación de la condición de Estado «viable» carece de precisión y obedece a las causas más dispares, que dotan de personalidad jurídica internacional a San Marino, Mónaco, Andorra, Singapur, El Vaticano o Kuwait y se lo niegan a Quebec, Kurdistán, Escocia o Cataluña, no cabe duda de que los valores eventualmente perturbados por la irrupción de fronteras inéditas, a saber, la estabilidad de la arquitectura jurídica internacional y la organización racional y democrática de la convivencia en el interior de los Estados consolidados, tienen la suficiente entidad como para no incurrir en excesivas alegrías a la hora de andar excitando apetencias secesionistas o anexionistas. Un Estado de nuevo cuño puede ser económica, cultural y demográficamente funcional y, a pesar de ello, su creación aparecer como un disparate de grandes dimensiones. La opción de crear un Estado antes inexistente ha de ser racional, ha de salvaguardar los derechos de las minorías presuntamente afectadas y no ha de quebrar la estabilidad y la paz internacionales. Una viabilidad nacional asociada a la guerra, al hambre, al genocidio o a la alteración grave del orden mundial no merece ser ni siquiera considerada más allá de la mera fantasía especulativa.

Con el fin de salir de la ceremonia de la confusión creada por los nacionalistas valiéndose del concepto de *autodeterminación*, conviene aclarar una serie de cuestiones relativas al mismo en los ámbitos constitucional, político y ético, para equipar a los ciudadanos con los adecuados instrumentos de análisis frente a la ofensiva doctrinal que pretende ganarlos para la causa soberanista-separatista, privándoles así del amparo del Estado democrático.

Autodeterminación no equivale a secesión

El derecho de autodeterminación puede ser entendido como derecho de un pueblo a elegir libremente su forma de organización política, es decir, como derecho democrático, o como derecho de un pueblo a fijar su ámbito territorial, en otras palabras, como derecho nacional. Vamos a centrarnos en la segunda acepción, que es la que los nacionalistas presuponen cuando se refieren al derecho de marras. El problema que se nos plantea es: el derecho de autodeterminación ¿es un derecho? Y si lo es, ¿cuáles son sus límites?

En primer lugar, hay que distinguir entre un derecho y una reivindicación política, que llegará o no a introducirse en el ordenamiento jurídico. Los derechos fundamentales, entre los que los nacionalistas pretenden situar el de autodeterminación de los pueblos, son, y así se han incorporado a las normas positivas de los Estados democráticos, derechos del individuo frente al poder público, y tienen dimensión universal. Los valores que proclaman son los de autonomía del ciudadano respecto del Estado —libertades civiles—, de participación en la marcha de la *res publica* —derechos políticos—, y de desarrollo de la persona —derechos sociales, económicos y culturales—. El derecho de autodeterminación es un derecho o, mejor dicho, una pretensión colectiva y, como tal, perteneciente a una categoría distinta, de contornos difusos y, por supuesto, de fundamentalidad dudosa si se le compara con el derecho a la vida, a la libertad de expresión o a la igualdad ante la ley.

Dentro del camino general de positivación de los derechos fundamentales, el derecho de autodeterminación, tal como lo entienden los nacionalistas, ha seguido una trayectoria específica derivada de sus especiales connotaciones y particular naturaleza. De entrada, hay que señalar que dicho derecho no ha sido pacíficamente reconocido en la inmensa mayoría de órdenes constitucionales democráticos y que, curiosamente, allí donde sí lo ha sido, como fue el caso de las normas supremas de las antiguas URSS y Yugoslavia, su ejercicio era imposible en la práctica dado el contexto totalitario en que quedaba enmarcado. Cuando la autodeterminación es admitida, lo es condicionalmente en forma de autonomía política dentro del Estado democrático unitario, tal como aparece en las Constituciones belga, italiana, canadiense, norteamericana o española, por citar ejemplos familiares. La plasmación tangible de la autodeterminación extrema en forma de secesión de un Estado preexistente, de anexión por otro Estado o de incorporación a un Estado de nueva creación, casi siempre es fruto de un acto de fuerza metajurídico en el que la violencia de una agresión exterior o de una subversión armada interior imponen *de facto* la aparición de un nuevo sujeto de soberanía en el panorama internacional. En definitiva, que el derecho de autodeterminación, si es pacíficamente admitido, no lo es con carácter ilimitado, pues el derecho de secesión queda explícitamente excluido, y si se lleva adelante en forma de secesión no contemplada constitucionalmente es por lo general en circunstancias revolucionarias o como consecuencia de una confrontación bélica. La descolonización corresponde a un caso aparte que no desvirtúa lo anteriormente expuesto, porque si bien la emancipación del territorio sometido puede realizarse dentro del derecho de la metrópoli por decisión de esta, el nacimiento del Estado emancipado responde también, aunque sea de forma implícita, a un acto de fuerza metajurídico, por lo menos visto desde el sistema de referencia del derecho imperante en la situación colonial anterior. En cuanto a los raros ejemplos de secesión pacífica esgrimidos de manera recurrente por los nacionalistas, hay que señalar que la separación de Chequia y Eslovaquia fue un efecto inducido por el derrumbamiento convulso del Estado soviético, y que la disolución de la Unión de Reinos de Suecia y Noruega en 1905 devolvió la independencia completa a los que en ningún momento habían dejado de ser dos Estados soberanos distintos con sus propios Parlamentos y leyes, temporalmente enlazados por una Corona común y una representación exterior compartida.

Con independencia de cuál sea su origen, y si este es democrático con mayor legitimidad, cualquier Estado constituido propende a establecer como regla básica de su ordenamiento la preservación de su integridad territorial y el mantenimiento de su unidad política. La autodeterminación sin restricciones llegando a una eventual secesión es contradictoria con la misma esencia del Estado democrático, que requiere la congruencia permanente entre Estado y Nación, entendida esta última como espacio estable e internacionalmente reconocible de libertades civiles y políticas, de garantía de derechos fundamentales y de ayuda y afecto mutuo entre los ciudadanos, en el que caben y conviven en armonía diferentes credos, razas e idiomas, y no, tal como propugnan los nacionalistas, como grupo étnico, lingüístico o religioso homogéneo y excluyente. La disgregación de un Estado así concebido y estructurado representa el fracaso de un proyecto de civilización enaltecedora y de progreso pacífico y solidario, y el empecinamiento en el despedazamiento de estas altas construcciones de la historia y del espíritu humano en lo que tiene de más noble y generoso, sólo puede inspirar la repugnancia y el rechazo de cualquier miembro consciente y responsable de la *polis*.

Queda pues claro que en el dominio de su ordenamiento interno el Estado democrático moderno entiende contradictoria con su misma entraña y con sus objetivos legítimos y legitimadores, la posibilidad permanente y desestabilizadora de desaparición de su integridad territorial y de su cohesión política y social. Tampoco el derecho internacional, en contra de lo que frecuentemente difunden los nacionalistas, se ha mostrado demasiado receptivo al derecho de autodeterminación en su variante secesionista. El Pacto de la Sociedad de Naciones vigente entre las dos grandes guerras mundiales no contenía ninguna mención del derecho de autodeterminación, y pronto la interpretación del mismo se alejó del principio de las nacionalidades para evolucionar hacia los de autonomía de los Estados, entendido como de no injerencia en sus asuntos internos, y de emancipación de los pueblos colonizados. Incluso el que fuera gran adalid del principio de las nacionalidades, el presidente norteamericano Wilson, escribió en el punto 4º de su célebre mensaje del 12 de febrero de 1918: «Todas las aspiraciones nacionales bien definidas deberán recibir la satisfacción más completa que pueda ser otorgada sin introducir nuevos o perpetuar antiguos elementos de discordia o de antagonismo, susceptibles de romper con el tiempo la paz de Europa y, en consecuencia, la del mundo». Las cautelas contenidas en la expresión «bien definidas» y en la advertencia sobre la exacerbación de rencores dormidos demuestran que el líder del bando vencedor en la primera gran contienda mundial experimentaba justificadas reservas sobre la caja de Pandora que se disponía a abrir. Lástima que cuando se dio cuenta del todo ya era demasiado tarde y el trazado artificioso de fronteras que desmembró la sombra protectora y benévola del águila bicéfala desató los desastres que asolarían el orbe tres décadas más tarde. Es interesante tener presente que para Wilson, en todo caso, su amado principio de las nacionalidades no estaba ligado para nada a una concepción étnica o lingüística de la Nación, como la que informa las maquinaciones de Xabier Arzalluz o de Jordi Pujol, sino a una equiparación racional entre soberanía política y voluntad democrática de los ciudadanos. De hecho, varios de los Estados creados sobre los escombros del Imperio austro-húngaro eran de una marcada heterogeneidad lingüística, confesional y étnica.

Ya en 1920 se configuraba con toda nitidez la doctrina internacional sobre la integridad territorial de los Estados en la resolución de la Comisión de Juristas que por encargo de la Sociedad de Naciones dirimió el conflicto entre Suecia y Finlandia por la posesión de las Islas Aaland:

> ...El derecho internacional no reconoce a fracciones de pueblos, como tales, el derecho de separarse del Estado del que forman parte por un simple acto de la voluntad, y tampoco reconoce a otros Estados el derecho a solicitar tal separación. De una manera general, pertenece exclusivamente a la soberanía de todo Estado definitivamente constituido conceder o rehusar a una fracción de su población la determinación de su propia suerte política...

La Declaración de las Naciones Unidas sobre descolonización de 14 de diciembre de 1960, tras sentar enfáticamente que la sujeción de los pueblos a la dominación extranjera constituye una denegación de los derechos fundamentales, afirma sin paliativos que «todo intento dirigido a destruir total o parcialmente la unidad nacional y la integridad territorial de un país es incompatible con los fines y principios de la Carta». La Declaración de Relaciones Amistosas de 1970 es todavía más esclarecedora al señalar que ninguna de sus disposiciones debe interpretarse en el sentido de...

> ...autorizar o fomentar cualquier acción dirigida a destruir o menoscabar total o parcialmente la integridad territorial de Estados soberanos e independientes que actúen conforme al principio de igualdad de derechos y de libre determinación de los pueblos antes descritos y, por tanto, tengan un Gobierno que represente a la totalidad del pueblo perteneciente al territorio, sin distinción por motivos de raza, credo o color.

Parece difícilmente discutible que la Constitución española de 1978 encaja a la perfección en los requerimientos de las Naciones Unidas para considerar deseable la integridad territorial de un Estado. No resulta tan diáfano si la producción legislativa de los Gobiernos autonómicos nacionalistas catalán y vasco, que tan encarnizadamente la cuestionan, pasaría incólume esta prueba del algodón democrático. De hecho, el informe del Comité para la Eliminación de la Discriminación Racial de la mencionada organización correspondiente a 1996 contenía un toque de atención sobre la dificultad que los niños de habla castellana encontraban para recibir enseñanza en su lengua materna en Cataluña.

El derecho de autodeterminación figura, por tanto, en el sistema jurídico internacional contemporáneo en forma de mero principio inspirador, excepción hecha del caso de la descolonización, para el que adquiere un carácter prescriptivo más preciso. Dado que no parece demasiado plausible asimilar la situación de Cataluña y del País Vasco en España a la de un dominio colonial, las invocaciones nacionalistas a la doctrina de las Naciones Unidas sobre el derecho de autodeterminación sólo pueden ser atribuidas a la ignorancia o a la mala fe, o sea, a la mala fe. El «pueblo» titular del supuesto derecho ha de ser entendido, según el corpus jurídico emanado de la ONU, en el sentido civil del término, es decir, como el conjunto del pueblo del Estado democrático de que se trate, y bajo ningún concepto en su modalidad étnica o lingüística. Ni siquiera la emancipación de una colonia se refiere a una separación entre razas, lenguas o religiones, sino a una desagregación política del territorio de la colonia emancipada del territorio de la potencia colonizadora. Y, desde luego, el derecho de autodeterminación no equivale, según la doctrina más universalmente aceptada por la comunidad académica tanto constitucionalista como internacionalista, al derecho de secesión que, muy al contrario, es inequívoca y contundentemente negado en numerosas declaraciones y resoluciones de las Naciones Unidas.

Recapitulando: el tan cacareado derecho de autodeterminación de los pueblos, que no se les cae de la boca a nuestros conspicuos nacionalistas identitarios, tiene poco de derecho, nada de fundamental y, en cualquier caso, su asimilación al de secesión en el seno de un Estado democrático ha de ser contemplado por la ciudadanía como lo que es, una invitación inconstitucional a la subversión, al caos y al enfrentamiento entre españoles.

Calidad ética del derecho de secesión

La reivindicación de la autodeterminación, entendida como la del derecho de secesión de una parte de un Estado constituido, al referirse a un derecho, tiene un sentido ético a la vez que político. No sólo ha de examinarse desde la óptica del ser, sino del deber ser. Pues bien, dado que el Estado es, además de derecho, fuerza —el monopolio de la violencia weberiano—, la cuestión de la legitimidad moral de esta fuerza resulta clave a la hora de juzgar no ya la oportunidad sino la misma base conceptual de la reclamación del derecho de autodeterminación. En efecto, el Estado reclama para sí en exclusividad el uso de la coacción porque su misión, la del Estado democrático, es garantizar la dignidad de sus ciudadanos, el respeto a sus derechos civiles, políticos y sociales, la distribución equitativa de la riqueza con criterios solidarios y el mantenimiento de un orden justo y estable. En la medida que el Estado constituido en el que los nacionalistas de alguna de sus partes exigen el reconocimiento del derecho de autodeterminación, cumple todas estas loables funciones, su natural tendencia a persistir en su integridad territorial y en su unidad política y a defenderlas frente a tensiones fragmentadoras aparece como necesaria y acorde a sus mismos y enaltecedores fines.

En lo que se refiere a su condición de reivindicación política, el ejercicio de la autodeterminación secesionista está sujeto a pertinentes consideraciones de posibilidad y de conveniencia, que también invitan a juicios morales. Cuando la materialización de un derecho implica la grave vulneración de otros de igual o superior jerarquía, se hace imprescindible una considerable cautela ética. La cuestión de la definición del sujeto del derecho de autodeterminación emerge así como clave para calibrar su grado de factibilidad y, en consecuencia, para evaluar sus eventuales beneficios o daños en el terreno de la realidad. Las utopías son inofensivas, y hasta mentalmente estimulantes, cuando se contienen en el interior del perímetro de la especulación, pero pueden volverse extraordinariamente peligrosas al invadir el mundo tangible para transformarlo con desprecio a su auténtica naturaleza.

Todo derecho requiere un titular inequívocamente identificable. En este punto hallamos una diferencia esencial, ya mencionada, entre el derecho de autodeterminación y los derechos fundamentales. El titular de estos es el individuo con rostro, nombre y trayectoria vital única e intransferible. Pero, ¿quién es el sujeto del derecho de autodeterminación de los pueblos? Los pueblos, responden los nacionalistas, o las naciones, pues para ellos los dos términos son sinónimos. En otras palabras, el titular del derecho de autodeterminación es colectivo, y ahí nos topamos con la práctica imposibilidad de su ejercicio no conflictivo. En efecto, al optar entre las diferentes alternativas de la autodeterminación —independencia, unión a otro Estado, mantenimiento de la pertenencia al Estado constituido— unos ciudadanos verán satisfechas sus aspiraciones según cuál sea el resultado de la consulta, mientras que otros las verán frustradas. Mientras que el derecho a la vida, a la libertad de residencia, a la libertad de asociación o a la educación satisface a todos los miembros de la sociedad democrática por igual, el derecho de autodeterminación crea divisiones entre ellos que pueden llegar al enfrentamiento violento. La regla de la mayoría no es, en este caso, una herramienta de resolución pacífica de conflictos, tal como sucede al decidir sobre una determinada política fiscal o un modelo de sanidad pública en un marco constitucional democrático, sino que su aplicación enciende la mecha de la lucha intergrupal.

La respuesta a la pregunta «¿quién es el *self* de la *self-determination*?» no está en absoluto clara. Los individuos se integran en grupos sociales muy diferentes para fines muy diversos con grados de identificación de intensidad variable. Se puede tratar de un ámbito geográfico más o menos extenso, de un colectivo profesional, o de una tribu. ¿Cuál es el decisivo? Evidentemente, no tiene por qué ser el mismo para todos los individuos ni todos considerar igualmente significativo o relevante un elemento de identificación grupal u otro. Los nacionalistas clamarán que es la nación, pero su contundente consigna nos deja igual que estábamos. Porque, ¿qué es la nación? ¿La lengua, la raza, la religión, ciertas tradiciones...? Si el contexto social es heterogéneo, plurilingüe, multiétnico, multiconfesional, o varias de estas características a la vez, la selección de un o unos factores de identificación concretos como los verdaderamente determinantes es inevitablemente arbitraria o dogmática. Cuando la inefable señora Pujol, de soltera Marta Ferrusola, declara desafiante que Cataluña no es España, ¿en nombre de quién habla? Yo soy catalán y me siento y deseo ser español. ¿Quién es esta buena señora o su Muy Endeudable marido para decirme a mí lo que soy? De la misma forma que nadie, en una sociedad abierta, está legitimado para obligarme a adoptar un credo religioso o unos hábitos sexuales o alimenticios, tampoco nadie puede pretender imponerme mi sentimiento nacional o mi concepto de lo que es una nación. La señora Pujol, Martona para los íntimos —entre los que afortunadamente no me cuento—, tiene todo el derecho a declarar: «Yo no me considero ni quiero ser española». Pero carece de título alguno para sentar enfáticamente que Cataluña no es España y, al hacerlo, pone al descubierto su talante totalitario y prepotente. Ella ha elegido la marca distintiva de la catalanidad, que en su caso es la lengua, y se permite endilgárnosla al conjunto de los catalanes, queramos o no.

El derecho de autodeterminación puede apoyarse en la voluntad democrática de los ciudadanos para decidir el ámbito territorial en el que quieren organizar su convivencia o puede buscar su origen en una identidad étnica o lingüística. Son dos concepciones antitéticas. De acuerdo con la primera, no existe ningún componente de raza o de lengua que privilegie a unos miembros de la comunidad sobre otros, ni tampoco la lengua o la raza pueden constituir el pretexto para fijar el espacio geográfico del eventual plebiscito. Bajo la férula de la segunda, los ciudadanos de una etnia concreta o los hablantes de un idioma particular son los elegidos para reivindicar el derecho de autodeterminación en el territorio que les parezca idóneo para ganar el referéndum de secesión, condenando de esta forma a sus conciudadanos cuya piel luzca otro color o cuyo código de comunicación no sea el que los nacionalistas han postulado como el «propio» de su hipotética y sagrada «nación», a ser «asimilados», a emigrar, a degradarse a una categoría civil inferior o a pelear por su dignidad como personas.

Si en una sociedad coexisten varias culturas distintas que comparten un territorio integrado en un Estado democrático geográficamente más extenso, ninguna de ellas genera el derecho de reclamar en su nombre la secesión para independizarse políticamente de este Estado. El derecho que sí es exigible con justicia es el de los individuos pertenecientes a estas culturas a ser respetados en su adscripción a las mismas, a poder utilizar privada y públicamente su lengua y a recibir en ella la educación, a practicar su culto y a no ser objeto de discriminación de ningún género. Los ciudadanos que componen una minoría son sujetos del derecho individual de ejercer su identidad diferencial sin trabas, pero no del derecho colectivo de arrastrar a la totalidad de la sociedad plural y democrática en la que viven a una aventura secesionista de resultado incierto y potencialmente destructiva.

La concepción étnica de la *nación*, y por extensión de la *autodeterminación*, no tiene suficiente densidad ética comparada con su definición cívica, racional e ilustrada como para justificar la singularización de un grupo caracterizado por su raza, su lengua o su religión y dotarlo de derechos colectivos específicos más allá de los derechos individuales inalienables que a cada uno de sus miembros le atribuya y le garantice el orden constitucional democrático vigente. No es aconsejable, en un contexto civilizado, confundir la política con la antropología. Errores intelectuales de magnitud tan considerable exponen a los seres humanos que los padecen a los mayores riesgos y a las peores desgracias. No es extraño que, al referirse a la autodeterminación, uno de sus estudiosos afirmara de este inquietante principio que estaba «cargado con dinamita». La hipocresía de los nacionalistas en sus quejas por la ausencia en las previsiones de la práctica totalidad de las constituciones contemporáneas del derecho de autodeterminación, queda de esta manera patente. Porque, ¿permitirían los nacionalistas a sus hijos entregarse todos los días a festivos retozos con un juguete repleto de sustancia tan inofensiva? Una vez obtenida la independencia de su anhelada y supuestamente oprimida «nación», ¿incluirían los nacionalistas en el nuevo ordenamiento constitucional otras raciones «nacionales» distintas a la suya de explosivo siempre presto a estallar? La conclusión sólo puede ser una: no hay derecho a que algunos reclamen un derecho que, aparte de no serlo, se cierne como una grave y permanente amenaza sobre los derechos de los demás.

(Contribución al primer número de La Ilustración Liberal, *febrero-marzo de 1999.)*

DEMOCRACIA, LIBERTAD, PLURALISMO Y RELATIVISMO MORAL

Mis primeras palabras han de ser para expresar un triple agradecimiento. A Josep Ramoneda por su amable presentación, a todos ustedes por su presencia en este almuerzo-conferencia-coloquio y a Tribuna Barcelona por su deferencia al invitarme a hablar en tan prestigioso foro. El tema que he escogido para esbozar en esta sobremesa, y digo esbozar y no desarrollar porque, dado su alcance, sólo seré capaz de un mero apunte, resulta de lo más apropiado para ser tratado precisamente aquí, en esta ágora famosa por su pluralidad. Desde esta tarima, levantada a la vez para la reflexión y la nutrición, ha disertado lo más granado del mundo de la empresa, de la cultura, del periodismo, de la Universidad, de la política, de la magistratura, de la diplomacia y del terrorismo. La organización de Tribuna Barcelona no ha querido dejar ni un ámbito de la riquísima vida pública española sin explorar, sin tabúes ni timideces, demostrando así poseer en grado sumo dos de los rasgos indispensables para la buena marcha de las democracias: la tolerancia y el fomento de la libertad de expresión. Y como me propongo examinar, y a continuación comentar con ustedes, las complejas y no siempre bien comprendidas relaciones entre conceptos tales como *democracia*, *libertad*, *pluralismo* y *relativismo moral*, experimento la estimulante satisfacción de hacerlo desde el lugar adecuado. Dado que hace pocas fechas ocupaba esta misma silla un antiguo practicante y actual colaborador del crimen organizado al que nuestro vigente ordenamiento constitucional le permite ocupar un escaño parlamentario, a la vez que el espíritu flexible y benévolo de entidades como la que hoy me honra a mí inmerecidamente con su hospitalidad, le proporciona un altavoz para compartir mantel con personas decentes, y he sabido a través de los medios que lo utilizó para sentar opiniones rotundas sobre cuestiones que nos afectan decisivamente como ciudadanos y como sujetos morales, me alegro de tener la oportunidad de ofrecerles también algunas consideraciones, asimismo firmes, en torno a temas estrechamente relacionados con los que el tocó, aunque marcando una dirección que, para ponerlo en términos suaves, será netamente distinta. Así dispondrán de dos perspectivas y, en uso de su libertad, podrán inclinarse por una o por otra, o por una tercera más de su gusto, o por ninguna y optar por mirar hacia otro lado, actitud por desgracia demasiado frecuente en la España de hoy, fuente de algunas de nuestras más graves dificultades, y que, si me disculpan el atrevimiento, les desaconsejo vivamente.

El primer punto que deseo proponerles es el de la inevitabilidad de la libertad. Si me permiten la crudeza paradójica de la frase, después del derrumbamiento del socialismo real, estamos condenados a ser libres. Nadie puede escapar a estas alturas de la obligación fascinante de asumir la libertad y de procurar que el mayor número posible de hombres y mujeres naden en su excitante fluido, y los que se resisten a ello, como Fidel Castro, Gabriel García Márquez, Manuel Vázquez Montalbán o Julio Anguita, lo hacen contra la evidencia, y, conocida su preclara inteligencia, hemos de concluir que mantienen esta posición por motivaciones ajenas al método científico. Disponemos de la demostración empírica de que las sociedades sin libertades reconocidas y garantizadas para sus miembros en todos los órdenes significativos de la actividad humana dentro de amplios márgenes, no son sociedades económica, política ni éticamente viables. Con independencia de planteamientos ideológicos o de teorizaciones más o menos impresionantes, nos hemos quedado solos con la libertad, y tal como afirmó con celebrada agudeza el publicista norteamericano Irving Kristol, ahora el enemigo somos nosotros mismos. Probablemente la historia no ha acabado, sobre todo en lugares como Cuba, el Bronx, Corea del Norte, Irán, Kosovo, los suburbios de Río de Janeiro, Palestina, Ruanda y el País Vasco, y cabe que queden zonas del planeta a las que aún no ha llegado, como las profundidades de la selva amazónica o el desierto del centro de Australia, pero, una vez desescombrado Berlín Este, la libertad es, afortunadamente, el único camino.

En consecuencia, el principal problema al que se enfrentan las sociedades desarrolladas de Occidente, ya con carácter definitivo, es el del uso responsable de la libertad por sus ciudadanos en sus dimensiones política, económica, religiosa y cultural. Y dado que la libertad genuina se mide por nuestra habilidad en acertar al elegir en todos los aspectos de nuestra existencia, se trata de algo tan sencillo de enunciar y tan dolorosamente difícil de alcanzar como elegir bien y, por supuesto, el Bien. Elegir bien el Bien, casi nada.

Llegados a este punto, me ceñiré a partir de ahora a la dimensión estrictamente política de la libertad, es decir, al ejercicio de la libertad en la convivencia organizada entendida como la autonomía de acción individual a salvo de las interferencias de los poderes públicos o de las agresiones o coacciones de otros seres humanos. Si queremos elegir bien el Bien dentro de la colectividad, hemos de ponernos de acuerdo sobre su naturaleza, sobre el método correcto de hallarlo y sobre la manera de perseverar en él. Por tanto, nos topamos insoslayablemente con la moralidad, o si lo prefieren, con la conciencia moral. Si hemos de huir del error a la hora de encontrar el Bien, necesitamos una guía, un referente, una piedra de toque, sin la cual circulamos desnortados, con el riesgo de caer en manos del primer demagogo al acecho que nos convenza de que pagar el setenta por ciento de nuestros ingresos en impuestos o clasificar a nuestros semejantes en función de su RH o de la lengua que hablan son medidas justas y deseables.

Nos encontramos, pues, ante un problema político de primer orden que, no por antiguo y conocido, es menos acuciante. Me refiero a la necesidad de poseer una conciencia moral en las sociedades donde los ciudadanos son libres. Si se suprime la libertad, desaparece esta exigencia, pero si existe libertad no podemos dar un paso sin una conciencia moral alerta y sólidamente estructurada. Esta idea salvadora procede de la tradición judeocristiana, se sistematizó en la Escolástica y fue recogida como elemento central por el mejor pensamiento liberal anglosajón. Lord Acton, por citar una figura relevante en este dominio, que consideraba la libertad como algo más que un valor, y la declaraba el fundamento de todos los demás valores, estaba convencido de que la conciencia moral es la herramienta indispensable en el ejercicio de la libertad política, y de que la conciencia ha de estar orientada por la verdad. Por consiguiente, sin verdad reconocible y de contornos precisos, no hay conciencia, y sin conciencia la libertad se transforma en un arma de destrucción del orden social y de la convivencia pacífica. Tener conciencia y, por consiguiente, ser conscientes de lo que está bien y de lo que está mal, de lo que se debe y no se debe hacer, depositar similar celo en reclamar nuestros derechos que en cumplir nuestros deberes, y todo ello de acuerdo con un sentido ético rigurosamente elaborado, analizado e interiorizado, son elementos determinantes de la civilización y del progreso. Sepultados irremisiblemente en el Este el materialismo histórico, la lucha de clases y la propiedad estatal de los medios de producción, y transmutada en el Oeste la socialdemocracia acartonada en el sonriente y ágil centro radical mediante un pase mágico de Tony Blair, es decir, una vez recuperada de manera definitiva la libertad, es urgente recobrar, pulir y vigorizar nuestra conciencia moral antes de que esa libertad felizmente triunfante y su emanación en forma de *ethos* pluralista se vuelvan aniquiladores.

Sin embargo, a la hora de decidir cuál es el bien común o, si se quiere un vocablo más administrativo, cuál es el interés general, surge un obstáculo formidable. En las sociedades plurales, los intereses, los credos religiosos, las tradiciones, los niveles culturales, son muy diversos, y la definición del agregado de los bienes individuales, del promedio de los muchos intereses y sensibilidades en presencia para concretar objetivos, normas y acciones compartidas que den igual satisfacción a todos y cada uno de los ciudadanos es prácticamente imposible. El buen príncipe o el rey-filósofo dotado de poder absoluto, lleno de sabiduría y recta intención, capaz de conocer lo que le conviene a cada miembro de la comunidad para integrar después toda esta información en un programa político apto para realizar lo que es mejor para el pueblo sin excepciones ni protestas, es una figura que pertenece al reino de la fantasía. Cuando se ha creído haberlo hallado, se ha puesto con frecuencia la conducción de los asuntos públicos en manos de un tirano inmisericorde. El riesgo de buscar a Marco Aurelio y encontrarse con Calígula es inquietantemente elevado.

Pero con independencia de lo molestas que pueden resultar estas sorpresas, la concepción del ser humano como depositario de libertad y dignidad intrínsecas sólo admite un método de averiguación del interés general: la democracia. Curiosamente, al ser el hombre libre por naturaleza, es preferible que la democracia se equivoque en ocasiones a que un dictador —suponiendo que tal espécimen infalible existiese— acierte siempre. Dicho de otra forma, es contrario a la esencia del ser humano, y consecuentemente es inmoral, adoptar decisiones colectivas sin la participación de los afectados. Aunque la democracia no es un valor, sino un método de adopción de decisiones colectivas, no es un método éticamente neutro. La democracia, en la medida que resuelve de modo pacífico los conflictos, es un sistema racional de organización de la vida social. Y tal como Karl Popper vio de manera esclarecedora en su obra capital, la elección de un método racional para solucionar las cuestiones derivadas de la convivencia tiene un significado moral de enorme calado y presupone una antropología determinada con exclusión tajante de otras. Por eso se ha impuesto a la larga a pesar de sus muchos y poderosos detractores y de sus evidentes fragilidades, por eso la democracia concebida como la aplicación de la regla de la mayoría con respeto a las minorías, la garantía de derechos y libertades fundamentales de los individuos frente al poder y frente a sus conciudadanos, la temporalidad y la revocabilidad de legisladores y gobernantes, la autenticidad de los canales de representación y la separación efectiva de poderes —no la mera división como tenemos por desgracia en España—, la democracia liberal, en suma, ha sobrevivido a Platón, a De Maistre, a Nietzsche y a Marx y goza de renqueante buena salud en una considerable parte del orbe. Este tipo de democracia, que responde más a la herencia de Madison, Hamilton y Jefferson que a la de Saint-Just, Mirabeau o Robespierre, en la medida que ha de ser gestionada y ejercida por hombres y mujeres libres, queda indefectiblemente ligada a la moralidad o deviene una farsa cruel y cínica. La democracia es un procedimiento, sin duda, pero es también mucho más, es una fascinante aventura espiritual y ética alumbrada hace veinticinco siglos cuyo éxito depende críticamente de la virtud de los ciudadanos que viven a su amparo. Resulta obvio que la democracia ha de configurarse institucional y jurídicamente de tal manera que se prevenga la falta de esa virtud, y ha de incorporar cautelas, mecanismos de vigilancia y de corrección, y contrapoderes y equilibrios que la pongan a salvo de responsables públicos corruptos o totalitarios o de las bajas pasiones que degradan la nobleza de la ciudadanía a la convulsión caótica de la masa. Pero incluso la democracia de arquitectura constitucional más lograda y equipada con las instituciones más cuidadosamente diseñadas está abocada a la destrucción sin un mínimo de virtud en sus ciudadanos. Jean Daniel, el director de *Le Nouvel Observateur*, reflejó este requisito de la democracia con un luminoso aserto: «La democracia —escribía Daniel en 1993—, régimen que invita al vicio, está obligada a la virtud si no quiere desaparecer». Y esa constatación nos coloca ante el escollo del pluralismo y la sima del relativismo moral.

Démosle un repaso rápido al pluralismo. Hay que distinguir, de entrada, entre el multiculturalismo, a saber, la coexistencia dentro de una misma sociedad de culturas distintas, y el pluralismo cultural, que estriba en la diversidad de proyectos, valores, razas, lenguas y confesiones religiosas que pueden irisar una única cultura matriz, que las engloba y articula sin disgregarse o explotar en un conflicto de desgarros internos. La experiencia viene demostrando, en ocasiones dramáticamente, que el multiculturalismo se aviene mal con la democracia, y que las democracias culturalmente plurales, para ser estables, requieren el establecimiento de ciertos límites a su pluralismo. La visión optimista del multiculturalismo afirma que colectivos humanos caracterizados por percepciones e interpretaciones de la realidad manifiestamente distintas pueden convivir dentro de una misma unidad política, y que los mecanismos de sociabilidad intergrupal pueden ser adquiridos e interiorizados más allá de la cultura de origen. Así, el *melting pot* norteamericano sería para los multiculturalistas el paradigma de su aserto. La Constitución, la bandera, la lengua inglesa y el *american way of life* suministrarían el cemento de unión de las multicolores piezas del mosaico estadounidense. En mi opinión, el *melting pot* es más un caso de pluralismo cultural que de multiculturalismo porque la fuerza cohesiva de la condición de ciudadano norteamericano, definida por leyes y símbolos de considerable intensidad intelectual y emocional, plasma una cultura metapolítica unificadora que armoniza e integra cromatismos cutáneos, acentos disímiles, anatomías oculares, dioses variopintos y tradiciones exóticas. En cualquier caso, según se va viendo, la combinación del modelo multicultural con la democracia y con el Estado-providencia puede provocar tensiones preocupantes. La imposición de una fuerte carga tributaria para proporcionar servicios y protección social a la generalidad de la población cuando los contribuyentes ven a grupos de sus conciudadanos como extraños o incluso como hostiles, es dinamita política, y el jugar continua y crecientemente a este juego siniestro demuestra hasta qué punto nuestros partidos nacionalistas hacen gala no ya de insolidaridad irritante sino de contumaz irresponsabilidad.

Pero profundicemos un poco más. Sabemos a partir de Frege y, sobre todo, de Wittgenstein, que dos personas no pueden comunicarse si no comparten, al menos aproximadamente, el mismo sistema de conceptos. Trasladando este hecho del campo lógico al político y social, es extraordinariamente complicado que integrantes de una comunidad política que sustentan concepciones incongruentes de cosas tales como la familia, la lealtad, la honradez, la Nación, la dignidad humana, el trabajo, el ahorro y la civilidad, puedan resolver pacífica y armoniosamente sus diferencias y sus colisiones de intereses. Parece que aceptar con simpática condescendencia a individuos que procedan por sistema a la mutilación de sus hijas, a tratar a sus mujeres como esclavas o a asesinar por la espalda a los que defiendan pacíficamente opiniones diferentes a las suyas, limitándose a quemarles la casa en períodos de tregua, no encaja con facilidad en una cultura adscrita al Estado democrático y social de Derecho como forma de organización política. En efecto, un fundamentalista islámico, un animista centroafricano o un militante de Jarrai se sitúan en culturas absolutamente desconectadas de los que estamos en esta sala. Ahora bien, ni los chiitas ni los adoradores de piedras, animales y árboles son nuestro problema. Nuestro problema es Arnaldo Otegi, que considera que el cóctel Molotov es un excelente instrumento de diálogo constructivo y, por extensión, Xabier Arzalluz, que se niega a condenar tan inofensivas travesuras y nos anuncia que se propone estrechar sus lazos de colaboración con el ilustre diputado autonómico.

A la luz de los acontecimientos acaecidos en España a partir de la Declaración de Barcelona y del Pacto de Estella, creo que ha llegado el momento de afrontar sin disimulos, en el contexto conceptual en el que estoy hablando, ciertas realidades cuya ocultación puede ser tranquilizadora a muy corto plazo, pero que acumulan energía negativa a un ritmo cada vez más rápido y dibujan un panorama amedrentadoramente sombrío para un futuro no demasiado lejano. En efecto, la Constitución española de 1978 define un marco político y moral que, si es auténticamente aceptado y compartido, implica una vigorosa y saludable cultura ético-civil capaz de albergar bajo su manto ilustrado, racional y civilizador las diferentes variedades étnico-lingüísticas existentes en España. La voluntad inequívoca de los partidos nacionalistas, violentos o instrumentalizadores de los violentos, de romper el gran pacto constitucional de la Transición, rasga ese manto protector y amortiguador de los enfrentamientos para dar paso al cuarteamiento de la Nación de ciudadanos en un barullo de tribus irreductibles. Eliminada la cultura cívica aglutinadora, España se fragmentará en un conjunto de culturas que no sólo hablarán distintas lenguas ferozmente normalizadas, sino que se alienarán entre sí al expresarse en lenguajes morales disjuntos. Al sustituir subversivamente el principio de legitimidad racional-democrático de la soberanía nacional, vínculo fraterno y unificador de todos los españoles que abstrae a la vez que recibe positivamente la pluralidad cultural interna, por el principio étnico-lingüístico, de carácter irracional, excluyente y divisivo, la Nación constitucional y democrática se quebrará en pedazos amasados con categorías axiológicas inconexas e impenetrables. Es innegable que una nación vasca construida sobre la edificante moral de Josu Ternera requiere, para ser posible, la aniquilación previa de las bases éticas que suscribieron unánimemente los constituyentes de 1978 y que los españoles hicieron suyas en las urnas por mayoría abrumadora. Los partidos nacionalistas aspiran, y están cerca de culminarlo, a descomponer España —entiéndase el verbo *descomponer* en su doble acepción morfológica y necrológica— destruyendo su estructura de sociedad culturalmente plural para transformarla en un descoyuntado conglomerado multicultural sometido a centrifugación imparable. Estoy seguro en esta fase de mi exposición que mis amigos López Burniol y Sancliment, que me honran con su compañía en esta mesa, comprenden claramente que invitar a Arnaldo Otegi a Tribuna Barcelona forma parte de una cultura sin intersección alguna con la cultura que profesa y practica este caballero en el País Vasco. La concepción del mundo asociada a brindar la oportunidad de hablar en tu propia casa, tras obsequiarle con dos platos y postre, a alguien que propaga barbaridades que te repugnan, no tiene punto de contacto alguno con la cosmovisión del que, al oír afirmaciones de las que discrepa, lanza una bomba incendiaria.

En conclusión, que la peregrina opinión de que una sociedad pluralista puede y debe admitir cualquier género de valor es completamente errónea. Una sociedad pluralista, salvo que esté dispuesta a autodestruirse, no alojará valores que signifiquen el desprecio o la exclusión de los valores ajenos. Este es un axioma tan innegable como el que postula que una sociedad democrática deja de serlo en el momento en que los fascistas ganan las elecciones. El motivo por el cual los dos grandes partidos nacionales actúan como si desconociesen verdades tan palmarias es uno de los más desazonadores misterios de nuestra escena pública.

Para concluir, echemos una ojeada al relativismo moral. De acuerdo con esta relajante doctrina, no hay una verdad objetiva accesible y todas las verdades son equivalentes en tanto que subjetivas. Por consiguiente, hemos de vivir como si la verdad no existiese, carentes de cualquier criterio objetivo que nos conduzca al conocimiento de la conducta correcta, ignorantes del Bien a cuya consecución hemos de contribuir. No es sorprendente, por tanto, que la conjunción de democracia y relativismo moral sea letal para la democracia. Cuando en una sociedad sus integrantes se comportan sobre la base de la renuncia a la búsqueda de la verdad, la democracia se debilita hasta el punto de ser pasto fácil de los totalitarismos o de la anarquía. En un sistema democrático es tan esencial para la fortaleza y la buena marcha de la res pública que ninguna verdad sea impuesta como que cada ciudadano defienda y sustente convicciones sólidamente reflexionadas e interiorizadas y esté en disposición de argumentarlas y explicarlas a los demás.

En la práctica, es imposible articular una acción política de la índole que sea a partir del relativismo moral. En sociedades libres, este es un punto crucial. Ahora que están de moda las Terceras Vías y los nuevos centros enseñorean Europa, asistimos a conmovedores intentos de combatir el relativismo moral sin recurrir a la trascendencia o al reconocimiento de la existencia de la verdad objetiva, algo así como tratar el tifus sin antibióticos. El relativismo moral, además, priva al ser humano de una de las mayores satisfacciones de que dispone. En los *Ensayos* de Francis Bacon podemos leer: «No existe placer que pueda compararse al de mantenerse erguido sobre el terreno de la verdad». Supongo que bastantes figuras relevantes de nuestra clase política sustituirían esta tonificante aseveración por esta otra: «No hay delicia comparable a recibir la última encuesta todavía caliente».

Veamos qué pasa cuando los nuevos centros se enfrentan a dilemas morales y qué tal les funciona el relativismo. En el gabinete de Tony Blair, el más genuino representante del centro carismático, se han producido dos dimisiones, una debida a un crédito blando para adquirir una vivienda, otra causada por un paseo por un parque en zona y hora sospechosa. Las dos renuncias a la cartera fueron fulminantes. ¿Por qué, si todo vale, si la frontera entre el Bien y el Mal depende del punto de vista y es cómodamente difusa? Pues porque no vale todo, y es imposible gobernar con transparencia y honradez sin recurrir, aunque sea sin nombrarlos, a valores «fuertes».

Es sabido que Blair pone un gran énfasis en la educación, tanto en su discurso y como en su praxis de Gobierno. Pero, ¿cómo se planifica una educación sin valores o en la que todos los valores se colocan al mismo nivel? Cualquier docente sabe que una educación moralmente relativista y axiológicamente neutral es sencillamente irrealizable. Cuando un profesor de secundaria se pone ante una treintena de adolescentes que están abriéndose a los enigmas perennes sobre el sentido del mundo y de la vida, ¿puede silenciar que existen valores como la libertad, la igualdad, la dignidad, la justicia, el altruismo, la democracia o la identidad étnica? ¿Qué regla moral les aconsejará para orientar sus conductas? ¿Quizá «actúa de tal manera que tu competitividad no vaya en detrimento de la competitividad de los demás»? ¿O «póntelo, pónselo», sin ahondar en los motivos por los que hay que ponérselo o qué entra en juego cuando dos personas se quieren, además de las connotaciones epidérmicamente sexuales? Dependiendo de qué valores enseñemos en las aulas tendremos unos comportamientos u otros, una sociedad u otra. Y se supone que un gobernante sabe qué sociedad considera deseable. Es absurdo clamar por la educación si no configuramos sus contenidos. El bochornoso desenlace del Proyecto de Decreto sobre la enseñanza de las Humanidades ilustra tristemente esta obviedad.

El New Labour también defiende con energía la familia. Lo hace con tal entusiasmo que uno ya no sabe si está escuchando a Blair o al Papa. Pero, ¿de qué modelo de familia estamos hablando? Hay que definirlo para diseñar una determinada política. ¿Familia nuclear clásica? ¿Familia monoparental? ¿Estable o temporal? ¿Homosexual? ¿Con o sin adopción? ¿Dúos, tríos, cuartetos, orquestas de cámara? El concepto de *familia* ha cambiado sin duda por la incorporación de la mujer al trabajo y su correspondiente emancipación, pero ¿cómo hemos de afrontar este fenómeno desde las Administraciones? Blair nos comunica agudamente que hay matrimonios que no duran toda la vida, al tiempo que observa que la gente siente la necesidad de adquirir compromisos estables y de respetarlos. ¿Por qué? ¿Tiene implicaciones morales que mucha gente prefiera una pareja fiel y duradera? ¿Se han de favorecer por el poder público a través de una política fiscal, laboral, de vivienda, las relaciones estables entre adultos? ¿Es conveniente favorecer la natalidad o es indiferente? Todas estas preguntas demandan respuestas concretas y, por tanto, legislar y gobernar a caballo del relativismo moral es meterse en un callejón sin salida.

Cualquier acción pública sin un marco ético claramente dibujado es mero empirismo errático o palos de ciego. De ahí la obsesión por seguir a la sociedad, el afán por la información demoscópica, de ahí el auge de los sociólogos, que son las estrellas rutilantes en los consejos áulicos de los máximos dirigentes de los nuevos centros. Los sociólogos sirven para todo, predicen los resultados electorales, casi siempre erróneamente, lo que aumenta de manera considerable su prestigio, negocian con los terroristas, diseñan las estrategias partidistas a golpe de encuesta, obligando a los líderes políticos a un galope extenuante y zigzagueante a rastras de los sondeos de opinión. ¿Alguno de ustedes imagina a Lincoln decidiendo la abolición de la esclavitud mediante una encuesta entre los terratenientes de Alabama? ¿O a Winston Churchill declarando la guerra a la barbarie nazi después de un completo estudio de mil entrevistas telefónicas en

Mayfair? ¿O a Jaime Mayor ordenando la puesta a disposición judicial del comando Donosti previo un sofisticado estudio de opinión en Rentería? La demoscopia es una disciplina muy apropiada e interesante para muchas cosas y extraordinariamente útil para saber lo que los ciudadanos creen o no creen, lo que desean o lo que rechazan, lo que les preocupa o les deja indiferentes, pero pobres de nosotros si las encuestas fueran la clave para distinguir el Bien del Mal. En conexión con el relativismo moral, a lo que más se parece un político que actúa y decide a golpe de encuesta es a un barco sin timón. Claudio Magris, el pensador y escritor italiano, autor de ese libro maravilloso que se titula *El Danubio*, declaraba hace pocos días en Barcelona con desacomplejada lucidez: «La moral es como la salud, sólo es necesaria cuando falta. Tiene que haber un residuo de pensamiento fuerte, porque hay cosas que no son negociables». Coincido sin reservas con Magris. Cuando todo es negociable, no hay nada que transaccionar porque quedamos a merced de los que no negocian e imponen por la fuerza.

En los próximos meses, la sociedad española se enfrentará a una encrucijada decisiva, en la que se dilucidará su supervivencia como Nación constitucional, civilizada e ilustrada. Se ha afirmado solemnemente que la paz no tiene precio, precio político, se entiende, y esta posición debe ser mantenida sin el menor resquicio. La más pequeña cesión en los ámbitos constitucional o estatutario a cambio de que los asesinos dejen, supuestamente para siempre, su macabra labor, equivaldría a legitimar la violencia como instrumento de acción política y la democracia española renacida hace dos décadas llegaría a su fin. En la salida a la mal llamada tregua, no es que nos juguemos mucho, es que nos lo jugamos todo. La solución que se dé a tan grave asunto pondrá a prueba nuestra dignidad moral y civil de manera irreversible. Un solo paso en la dirección incorrecta, un solo gesto de debilidad, y no habrá vuelta atrás. Porque, efectivamente, hay cosas no negociables. Y la Constitución de 1978 no es negociable bajo el chantaje de la violencia fascista. Ni una palabra, ni una coma, ni un punto, han de ser modificados para conseguir el apaciguamiento de la insania criminal de los enemigos de la democracia. Con el delito no se dialoga ni se pacta. Si el trasgresor se arrepiente, se le puede perdonar, pero siempre bajo el imperio de la ley. Y si no reconoce su culpa, el Estado de Derecho ha de continuar haciéndose respetar aplicando con todo rigor la legalidad democrática.

Si hay algo peor que la trastocación de la jerarquía de los valores —por ejemplo, la prevalencia de la identidad étnica o lingüística sobre la libertad, la igualdad o la justicia, o la imposición de la igualdad de resultados atropellando la libertad— consustanciales a la auténtica naturaleza del ser humano, es la ausencia de valores. Nos encontramos en una etapa de la historia de España en la que la simultaneidad de la agresividad coactiva de algunos para conseguir la hegemonía de su concepción anticonstitucional de nación y de la cautelosa autocensura de otros, que renuncian a proclamar su verdad éticamente superior o lo hacen con contenida sordina, puede producir la catástrofe. Por eso, más que de la victoria electoral nos hemos de preocupar de dejar patente nuestra razón moral. El Mal jamás ha sido derrotado con estratagemas acomodaticias, sino que para doblegarlo se necesita la fuerza de la verdad. Y la verdad que no es proclamada, y por la que no se está dispuesto a correr riesgos no existe. Cuando peligra la democracia, más vale pecar de maniqueo antes que ser acusado de irresoluto después. Basta echar una mirada retrospectiva sobre el siglo que acaba para comprobar la validez de esta norma de conducta.

Renunciar a comprometerse pública y audiblemente con verdades inmutables en aras a coyunturas mudables es confesar la falta de fe en el propio credo e infravalorar la capacidad de nuestros conciudadanos, votantes nacionalistas incluidos, para dejarse ganar por la argumentación racional y la apelación a su sensatez y a su recto juicio. La gente puede ser ganada para la verdad si esta le es comunicada por aquellos que están de veras convencidos.

Hace años, en su discurso de recepción a la Academia de Ciencias Morales y Políticas del Instituto de Francia, el cardenal Ratzinger pronunciaba unas palabras rebosantes de acierto y de grandeza: «Cultivar juicios morales esenciales, mantenerlos y protegerlos sin imponerlos por la fuerza, me parece condición indispensable para la supervivencia de la libertad». Después de todo lo que he dicho, ustedes ya habrán adivinado que a mí también me lo parece. Me encantaría que coincidieran conmigo, y me consta que no pocos de los que están en este comedor sintonizan con las ideas que he expuesto y a los que les molesta tanto como a mí la proliferación de oficiantes de la confusión en torno a las cuestiones que he sobrevolado esta tarde. En cuanto a aquellos que sustenten puntos de vista distintos o discrepantes, mi gratitud por acompañarme es doble, y espero modestamente haberles aportado por lo menos algunos elementos útiles de reflexión.

(Conferencia pronunciada en el almuerzo-coloquio organizado por Tribuna Barcelona en el Hotel Ritz el día 22 de marzo de 1999.)

CEREBROS DE ALQUILER

LOS INTELECTUALES ORGÁNICOS DEL NACIONALISMO

En estos días en que los valores constitucionales y democráticos y el propio sistema constitucional en su conjunto sufren un nuevo ataque combinado del terrorismo nacionalista y del nacionalismo exculpador del terror, parece oportuno examinar uno de los factores menos aparentes, pero no por ello menos letales e insidiosos, de esta ofensiva disgregadora dirigida al corazón mismo de la Nación. Me refiero a la obra pertinaz y extensa de los intelectuales orgánicos del nacionalismo, figuras que sin militancia política explícita o con militancia durmiente, y bajo la cobertura de una aparente objetividad *au dessus de la mêlée*, colaboran sin descanso con las fuerzas particularistas de base identitaria suministrándoles en abundantes artículos, libros, conferencias, declaraciones a los medios, dictámenes, discursos académicos o trabajos eruditos en revistas de pensamiento, todo tipo de argumentos históricos, jurídicos, políticos y, en el colmo del refinamiento, hasta morales, para dar cobertura a su proyecto divisivo. No constituyen, por suerte, un grupo demasiado numeroso, pero desarrollan una intensa actividad al servicio de sus protectores, que les jalean, consultan, instrumentan, elogian, exhiben y premian con extático arrobo. Un análisis cuidadoso de sus planteamientos, motivaciones, trayectorias y propósitos con el fin de desenmascararlos y neutralizar su corrosiva labor es una tarea tan necesaria como pendiente, y voy a intentar a continuación un esbozo rápido, incompleto y misceláneo de este preocupante fenómeno. Mi única y modesta aspiración es, de momento, llamar la atención del público sobre esta especie sinuosa, contribuyendo así a estimular estudios y refutaciones más completos que, por lo menos, hagan su confortable vida algo menos plácida hostigándoles en sus doctos y acolchados refugios. Si la ciudadanía aprende a identificarlos, a detectar sus trampas y a sortear sus perfidias, podrá protegerse mejor de los nocivos efectos del disolvente licor teórico que segregan.

No se crea, sin embargo, que tan privilegiadas cabezas no cometen a veces deslices notables. Permítaseme citar dos hermosas perlas de dos de los más conspicuos representantes de la intelectualidad orgánica sometida a eso que Gabriel Cisneros, con la estupenda exuberancia léxica que le caracteriza, ha llamado «la raíz genesíaca de lo aborigen». La primera, fruto de la profundidad de análisis de un prolífico historiador incansable promotor del consenso, reza así: «El nacionalismo como doctrina supone predominio de los valores de la Nación». Una vez asimilado, tras varias jaquecas, tan clarividente aserto, se supone que el lector queda preparado para opinar autorizadamente sobre cualquier tema relacionado con el nacionalismo. El nacionalismo, que suele apoyarse a menudo en tautologías beligerantes —Jordi Pujol es un reputado especialista— también recurre en ocasiones, como en este caso, a las tautologías oligofrénicas. La segunda, emanada del lujosamente amueblado cerebro de un ponente constitucional famoso por su modestia, pontifica con solemnidad: «Lo nacional es lo particular, lo general es el Estado». O sea, que lo nacional no puede ser general y está condenado a la exacerbación de la diferencia. De acuerdo con tan amplia visión, nada que admita el calificativo de *nacional* está capacitado para aspirar a la trascendencia o a la grandeza y circunscribe necesariamente su ámbito de actuación a las cercanías del campanario más próximo al lugar en que uno ha nacido. A partir de aquí, se entiende que este sabio consejero áulico de jefes tribales reclame para su invento la denominación de «la España grande». Como España, según su ambiciosa construcción doctrinal, carece de cuerpo nacional, es un mero Estado, y, en consecuencia, henchida de generalidad, puede alcanzar un tamaño apreciable. Lo particular, que es lo nacional, queda para los pequeños secesionismos rabiosos que, lógicamente, son las piezas inconexas de ese objeto indefinible y deslavazado, pero eso sí, muy grande. Un cuadro irresistiblemente estimulante y de una impecable consistencia conceptual que nos proporciona la base sólida para llevar adelante un atrayente proyecto común. No es extraño que su impulsor haya merecido el Premio Sabino Arana. Al fin y al cabo, que un experto en Derecho Constitucional reciba un galardón con ese nombre equivale a recompensar a un pediatra con el Premio Herodes o a un ecologista con el Premio Marea Negra. Pero ya se sabe que cada uno encuentra sobre su frente los laureles que se ha buscado.

Pero volvamos al caudaloso historiador y examinemos con afán no exhaustivo pero sí ilustrativo algunas de sus falacias más palmarias. Comencemos por aquella que, con motivo de la frondosa polémica que en torno a la reforma de la enseñanza de las Humanidades ocupó nuestra ágora pública a lo largo del evocador año de 1998, presenta a la intelectualidad española escindida en dos bandos ferozmente contrapuestos, uno defensor intransigente del patriotismo constitucional y denigrador despiadado de los nacionalismos periféricos y otro, víctima indefensa del primero, comprometido con las reivindicaciones de los nacionalismos democráticos vasco, gallego y catalán. Tal como se pinta a estos dos equipos empeñados en tenaz torneo, el propiciador de la vigencia de la Constitución de 1978, es decir, el partidario de mantener una sensata cohesión nacional española compatible con la pluralidad, representa el unitarismo a ultranza y, tras su astuta apelación a valores universales, se oculta el castellanismo más rancio y la negativa sistemática a comprender, aunque sea parcialmente, las razones de la otra parte del litigio. Las voces que se alzan a favor de las tesis pujolianas y arzallucianas son vistas, en cambio, como merecedoras de una mayor atención y de una cierta protección, débiles cañas dobladas por el rugiente vendaval españolista. Además, y este es el componente más sutil de la falacia, si se enfrentan dos luchadores irreconciliables, es aconsejable buscar un justo término medio que sirva de receptáculo para un conciliador encuentro. Y como lo que los nacionalistas discuten es el fundamento mismo de la vigente Constitución, a saber, la soberanía indisoluble de la Nación española, se trata, en aras del armisticio, de desplazar el fiel de la balanza hacia las pretensiones fragmentadoras contenidas en la Declaración de Barcelona y en el Pacto de Estella. Dicho en otras palabras, lo que hay, es decir, el actual Estado de las Autonomías concebido como la organización descentralizada del poder adecuada para una nación plural, no es la síntesis armonizadora que permite la convivencia, sino un polo afilado de una dicotomía insoportable, *ergo* hay que avanzar sin vacilaciones hacia el Estado plurinacional. En este contexto, no cabe duda que emerge notablemente airoso el papel de los árbitros que soplan sin cesar el silbato del consenso que calme por fin el «conflicto político».

Otra pieza capital del cuerpo de pensamiento afanosamente articulado por los intelectuales orgánicos de los nacionalismos centrífugos consiste en cultivar con sutileza una huidiza confusión terminológica que dificulta mucho una controversia mínimamente rigurosa por el agotamiento que produce la descripción de un paisaje perpetuamente cambiante. Locke nos advirtió que el «uso dudoso e incierto de las palabras» podía estropear cualquier intento de comprensión mutua hasta convertirlo en un choque intemperante. Pues bien, resulta poco menos que imposible que la brigada académica pro-nacionalista especifique con claridad qué significa en su discurso la palabra *nación*. Y es justo de este empleo deliberadamente oscuro de donde deriva gran parte de la tensión asociada a este debate. Si bien, tal como nos reconviene de forma paternal el ponente constitucional de marras, es altamente peligroso valerse de vocablos con «garras y pico», todavía lo es más escudarse tras términos que tornasolan proteicamente su contenido según convenga. Cuando el historiador-consensuador o el ponente constitucional-arqueólogo antes aludidos hablan de *naciones* y las contraponen a los *Estados*, y aseguran que en el mundo existe una pléyade de Estados que no son Estados-Nación, sino Estados en cuyo interior bullen más o menos inquietas varias naciones, se atienen sistemática, pero siempre elípticamente, al concepto étnico de *nación*, o sea, a la Nación entendida como un colectivo humano esencial y primigenio definido selectiva y arbitrariamente por la raza, la lengua, la religión, determinadas tradiciones o costumbres, o el recuerdo húmedo de mitos remotos. No admiten que sus oponentes dialécticos, sean estos el Foro de Ermua, el Foro Babel, Convivencia Cívica Catalana, o Mario Vargas Llosa, puedan entender la Nación de otra manera y que al insertar esta palabra en una frase se refieran a otra cosa muy distinta y, desde luego, superior, a la amasada con la pasta del *Volksgeist*. De esta manera, garantizan que un testigo no avisado de la polémica la perciba como suscitada entre los adalides de identidades étnicas distintas y no superponibles ni congruentes, y en la que los autodenominados «constitucionalistas» son en realidad españolistas furibundos empeñados en imponer a las bravas la identidad dominante y prepotente castellano-imperial a las oprimidas nacionalidades periféricas.

Ignorando de mala fe que haya quien entienda por *nación* la envolvente cívico-racional de la pluralidad étnica, capaz de delimitar un único espacio de convivencia armónica configurado por un conjunto de leyes de aplicación general, un sistema de ayuda mutua, la toma de decisiones colectivas mediante la regla de la mayoría con respeto a las minorías, y la garantía de derechos fundamentales y de libertades civiles y políticas para todos los individuos sin excepción, un ámbito, en suma, civilizador y civilizado en el que distintas lenguas, religiones, colores de piel o hábitos de vida puedan compartir fecunda y pacíficamente metas comunes y habitar en una sola *polis* que les proporcione un nivel ético-político superior y superador de diferencias morfológicas, sentimentales o culturales que nada o poco significan a la hora de reconocernos unos a otros ante todo como seres humanos merecedores de respeto y sujetos inalienables de valores morales universales, haciendo oídos sordos en fin a las reiteradas apelaciones de los estigmatizados como anti-nacionalistas, o, lo que es peor y más peligroso, como anti-catalanes o anti-vascos, a alumbrar otra idea de nación, una idea que cohesione en vez de separar, que reúna en vez de dispersar, que articule en vez de descoyuntar, que rezume afecto en vez de odio, que incluya en lugar de excluir, que abra en vez de cerrar, y que se proyecte hacia delante sin olvidar los errores del pasado para no repetirlos, los intelectuales orgánicos de los nacionalismos secesionistas alimentan ciegamente la hoguera que afirman querer apagar y nos arrastran de forma irresponsable hacia el abismo. Resulta estremecedor comprobar hasta qué extremos personas pretendidamente cultivadoras del método científico pueden sacrificar el rigor de su pensamiento en aras de la soberbia, el resentimiento, la codicia o el puro y simple miedo.

Un dato que debiera llamar a reflexión a los predicadores de soluciones imaginativas para el contencioso nacionalista español contemporáneo consistentes básicamente en la dinamitación del gran pacto civil de 1978, pero un dato que por desgracia sólo les desconcierta o les irrita es la asombrosa transversalidad ideológica de la animosa hueste constitucionalista. La voluntad de salvaguardar el valioso patrimonio ético, social y político adquirido durante la transición a la democracia hace un cuarto de siglo ha producido curiosas coincidencias y colaboraciones que sí son imaginativas, además de reconfortantes. Plataformas cívicas en las que gentes partidarias de modelos sociales y económicos muy variados trabajan hermanados sin ningún complejo en defensa de una sociedad abierta, personas inequívocamente adscritas al pensamiento de izquierdas que apoyan públicamente a notorios liberal-conservadores en actos de homenaje y viceversa, iniciativas ciudadanas impulsadas al alimón por militantes e incluso dirigentes de los dos grandes partidos nacionales que aparecen juntos en ecuménicas fotografías que rompen estereotipos y saltan barreras de siglas encarnizadamente adversarias, desplazamientos heterodoxos de porcentajes apreciables de votantes de un color hacia otro y del otro hacia el uno como reacción frente a los excesos coactivos de los nacionalismos identitarios, fenómenos inéditos que demuestran la gravedad de la amenaza que se cierne sobre nuestro sistema de convivencia.

Cuando se postula el divorcio entre el Estado y la Nación y se señala la dificultad de construir ambas entidades en paralelo, se sigue insistiendo en el concepto étnico de *nación*. Mientras la nación se defina por un manojo de instintos primitivos y pre-racionales, el odio al extraño, la identidad individual indistinguible de la grupal, o la incapacidad de compartir derivada de la lucha por la subsistencia en un medio natural hostil, y mientras el Estado se asimile a un frío caparazón jurídico-político-administrativo de quita y pon desprovisto de alma, jamás se apaciguará el desasosiego nacionalista. Hemos de liberarnos de este enfoque en el que nos tienen encerrados los intelectuales orgánicos de los particularismos segregadores. Es la Nación, la Nación cívica y constitucional, y no exclusivamente el Estado, la que no tiene por qué ser culturalmente homogénea; no es la Nación, es la horda, la que no tiene otro remedio que asumir su monocromatismo onomatopéyico, pero ¿quién quiere a estas alturas del devenir de la Humanidad corretear por la selva en pequeños tropeles de cazadores-recolectores? El Estado liberal y democrático actual no es la máquina unificadora y laminadora de la pluralidad cultural y lingüística interna que tuvo su apogeo en la segunda mitad del siglo XIX. Muy al contrario, procura la compatibilidad entre unidad y diversidad, pero a condición de rescatar a la Nación de la sima tenebrosa de la prehistoria. Las grandes organizaciones unificadoras supranacionales, tales como la Unión Europea, son la culminación esplendorosa de este positivo proceso de dilatación y complejización de las identidades.

Nuestro historiador-mediador ha llegado a escribir, en su deseo de exculpar y dignificar a los micronacionalismos independentistas que agrietan los Estados democráticos, que dado que todo nacionalismo tiene como sustento un factor étnico y siempre ha de pretender estar dotado de un elemento cívico, la distinción entre nacionalismo étnico y cívico carece de sentido. Brillante conclusión, que ella sola basta para deshonrar, salvo contrición posterior, toda una trayectoria académica. Porque, ¿cómo no vamos a separar un nacionalismo que, en sus versiones extremas, mata, secuestra y extorsiona en nombre de la identidad nacional, y que, en sus modalidades blandas, ahoga los derechos individuales en los campos cultural y lingüístico para imponer un estereotipo consagrado dogmáticamente como el auténticamente «nacional», de otro que pacifica, armoniza e integra las diferencias bajo el manto de valores morales superiores como la libertad, la igualdad, la solidaridad y la justicia? ¿Cómo se puede sentar semejante tesis cuando la experiencia histórica ha demostrado inapelablemente, tal como ilustran los carteles insultantes que manchan esta noche las paredes de esta venerable casa, que es precisamente en el momento en que el nacionalismo étnico aplasta al nacionalismo cívico cuando las sociedades humanas son asoladas por la barbarie más abyecta?

Se puede reclamar un origen común para la democracia y para el nacionalismo con el argumento de que la liberación de los individuos y la asunción por las naciones de su propio destino surgieron simultáneamente en el siglo pasado, e invocar en este aspecto una cierta racionalidad para la idea de *nación*. Las brutalidades perpetradas en nombre de la pureza racial o del derecho sagrado al *lebensraum* dimanarían desde esta perspectiva de la divergencia patológica posterior de esos dos conceptos, el democrático y el nacional, que pese a todo vieron la luz juntos y que son naturalmente acoplables. Siguiendo esta línea, está muy bien recordar que Finkielraut ha apuntado que «la democracia necesita un cuerpo» y que Montesquieu descubrió hace más de dos siglos que «incluso la virtud requiere límites geográficos» y que, por tanto, salvo desviaciones excepcionales y, por supuesto, condenables, *nación* y *democracia* son dos caras de la misma moneda. Sin embargo, estas pías consideraciones omiten un detalle fundamental: si la Nación erigida es la nación étnica, la democracia se resiente invariablemente, esto cuando no es destruida sin contemplaciones. En efecto, una nacionalización sobre bases identitarias religiosas, culturales o raciales llevada a cabo en sociedades confesional, cultural o étnicamente heterogéneas, colisiona sin remedio con la sustancia misma de la democracia, que es el reconocimiento y el respeto de los derechos de los individuos y de las minorías. La virtud cívica en España ya tiene un sujeto soberano, obviamente no homogéneo ni antropomorfizado, que la practica y la consolida, y es el conjunto del pueblo español, perfectamente delimitado en la Constitución en sus contornos demográficos y geográficos. Si, por poner un ejemplo dolorosamente actual, el País Vasco se separase de España bajo la égida del nacionalismo identitario de sustrato étnico, esa virtud devendría imposible en los tres territorios vascongados, y ya no digamos en Navarra o en el País vasco-francés, dado que el ejercicio pacífico y sin trabas de la pluralidad quedaría vedado a sus ciudadanos no nacionalistas, abandonados a la opresión inmisericorde de ETA y sus aliados «democráticos». Así, la Nación española plural renacida en 1978, solar de libertades civiles y políticas y dotada de un sistema garantista plenamente desarrollado, no sólo no representa ninguna cortapisa para la manifestación de los rasgos específicos de los distintos pueblos que la componen, sino que su integridad territorial y política es un requisito indispensable para que dicha pluralidad no se vea reprimida ni amenazada.

Pero pasemos a otra de las añagazas favoritas de historiadores equidistantes y de transformadores del Derecho Público en retromoviente máquina del tiempo. Se trata de reprochar ecuánimemente a los dos contendientes en litigio, nacionalistas identitarios y adherentes a la Nación constitucional, la falta de una verdadera voluntad de resolver el conflicto, de no acertar en su correcta definición. El corolario de esta regañina bidireccional, que iguala implícitamente a Josu Ternera con Jaime Mayor y a ETA con la Guardia Civil y los jueces, es la necesidad de un «buen tratado de paz». Hay que aproximar posiciones, se reitera, hay que dialogar incansablemente, incluso intercambiando propuestas políticas en plena violencia vesánica. Nada más debilitador del Estado democrático que esta viscosa mediación, que confunde y desmoraliza a una opinión pública hastiada de muertes injustificables y deseosa de dejar atrás la pesadilla del terror. Este tipo de recetas para relajar tensiones centrífugas equivale a dar solapadamente la razón a los que esgrimen pistolas en lugar de razones. No hubo medias tintas entre el comunismo y el liberalismo. El colectivismo totalitario fue derrotado sin paliativos intelectual, económica y políticamente, y la socialdemocracia, cuya versión posmoderna es la Tercera Vía de Tony Blair, no es una síntesis entre comunismo y liberalismo, sino una versión más o menos comunitarista de este último. Igual que lo fue el incorrectamente denominado «socialismo real», el nacionalismo identitario como doctrina social y política ha de ser vencido democráticamente en el campo de las ideas y de la realidad tangible, porque no se sostiene ni un minuto a poco que se le dedique un análisis racional o un examen objetivo de sus carnicerías históricas o de sus tropelías actuales. No hay que aproximar posiciones con los nacionalismos étnicos, por mucho oxígeno conceptual u ornamentación jurídica bajomedieval con la que se les recubra. Deben ser combatidos sin cuartel con las solas armas de la razón y de la exigencia moral hasta su neutralización definitiva. Me alegra que José María Aznar haya llegado recientemente a esta misma conclusión, no por tardía menos certera, que es de esperar sea asimismo un propósito irreversible que no conozca excepciones y no oscile al vaivén de las coyunturas electorales.

Al conminar al Gobierno a detener la espiral acción-reacción que alimenta la violencia al tiempo que advierte que la represión dura exacerba el espíritu de lucha de los terroristas, la intelectualidad orgánica al servicio de los nacionalistas invita al Estado democrático a bajar la guardia y colabora indirectamente con la deriva alarmante que nos arrastra desde la España de las Autonomías hacia la Confederación Ibérica, entelequia tan querida por Unió Democràtica y por el ilustre exhumador en nuestro país de los derechos históricos. El anhelo de autogobierno siempre ha sido incomprendido en España, empezando por Olivares y acabando por Azaña, se lamentan los pensadores de cámara de Pujol y Arzalluz. Nunca se ha producido un fraternal encuentro entre los que se quieren marchar y los que no están dispuestos a que se vayan y esta es la gran tarea histórica pendiente, se proclama de manera grandilocuente para regocijo de los liquidadores de la Constitución de 1978. Se ha llegado a dar la alarma ante lo que se ha descrito como la inversión de la corrección política imperante a finales de los setenta, cuando los nacionalismos «moderados» eran objeto de toda suerte de halagos y deferencias casi universales, mientras que hoy reciben durísimos varapalos doctrinales y críticas de inusitada dureza procedentes del mundo universitario y periodístico, tanto del afín al centrismo reformista como del próximo a la socialdemocracia. Este giro agresivo contra sus protectores provoca el disgusto de los valedores dialécticos de la identidad excluyente, que se resisten a reconocer que, una vez desaparecido el franquismo, y tras más de veinte años de experiencia atormentada de las hazañas disgregadoras acometidas por los partidos nacionalistas, ya se les empieza a conocer, y a sus intelectuales orgánicos, también.

Y así, de elaboración teórica del Estado de los Fragmentos Yuxtapuestos a llamadas a la claudicación frente a la presión asesina, pasando por retorcidas relecturas proautonómicas de la Constitución, una laboriosa tropilla de polígrafos, juristas, columnistas, ensayistas, tratadistas, novelistas y poetas que orbitan en torno a la Plaza de Sant Jaume o al palacio de Ajuria Enea han abandonado la belicosa condición de *engagés* para descender a la de *atrapés*, situación que si bien permite poco margen de maniobra a la independencia neuronal, es de suponer que no dejará de proporcionar atractivas compensaciones materiales e inmateriales a los que la han elegido. Por lo menos, la magnitud de las ventajas obtenidas ha de ser suficiente para hacer soportable la incómoda postura de permanente postración ante un ídolo ensangrentado que exige a sus adoradores que cierren los ojos a las Luces de la razón y de la vida para vivir en las tinieblas del instinto y de la muerte.

(Intervención en el acto organizado por la Asociación de Profesores por la Democracia en el Hotel Barceló Sants de Barcelona el 4 de diciembre de 2000.)

PODER POLÍTICO Y SOCIEDAD CIVIL

El concepto de sociedad civil

Mi exposición se apoyará en el convencimiento, que he ido asentando a lo largo de diez años de vida política activa como parlamentario y como dirigente de partido y algo más de treinta como ciudadano voluntariosamente consciente de que es imposible organizar con unas mínimas garantías de viabilidad la convivencia en un grupo numeroso de seres humanos sin un cierto esfuerzo de comprensión teórica de los fenómenos sociales contrastada, como es obvio, con la experiencia tangible. Esta afirmación, aparentemente trivial en su obviedad, no lo es tanto cuando se ha trabajado entre, con y contra políticos «profesionales» durante largo tiempo y cuando se ha hecho el esfuerzo de defender de buena fe la verdad, es decir, lo que uno cree sinceramente que es la verdad, ante una opinión pública mudable y manipulada por poderosos aparatos mediáticos en manos de fuerzas inquietantemente opacas y cínicamente desaprensivas cuya principal ocupación es la conquista, disfrute y mantenimiento del poder. Cuando se ha pasado por esta doble experiencia ingenuamente equipado con un modesto bagaje de principios y convicciones consolidados a través de la observación atenta del mundo circundante, de la reflexión moral, de la conversación con aquellos que son reconocidos como más sabios, aunque no necesariamente más titulados, y de algunas lecturas escogidas de manera cuidadosa, se llega a la conclusión de que casi nadie en el ámbito de la política profesionalizada de nuestro país considera hoy necesario disponer de un esquema conceptual sólidamente articulado para interpretar y entender la sociedad sobre la que opera. Para qué, se suele afirmar alegremente, si la Providencia en su bondad nos ha dado los gabinetes demoscópicos. ¿Quién puede querer una doctrina con lo fácil que es encargar una encuesta? Si además se es varón, heterosexual, mayor de cuarenta y cinco años y se ejercita, eso sí, sin ninguna ostentación, una cierta preocupación por distinguir el Bien del Mal, empeñarse en desarrollar una carrera política se aproxima bastante al masoquismo impenitente.

Si les explico todo esto, aparte de concederme a mí mismo un desahogo terapéutico en un recinto en el que la compañía del profesor Alvira me garantiza protección contra *aparatich* inquisitoriales, es porque lo que a continuación diré constituirá un esfuerzo tan modesto como seguramente torpe de asentar unos rudimentarios pilares conceptuales que les puedan ser ocasionalmente útiles para actuar como miembros responsables de la *polis* en esta España que se asoma impaciente y vacilante al siglo XXI, y que, si por un lado va mejor aunque quizá no tan bien como nos repiten, por otro dispone de valiosos instrumentos para disfrutar de su presente y para encarar su futuro con no pocas probabilidades de éxito.

El título de mi intervención en este curso es *Poder político y sociedad civil* y con él no pretendo establecer un antagonismo entre los dos términos, sino aclarar unas relaciones muy concretas entre ambos. Entiendo por *sociedad civil*, de acuerdo con una línea de pensamiento que arranca en la oración fúnebre de Pericles, se esculpe en la Roma republicana, se impregna de trascendencia en el mensaje evangélico, se estructura en Montesquieu, se ilumina con los filósofos liberales escoceses del siglo XVIII, se atreve a adquirir cuerpo material en la Revolución americana, se recrea en Constant y en Tocqueville y culmina científicamente en la Escuela austriaca de Economía, como un conjunto de instituciones que actúan sobre un soporte comunitario recibido y que consiste básicamente en: a) un Gobierno o autoridad pública limitado, responsable, temporal y revocable; b) el imperio de la ley o, si se quiere, el Estado de Derecho o *rule of law*; c) la separación, que no mera división, de poderes; d) una economía de mercado, lo que implica derechos de propiedad privada bien delimitados y garantizados; e) un tejido de asociaciones civiles plural; y f) una esfera pública de debate libre.

En la actualidad, el soporte comunitario es, en la práctica, lo que llamamos una *nación* que, a su vez, se desenvuelve en un marco internacional más amplio en el que interacciona con otras naciones bajo fórmulas de cooperación o de conflicto.

Esta visión de la sociedad civil, que es la que propone, entre otros, Víctor Pérez Díaz, posee así dos elementos constitutivos que la caracterizan: uno que pone el énfasis en el individuo, en su autonomía y en su tendencia a seleccionar y perseguir sus metas particulares, y otro comunitario, en el que los miembros de la sociedad se subordinan a los objetivos e intereses de la colectividad, que presenta sus propios fines. Michael Oakeshott, en su libro *Sobre la conducta humana*, distingue en el Estado europeo moderno dos componentes primarios, su vertiente de «asociación civil» y su condición de «empresa», y estas dos mismas caras pueden ser atribuidas sin problemas a la sociedad civil tal como la he esbozado, aunque con un mayor peso, y este es un punto esencial, del primer ingrediente.

Una asociación civil sería en esta concepción una agregación de individuos sin fines colectivos identificables ni explícitos, orientada fundamentalmente al establecimiento y a la operatividad de reglas formales, abstractas y generales, necesarias para que cada individuo intente conseguir sus propios objetivos y que, por tanto, cada integrante de la colectividad viene obligado a respetar. En cambio, la asociación como empresa se plantea objetivos propios claramente formulados y exige a sus miembros que aporten su esfuerzo individual a su consecución, sacrificando si fuera necesario sus deseos, ilusiones o pretensiones particulares a tal fin, por colectivo, superior. La asociación como empresa equivaldría a lo que Ortega bautizara en *La España invertebrada* en celebérrima expresión como un «proyecto sugestivo de vida en común».

Una nota distintiva clave de la sociedad civil es, por consiguiente, y nunca se insistirá bastante en ello, que las renuncias y aportaciones que los individuos deben hacer en favor de los objetivos colectivos han de estar sujetas a límites nítidamente dibujados. Estos límites afectarán, sobre todo, al margen de actuación y de influencia del aparato estatal o burocrático que organice y determine esos fines comunes y que se erija en receptor coactivo de las contribuciones y sacrificios individuales. El irresistible atractivo de este nobilísimo requisito de la sociedad civil se percibe con especial intensidad en el momento de confeccionar la declaración del impuesto sobre la renta. Sin necesidad de que el Estado sea residual o «mínimo», como reclaman insolentemente los tan denostados como inofensivos ultraliberales, es esencial que el alcance y la profundidad de sus actuaciones esté impregnado por la idea de que su misión primordial consiste en garantizar la solidez y correcto funcionamiento de las instituciones de la sociedad civil en la medida que estas posibilitan y facilitan a los individuos la configuración y persecución de sus propios objetivos. Desde esta perspectiva, las leyes, tal como quería Kant, deben asegurar el máximo grado de libertad a los seres humanos que pueda coexistir armoniosamente con la libertad de los demás, sin perder por ello consistencia ni sentido el soporte comunitario existente en cada momento histórico.

Todo esto suena tremendamente conocido y conmovedoramente obvio, pero pocos lo tienen asumido y casi nadie ajusta su conducta pública a principios tan sencillos y benéficos, empezando, para nuestra desgracia, por los líderes más o menos carismáticos de todas las coloraciones ideológicas que nos pastorean.

Otro condimento indispensable de la sociedad civil radica en la incorporación de una serie de hábitos, preferentemente virtudes, de sus miembros en sus comportamientos cotidianos, y en la interiorización de una gama variada de sentimientos morales, sin los cuales la salud y pervivencia de la arquitectura institucional del sistema devienen irrealizables. Esta cuestión fue apreciada como crucial por los filósofos ilustrados escoceses y no es casualidad que la segunda obra capital de Adam Smith se titulase *La teoría de los sentimientos morales*. Por ello es vital en las sociedades civiles el disponer de un sistema educativo que forme a los jóvenes desde su primera infancia en estas virtudes cívicas y les dote de la sensibilidad ética adecuada para su positiva integración en una colectividad de seres libres, honrados, cumplidores de la ley, dignos, productivos, curiosos y receptivos ante la diversidad, respetuosos de los derechos de su prójimo y celosos defensores de los suyos frente a los poderes públicos y a sus conciudadanos. A la luz de esta condición necesaria para la articulación de una sociedad verdaderamente civil, estremece observar cómo en la España de nuestros días se han puesto en algunas partes de nuestro territorio nacional las escuelas en manos de los que adoctrinan en sentido contrario al que recomendaban aquellos empelucados y sabios próceres, de cuyo conocimiento del alma humana tantos beneficios materiales y espirituales han extraído las generaciones posteriores siempre que han tenido el acierto de beber en sus fuentes.

Aunque el núcleo de los sentimientos dominantes en los seres humanos —y este hecho incontrovertible es consustancial a nuestra naturaleza sin que haya Lenin, Pol Pot, Castro o Arzalluz que lo cambie por muchas atrocidades que cometan— corresponde a los asociados a la búsqueda de la felicidad individual o a la atención a intereses particulares, sean estos los que sean, la acumulación de riqueza, la exhibición de estatus, el disfrute de la belleza, el aumento del conocimiento, el amor a nuestros semejantes, la salvación eterna o el placer hedonista, es casi imposible desligarlo de tres tipos de sentimientos altruistas. Me refiero a la preocupación por el bienestar del círculo inmediato familiar o amistoso, a la adhesión a la dimensión más amplia de la comunidad local o de la nación con la correspondiente activación del patriotismo acompañado de la asunción emocional y no necesariamente excluyente de una identidad nacional en sus aspectos simbólicos, étnicos, lingüísticos o religiosos, y a los sentimientos de benevolencia inherentes a las conductas respetuosas con las normas positivas, a la tolerancia, a la ayuda mutua y al goce de la convivencia afectuosa y cordial, que, tal como pusiera esclarecedoramente de relieve Hayek, son inseparables del funcionamiento correcto de los órdenes extensos.

Podemos entender en este contexto a las sociedades civiles actuales como el resultado de un proceso histórico y no deliberado de encaje a través del ensayo y del error de las dos idealizaciones mencionadas, la de la asociación civil y la de la asociación como empresa, con la correspondiente combinación de sentimientos morales egoístas y altruistas atribuibles a cada una de ellas por separado o simultáneamente. La tensión entre ambas concepciones sería la dinámica característica de la sociedad civil, aunque con un sesgo hacia la primera de ellas. En este decisivo asunto, hay que ser ecuánime sin dejar de ser riguroso. En efecto, perviven en nosotros desde las etapas aurorales de la Humanidad instintos de solidaridad intergrupal no racional ni racionalizada a través de los cuales buscamos calor, cobijo, seguridad y alimento, además de protección contra lo extraño que, por el hecho de su alteridad, es percibido necesariamente, dentro de este enfoque primitivo, como una amenaza. Este género de sentimientos tribales y la moral que de ellos se desprende se encuentran en la base tanto de los nacionalismos identitarios étnico-lingüísticos como de los colectivismos intervencionistas, aunque en el caso del socialismo marxista se recubre paradójicamente de un racionalismo constructivista que oculta la oscura humedad irracional que lo alimenta y de una soberbia historicista que hace de pantalla acústica del rugido prehistórico de la horda. Comprobamos así que los distintos nacionalismos identitarios, fascismos grandilocuentes y socialismos utópicos representan no sólo siniestros errores intelectuales y atropellos morales sin parangón, sino también monumentales ejercicios de falsificación y de camuflaje. Una vez barridos del mundo de las ideas por la realidad histórica, que ha demostrado hasta la saciedad su inoperancia y su barbarie, siguen activos y acechantes en el mundo real, en el Caribe, en los Balcanes, en el Magreb, en Oriente Medio y en el País Vasco, y se sientan en los bancos de no pocos Parlamentos democráticos, profesan en demasiados departamentos universitarios, afortunadamente con bastantes y edificantes excepciones, como esta ejemplar institución que hoy me acoge, e incluso, y lo digo consternado, claman desde determinados púlpitos católicos. Hemos de convivir con su despiadada apelación a lo peor que hay en nosotros y resistir a sus llamadas a asomarnos a sus abismos, y es nuestra insoslayable obligación ayudar con la argumentación racional y con el ejemplo cívico a aquellos de nuestros conciudadanos que han caído de buena fe en sus falacias, a liberarse de sus abyectas cadenas.

Pero no debemos olvidar que estos estratos instintivos profundos forman parte de nuestra naturaleza y que tuvieron y tienen su lado positivo. La progresiva emergencia de sociedades cada vez más abiertas, en el sentido popperiano del término, ha de encauzar estas energías primordiales ajenas a la razón en una dirección que sea no sólo inocua, sino beneficiosa. Las sociedades civiles y, en consecuencia, civilizadas y civilizadoras, descansan sobre soportes comunitarios nacionales que están ahí, y que, aunque rápidamente evolutivos en su significado y en la percepción que de ellos tienen sus integrantes, nos acompañan y nos condicionan, y van a formar parte de nuestro panorama público presumiblemente durante mucho tiempo. Hasta el mismo Hayek escribió en *The Constitution of Liberty* que «la causa de la libertad no prevalecerá si no despierta motivaciones emocionales», lo que revela una lúcida aceptación de la complejidad de la mente humana, mezcla sustantiva de razón y de instinto. En cualquier caso, mi reflexión sobre este delicado punto es estratégica y no ética.

En la medida en que estamos integrados en un soporte comunitario nacional que se aproxima en sus instituciones y costumbres al deseable modelo de la sociedad civil, estamos obligados a aceptar este legado biohistórico de sentimientos morales de contenido racional no uniforme y a mantener un pie en cada uno de los dos universos éticos diferentes e incluso incongruentes, el de la persecución de la dicha personal y el de la lealtad a la comunidad que nos alberga. Ahora bien, entre la insolidaridad hedonista y la obsesión tribal, el lugar de equilibrio no es estrictamente el equidistante de ambos extremos, por supuesto condenables. La sociedad civil pone el énfasis en la autonomía del individuo y, sin despreciar su condición de miembro de una comunidad definida por rasgos étnicos, códigos culturales y tradiciones heredadas, en especial en la línea estratégica que ya he apuntado sutilmente, su atención se centra en la salvaguarda de los derechos y libertades de cada ciudadano con rostro, nombre y trayectoria personal intransferibles, milagrosos, únicos e impregnados por la tozuda sospecha mantenida desde la primera mirada inquisitiva al firmamento de que transportamos un hálito de trascendencia.

La contingencia histórica de la sociedad civil

Quisiera referirme a continuación dentro de este breve apunte sobre las relaciones entre sociedad civil y poder político a una cuestión que me parece extremadamente relevante, tanto por lo que implica de cara a una mejor comprensión de la génesis de esta clase de sociedad como por las consecuencias que comporta en el orden práctico. Todos los que estamos en esta sala compartimos la satisfacción de haber visto caer hace una década el muro que encerraba a medio planeta en el totalitarismo, la pobreza irredimible y la vejación permanente a los derechos humanos. Todos estamos convencidos, presumo, de que el modelo de organización social basado en la libertad y en la iniciativa individuales configurado sobre Gobiernos limitados y responsables, democracias representativas, espacios públicos de debate sin coacción, sujeción sin privilegios a la ley, propiedad privada y libertad de empresa, es el que puede suministrar mayores cotas de prosperidad, bienestar, justicia y dignidad a la especie humana, y lo estamos no por motivos dogmáticos o por revelación divina, sino porque la realidad nos ha suministrado a estas alturas apabullante evidencia de que es así.

Esta concepción racional y razonable de la política ha registrado un nivel de éxito apreciable en su competencia con modelos cerrados o autoritarios y esto nadie lo discute hoy en España salvo ese admonitorio y bondadoso fósil que es Julio Anguita. Asistimos a entretenidos esfuerzos para botar Terceras Vías, pero absolutamente nadie con dos dedos de frente quiere circular por la Vía Muerta. Sin embargo, nos equivocaríamos, y peligrosamente, si creyéramos que el proceso de innegable triunfo, al menos en este fin de siglo, de la sociedad civil tal como la he descrito obedece a un determinismo histórico ciego e imparable. Sus primeros formuladores consistentes, Locke, Hume, Ferguson y Smith, se horrorizarían si cayésemos en este error.

La realización de la sociedad civil y su implantación como fórmula de universal aceptación es una contingencia, una posibilidad, una ocasión aprovechada, si se quiere, pero no es para nada una necesidad histórica. Los que disfrutamos de versiones tolerablemente conseguidas de este modelo sociopolítico no debemos nuestra suerte a la clarividencia de un ente supraindividual que, a caballo de los siglos, y guiado por leyes inexorables que rigen la evolución social, cultural, tecnológica y económica de manera similar a como las leyes de Maxwell explican el electromagnetismo, nos ha llevado al puerto de destino. Nuestra relativa fortuna es el resultado de decisiones independientes de numerosos agentes falibles y muchas veces en absoluto esclarecidos que de forma imprevisible han ensayado en el pasado diversas opciones institucionales y a trompicones y tanteos nos han traído hasta donde estamos para que nosotros sigamos probando y experimentando, y así sucesivamente.

Durante los últimos tres siglos, sobre todo en los países anglosajones y de forma algo más errática salpicada de retrocesos terribles en la Europa continental, se ha acumulado un acervo de instituciones, hábitos, valores, normas y convenciones que nos han dado pistas suficientes para poder sentar algunas conclusiones válidas. Las sociedades civiles occidentales han conseguido desplazar de las preferencias de la gente a los regímenes despóticos de planificación rígida y control centralizado de la economía, impedir que se desbordasen los afanes depredatorios de sus Gobiernos y de sus grupos de presión mediáticos, empresariales o eclesiásticos, así como apaciguar a trancas y barrancas la pluralidad cultural, confesional, étnica y lingüística en contextos sociales heterogéneos para integrarla en sistemas pacíficos de cooperación y tolerancia. La pugna violenta que desgarra el País Vasco, y de la que Navarra recibe coletazos especialmente perturbadores, no es más que un ejemplo del enfrentamiento dialéctico entre dos modelos de sociedad, una civil y la otra incivil, que demuestra que las disyuntivas continúan presentándose en toda época y lugar, y que el riesgo de tomar la senda errónea no desaparece nunca. Joseba Egibar, Arnaldo Otegui, Carlos Garaicoechea y Josu Ternera tienen la misma información que nosotros, son seres racionales como nosotros y son capaces, como nosotros, de discernir lo que es correcto y lo que es abominable. Pese a ello, la tentación totalitaria tan bien descrita por Revel les domina y su voracidad por el poder es más fuerte que su humanidad o su decencia.

En cualquier caso, no hemos de perder nunca de vista que la notable adaptabilidad de las sociedades civiles y su relativamente satisfactorio balance hasta el momento no implica de ninguna manera un determinismo histórico autocomplaciente. Nos bastará ver o escuchar los informativos de esta noche para cerciorarnos de que el precipicio nos espera en cualquier recodo del camino.

Las amenazas a la sociedad civil

La posibilidad de deterioro de las instituciones de la sociedad civil está siempre presente. A pesar del derrumbe del socialismo real, un desasosiego creciente invade a la ciudadanía europea, derivado en parte de la pérdida traumática de un referente ideológico y ético que con su sola existencia alimentaba la esperanza en una utopía totalizadora. Pero aparte de esta nostalgia, visible sobre todo en cierta clase intelectual sedicentemente de izquierdas que no se resigna a la evidencia clamorosa de la superioridad de las sociedades libres sobre los paraísos rodeados de alambradas, una serie de amenazas, antiguas y nuevas, se ciernen sobre las sociedades civiles. Las antiguas resurgen una y otra vez y exigen una vigilancia permanente. Los Gobiernos y las élites económicas y culturales que los instrumentalizan tienden invariablemente a ampliar sus ámbitos de poder, a burlar la ley, a interferir en los mercados al servicio de intereses oligopolísticos y a controlar los mecanismos de creación de opinión. Por desgracia, el totalitarismo puede reverdecer en cualquier momento y en cualquier parte, y las sociedades civiles occidentales no están definitivamente impermeabilizadas contra sus infiltraciones patógenas.

De manera simultánea, aparecen problemas de nuevo cuño de enorme gravedad e inmanejable variedad. Conflictos étnicos de tremenda ferocidad, movimientos migratorios masivos, agresiones irreversibles al medio ambiente, terrorismos de todo pelaje, narcotráfico galopante, crisis del Estado-providencia, fundamentalismos religiosos opresivos y desestabilizadores y una confusión axiológica generalizada y debilitadora generan una presión difícil de soportar en los grupos rectores y en la ciudadanía de todas las latitudes. De hecho, la mayor parte de estas dificultades derivan de dos fenómenos interrelacionados: por una parte sociedades civiles que eran naciones cuasi-homogéneas se han transformado en mosaicos de bullente pluralidad, con la consiguiente tensión para sus instituciones básicas y, por otra, se está configurando un germen de posible sociedad civil internacional, todavía balbuciente e inseguro.

La tan traída y llevada globalización económica ha originado un conjunto de reacciones contradictorias que resultan desestabilizadoras. Al demandar reformas rápidas y profundas tanto en las estructuras organizativas como en las expectativas de las gentes, reducen a la obsolescencia los discursos tradicionales, que aparecen impotentes a la hora de enfrentarse a una realidad que los supera. Cada vez es más complicado ofrecer una visión del interés nacional que sobreviva a transformaciones tan aceleradas, y las naciones parecen contemplar un dilema de salida imposible: o se internacionalizan decididamente perdiendo soberanía y control sobre sus asuntos, o se esfuerzan en conservarlo enfilando un camino proteccionista que las empobrezca sin remisión.

La apertura de fronteras al comercio, al turismo, a la emigración, a los flujos de capital, a los productos culturales y a la información, ha determinado que sociedades que en el pasado eran o se percibían a sí mismas como culturalmente homogéneas tomen conciencia de su pluralidad interna y surjan minorías lingüísticas, religiosas o étnicas que someten a revisión pacífica o violenta la identidad colectiva. El soporte comunitario de las sociedades civiles se ve así sacudido y cuarteado, con el correspondiente debilitamiento de los proyectos de cooperación armoniosa y mutuo provecho que debieran caracterizarlas. La consolidación de sociedades civiles en el próximo milenio implicará la organización de la diversidad como uno de sus elementos más cruciales. La renuncia a la imposición de la identidad cultural propia a los demás o a la eliminación de los que son diferentes, aprendiendo a contrastar relatos históricos divergentes y a competir serenamente con otras culturas en la definición de una identidad común en la que todos encuentren acomodo, se vuelve así una necesidad imperiosa de nuestro tiempo.

Sin embargo, en estos momentos, la problematización de la identidad se traduce en movimientos intensamente emocionales de carácter fundamentalista o nacionalista que agitan internamente a las sociedades civiles existentes o las enfrentan entre sí alejando el horizonte de una sociedad civil internacional. La noción de que los individuos sólo pueden estar auténticamente unidos por vínculos esencialistas o semimágicos de sangre, credo religioso o lengua representa la dinamitación de la posibilidad misma de una sociedad civil. La recuperación de un pasado mítico en gran parte inventado, la venganza de agravios colectivos procedentes de un remoto pretérito o la consagración del RH como valor moral supremo no son precisamente las tareas compartidas que los ilustrados autores de *El espíritu de las leyes*, *La riqueza de las naciones* o *La democracia en América* consideraban apropiadas para personas poseedoras de virtudes cívicas.

La domesticación y el apaciguamiento de estos fervores identitarios es, insisto, uno de los hercúleos trabajos del siglo XXI. Desafortunadamente, los argumentos racionales sólo resultan eficaces en esta materia hasta cierto punto porque los conflictos de identidad son refractarios a la explicación rigurosa y tranquila. La imagen de un educado cambio de impresiones con Jarrai teniendo como herramienta dialéctica común el método científico no parece, al menos por ahora, plausible.

Hay que forzar, por tanto, la imaginación y la paciencia para preparar y ejecutar estrategias novedosas. Los avances en un tratamiento —en sentido médico— de los conflictos de identidad étnica, religiosa o lingüística con el fin de adaptarlos a la estructura de sociedades civiles ya existentes, o de impulsar la aparición de otras nuevas, podrían moverse a lo largo de múltiples ejes. Así, el establecimiento de mecanismos institucionales que faciliten el acuerdo sobre procedimientos de resolución de tensiones identitarias —la Constitución española de 1978 es un buen ejemplo—, el estudio del pasado desde una óptica que ponga de relieve que la pluralidad no es una anomalía que haya que corregir sino una normalidad para disfrutar —recuérdese el malogrado Plan para el estudio de las Humanidades en la enseñanza secundaria—, el énfasis positivo en la garantía de los derechos de las minorías entendida como respeto a derechos individuales —los movimientos pro-derechos civiles de la población de color en los Estados Unidos en los sesenta—, la experimentación cultural e institucional de la identidad múltiple o concéntrica —aprendizaje temprano y vivo de la multietnicidad en escuelas con alumnos pertenecientes a familias de tradiciones, culturas, razas y credos diferentes—, propuestas para razonar en común proyectos de cooperación basados en normas equitativas sin asimilismo de ningún tipo —planes de enseñanza bi o trilingües, reglamentaciones laborales que contemplen peculiaridades culturales o religiosas, Administraciones públicas capaces de atender a los ciudadanos en su lengua en contextos multilingües—, asunción pública de responsabilidades por agresiones perpetradas en el pasado contra los derechos humanos o por crímenes contra la Humanidad, evitando tanto los victimismos reivindicativos exagerados como los masoquismos de autoculpabilización humillante —petición alemana de perdón por el genocidio judío o japonesa por el ataque a China—. Ante los nacionalismos identitarios y los fundamentalismos religiosos, la eficacia persuasiva del argumento racional flaquea. Lo digo con conocimiento de causa porque he realizado una docena de debates parlamentarios cara a cara con Jordi Pujol y, por tanto, es aconsejable entrar por los flancos sin que eso represente pérdida de fe en la racionalidad como el instrumento ideal de diseñar la organización social. La sociedad civil es precisamente un producto excelso de la racionalidad aplicada a la experiencia histórica de la vida de los seres humanos en comunidad.

En definitiva, y con la cautela derivada de que en nuestro conocimiento del mundo no hay nada definitivo, una vez desaparecida sin gloria aquella deidad de pies de barro y mandíbula de cristal conocida como socialismo y sujeto a amplia renovación litúrgica en su culto el denominado Estado-Nación, con cuya adoración idolátrica tanto cierta izquierda doctrinaria como cierta derecha intransigente han venido saboteando la articulación de sociedades civiles a lo largo de los últimos doscientos años, encontramos en el desarrollo gradual y en la actualización permanente del concepto de *sociedad civil* la llave que nos franquea la puerta del próximo siglo. Arrumbados por ineficientes y por destructivos los historicismos totalitarios, hemos de recuperar la tradición liberal clásica y su combinación magistral y equilibrada de liberalismo individualista y de comunitarismo en libertad como la mejor manera de conseguir paz, prosperidad y orden. Ahora que está de moda el centro reformista, no se les ocultará que sus promotores, aunque todavía no lo saben, están intentando exactamente eso y hay que desearles éxito en su empeño, además de ayudarles todo lo que podamos, sobre todo a entender lo que pretenden. Al fin y al cabo, a medio camino entre el razonable pesimismo de la lucidez y el lúcido optimismo de la razón, en el centro, no ya de la política sino de nuestra misma condición humana, se encuentran las verdades accesibles y las virtudes practicables que son la sustancia de la sociedad civil.

(Intervención en el Instituto Empresa y Humanismo de la Universidad de Navarra el 23 de abril de 1999.)

NACIONALISMOS Y 98

ENTRE EL «ESCOLTA» Y EL «ADÉU»

Hemos oído hasta la saciedad que la conmemoración —que no celebración— del centenario de la guerra con los Estados Unidos en la que España perdió los restos de su imperio de ultramar sería una excelente ocasión para volver a reflexionar sobre el hoy todavía no apaciguado problema del ser nacional. Efectivamente, toda oportunidad es buena para mirar de frente, sin aspavientos patrioteros ni abatimientos masoquistas, a nuestra esencia colectiva, si es que tal esencia existe o merece la pena que exista, y para interrogarnos sobre nuestro devenir común.

Decía Joaquín Costa que España, como la Venus de Milo, es una bella estatua, pero sin brazos. Los nacionalistas vascos y catalanes han ido mucho más allá a lo largo de este siglo que lame ya la playa del próximo, y le han negado a la estatua no sólo los brazos, sino que, en sus formulaciones más extremas, han intentado por todos los medios dejarla, como a la Victoria de Samotracia, también sin cabeza.

Este afán decapitador de los movimientos políticos particularistas que se proponen construir proyectos nacionales aparte y en contra del proyecto nacional español multisecular no surge de repente a finales del siglo XIX a raíz de la derrota en Cuba y Filipinas. Su gestación viene de más atrás, pero constituye, en cualquier caso, un fenómeno inequívocamente moderno y no se remonta, tal como pretende la imaginativa historiografía nacionalista, al siglo IX d.C. en el caso catalán y al Paleolítico superior en el caso vasco. Estas son licencias arrebatadas para consumo de clientelas fieles en concentraciones multitudinarias en Montserrat o en Vitoria, pero sin otra base que la fantasía onírica.

En términos químicos, el Desastre fue para los nacionalismos vasco y catalán un catalizador, un potente revulsivo adicional que prestó un nuevo impulso a sus propósitos y que suministró valiosos pretextos a sus tesis. Súbitamente, un relámpago doloroso e inmisericorde iluminó un desván oculto en el que se habían ido acumulando durante generaciones muebles descoyuntados, viejos retratos, espejos rotos, libros polvorientos, banderas deshilachadas y espadas herrumbrosas. España se vio colocada de forma irremisible ante su fracaso y acusó el golpe, que la dejó moral y socialmente debilitada, aunque la decepción y la frustración alimentaron a su vez y de manera paradójica una producción intelectual de considerable volumen y extraordinario nivel que en las tres décadas siguientes brilló a una altura sin parangón en los terrenos literario, artístico y filosófico. Por desgracia, la clase política, pese a la presencia de individualidades de gran talla y meritoria voluntad, no supo, no quiso o no pudo realizar un esfuerzo comparable y se limitó a mal administrar con altibajos los vicios de un sistema ineficaz y obsoleto hasta la catástrofe de la guerra civil.

En 1898, los nacionalistas saltaron sobre la ocasión y no dudaron en poner de relieve su voluntad de abandonar un barco que escoraba peligrosamente sin rumbo definido. Si bien es cierto que no faltaron en aquellos días sombríos, justo es reconocerlo, voces de ánimo regenerador procedentes de las filas nacionalistas, y muy señaladamente de las catalanas, el tono predominante fue, con diversas gradaciones, de alejamiento y de rechazo, cuando no de perverso regocijo.

Así, Joan Maragall escribía en 1901 en la revista *La Lectura*, en un número dedicado a la cuestión catalana en el que colaboraron también Azcárate, Sánchez Guerra, Silvela, Robert, Doménech y Montaner y Pella y Forgas:

> La nueva civilización es industrial y Castilla no es industrial; el moderno espíritu es analítico y Castilla no es analítica; los progresos materiales inducen al cosmopolitismo y Castilla, metida en el centro de naturaleza africana, sin vista al mar, es refractaria al cos-

> mopolitismo europeo; los problemas económicos y las demás cuestiones sociales, tales cuales ahora se presentan, requieren para no provocar grandes revoluciones una ductilidad y un sentido práctico que Castilla no solamente no tiene, sino que desdeña tener; el espíritu individual, en fin, se agita inquieto en anhelos misteriosos que no pueden moverse en el alma castellana, demasiado secamente dogmática. Castilla ha concluido su misión directora y ha de pasar su cetro a otras manos.

No se puede decir de forma más implacable, ni se puede repudiar con mayor contundencia la concepción castellanocéntrica de España. Para los nacionalistas, el Desastre representó un fin de etapa, una cesura histórica, tras la cual, inapelablemente establecida la impotencia del centro «madrileño» para encauzar la vida nacional, había llegado el momento de lanzar nuevos proyectos, desgajados de la trayectoria hasta entonces compartida. El cetro, en despiadada y abrumadora metáfora del inspirado poeta de la *Oda a Espanya*, se le había caído a Castilla de sus artríticas extremidades y otras manos, impacientes por coger el testigo e iniciar su propia carrera, se levantaban en la periferia con bríos incontenibles que no admitían espera.

Hay que tener presente que este tipo de sentimientos hostiles y de opiniones descalificadoras sobre la hegemonía capitalina estaba muy extendido entre los estratos cultos de la sociedad catalana desde mediados del siglo XIX. En 1855, uno de los más conspicuos representantes del regionalismo dinástico o, lo que es equivalente, del catalanismo conservador, Joan Mañé y Flaquer, envió unas cartas para ser publicadas en el rotativo de Montpellier *Le Messager du Midi*, que contenían consideraciones tan expresivas como estas:

> Establecer la unidad de España es introducir la uniformidad y la igualdad de la miseria, de la ignorancia y del relajamiento moral (...). No puede usted imaginar, señor Director, cuánto repugna aquí el monopolio de Madrid. Si no se le pone remedio, se llegará a gravar el aire que respiramos y la luz que nos ilumina. ¿Y todo esto para qué? Para dar un tanto de vida artificial a una población sin historia, sin monumentos, la cual debe pagar hasta el agua que bebe

> con el dinero de la provincia; población esencialmente consumidora, que no produce más que la corrupción; que no es ni siquiera como París en Francia, el centro de las artes, de las ciencias, de la moda, del buen gusto, y que no es más que un centro de intrigas.

Como se ve, la antipatía hacia Madrid tiene una larga y fecunda tradición en Cataluña, porque estas cordiales apreciaciones del que fuera a partir de 1865 director del *Diario de Barcelona*, y que no mostró jamás veleidad separatista alguna, fueron escritas hace siglo y medio. La cargada atmósfera que reina en los partidos Barça-Real Madrid, a pesar de que muchos de sus excitados espectadores lo ignoran, descansa sobre un dilatado poso histórico y cultural que añade al indudable interés deportivo de dichos encuentros un morbo adicional muy valorado por los hinchas de ambos equipos y algo menos por los agentes del Orden encargados de mantener la paz en este género de acontecimientos.

Por supuesto, desde el campo del nacionalismo vasco, el desdén y la aversión finiseculares hacia España como realidad política, histórica, cultural y social adquirían una malignidad inusitada en contraste con la cual las invectivas catalanas casi parecían suaves y amigables reproches. El padre fundador, profeta e inventor de la nación vasca, Sabino Arana Goiri, daba rienda suelta al rencor y a la repugnancia que le inspiraba la española cuando reprendía a sus compatriotas en los siguientes y caritativos términos:

> Vosotros, sin pizca de dignidad y sin respeto a vuestros padres, habéis mezclado vuestra sangre a la española o maketa, os habéis hermanado y confundido con la raza más vil y despreciable de Europa, y estáis procurando que esta raza envilecida sustituya a la vuestra.

En cuanto a la percepción de las dificultades por las que atravesaba España en los ámbitos colonial e internacional en las postrimerías del siglo pasado, tampoco suscitaba en Arana Goiri otra cosa que no fuera la más feroz alegría ante los males de la que él consideraba potencia enemiga: «Tanto nosotros podemos esperar más de cerca nuestro triunfo, cuanto

España se encuentre más postrada y arruinada», y a mayor abundamiento: «Si a esta nación latina la viésemos despedazada por una conflagración intestina o una guerra internacional, nosotros lo celebraríamos con fruición y con verdadero júbilo», e insistía: «A la verdad, que si no tuviéramos el corazón entristecido al sentir la desgracia de nuestra Patria y ver nuestro escudo cubierto de luto, habríamos de reírnos de buena gana del estado de decadencia en que se encuentra España», o recreándose sin rebozo en el infortunio ajeno:

> Sin tesoro, sin patriotismo en los gobernantes, sin fe en los súbditos, sin moralidad, sin disciplina, sin fuentes de riqueza, y exento el pueblo de laboriosidad, de cultura y aun de civilización, viene a ser la decadente España la nación más atrasada de Europa, la irrisión del mundo entero.

Todas estas simpáticas citas pertenecen a artículos del eximio creador y primer presidente del Partido Nacionalista Vasco aparecidos en el periódico *Bizkaitarra*, cuyo primer número vio la luz en junio de 1893 y que dejó de imprimirse, suspendido por la autoridad gubernativa, en septiembre de 1895, estando a la sazón Sabino Arana encarcelado en la prisión de Larrinaga precisamente por haberse responsabilizado de la publicación en este mismo semanario de un texto escandalosamente incompatible con la legalidad constitucional entonces vigente (Miguel Herrero de Miñón nacería, para gloria y prez de España, medio siglo después). La segunda estancia de Arana Goiri tras las rejas se produjo reveladoramente entre mayo y noviembre de 1902, por haber enviado al presidente de los Estados Unidos, Theodore Roosevelt, un telegrama de felicitación con motivo de la independencia de Cuba. Parece, pues, obvio, que el hundimiento de la flota española y la derrota de sus ejércitos tanto en el Caribe como en el Pacífico provocaron la más viva satisfacción en el naciente nacionalismo vasco, hasta el punto de que en la orla de los socios fundadores en 1894 del Euskaldun Batzokija, entidad asimismo impulsada por Arana, sorprende la foto de uno de ellos, Ramón Menchaca, disfrazado de mambí, sosteniendo un fusil y cubierto con el característico sombrero de paja adornado con la insignia de la rebelión cubana.

El principio aranista de que todo lo que es nocivo para España es bueno para Euskadi ha sobrevivido al siglo. Cuando nos enteramos, llenos de indignado asombro, de que el actual presidente del Partido Nacionalista Vasco, que jamás ha renunciado, por cierto, al legado del fogoso orador del Discurso de Larrazábal, les aseguraba a sus interlocutores de Herri Batasuna, en conversaciones secretas sostenidas al principio de la presente década, que la Ertzaintza tenía instrucciones de moderar adecuadamente su celo en sus acciones contra el terrorismo etarra, o cuando asistíamos estupefactos hace pocos meses a la presentación de una denuncia de la política penitenciaria del Gobierno español ante la Comisión de Derechos Humanos del Consejo de Europa por parte de los grupos nacionalistas del Parlamento vasco, con el PNV y HB yendo al alimón, constatamos apesadumbrados que en determinados y siniestros ámbitos no hay nada nuevo bajo el sol.

La actitud de los círculos nacionalistas catalanes se mostró, dentro de su distanciamiento y su crítica enérgica a la política colonial del Gobierno central, todo hay que decirlo, bastante más templada. Maragall había reclamado en 1896 «una dolorosa mutilación a tiempo» como solución preferible al conflicto abierto, y precisamente el tiempo le dio la razón de forma trágica. En este mismo año, un admonitorio Prat de la Riba describía la guerra en Cuba, diez meses después del Grito de Baire, como «el inicio del castigo del que se ha hecho acreedor el industrialismo exagerado de nuestra gente y su desprecio por todos los intereses que no sean los exclusivamente materiales». El que sería muy pronto líder indiscutido de la Lliga Regionalista, posición que mantendría hasta su fallecimiento prematuro en 1917, condenaba de este modo con enojada severidad el afán desmedido de beneficios a corto plazo de una burguesía industrial catalana que había aplaudido a ciegas la mano dura en la isla antillana en los años anteriores al colapso final, espoleada por el crecimiento espectacular de sus exportaciones a Cuba y Filipinas al amparo del arancel de diciembre de 1891. Ahora bien, la habilidad pragmática y el sentido de la oportunidad política de Prat de la Riba se pusieron de relieve cuando aprovechando el intervalo de pocas semanas comprendido entre Cavite y la hecatombe de Santiago de Cuba, se apresuró a hacer público un manifiesto, dirigido a los sectores empresariales y profesionales, que conjugaba la reprimenda con la oferta conciliadora:

> Ahora verá el pueblo catalán, sobre todo esa parte del pueblo catalán que cree cumplir con su deber ocupándose sólo de sus negocios, ahora verá si es urgente y de absoluta necesidad que Cataluña tenga el Gobierno de sus intereses interiores y que influya en la dirección de los exteriores proporcionalmente a su fuerza (...). Ahora verá cuán peligroso es para su prosperidad el actual desequilibrio existente entre nuestra gran fuerza económica y nuestra nulidad política dentro de España.

Aquí encontramos enunciado con total transparencia el núcleo motivador del nacionalismo catalán del primer cuarto del siglo XX, a saber, la tensión insoportable entre saberse la élite rectora de la que Jordi Nadal bautizara en locución feliz «la fábrica de España» y la insuficiente capacidad de influencia real en la gestión y dirección de los asuntos públicos, monopolizados por una clase política madrileña impermeable o refractaria al impulso modernizador catalán.

Raimon Casellas, el redactor jefe de *La Veu de Catalunya*, el diario que comenzó su andadura al año siguiente del Desastre como órgano de opinión del nacionalismo posibilista y ansioso de presencia política activa que encarnaban Prat de la Riba y el Centre Nacional Catalá, protestaba por el desequilibrio entre el enorme poder económico de Cataluña y su escasa influencia política en los resortes de decisión de la capital del Reino, con estas amargas palabras:

> De pueblo rey y legislador, de pueblo artista y literato, aunque industrial y mercantil a la vez, pasamos a ser el pueblo exclusivamente trabajador, el «laborioso pueblo catalán», denominación de oprobio con que hasta la mitad de este siglo nos ha distinguido la España una e indivisible.

Sin embargo, el lamento indignado de Casellas no estaba del todo justificado porque el nacionalismo catalán, por romántico e idealista que fuera su espíritu, nunca olvidaba, como tampoco olvida ahora, la cuenta de resultados. Escuchemos, si no, este fragmento conmovedor de un discurso pronunciado por Prat de la Riba en 1907, que me dispongo a citar directamente en catalán y que además no pienso traducir para que puedan ustedes comprobar que, pese a una inmerecida reputación aviesamente elaborada por mis enemigos, soy uno de los pilares, modesto pero voluntarioso, del pacto de gobernabilidad. Decía Prat de la Riba hace noventa y un años, haciendo gala de una retórica efectistamente interrogativa:

> *Qui gosarà negar que els poemes de Goethe i els cants de Heine han preparat als viatjants alemanys el camí dels mercats del món? Qui pot desconèixer, doncs, que el cant d´aquests poetes ha contribuit a enriquir materialment els industrials germànics i a augmentar el benestar dels seus obrers, al mateix temps que enriquia amb joies immortals el patrimoni espiritual de la pàtria alemanya?*

O sea, que cuando Jordi Pujol advierte a sus correligionarios que si van a Madrid a reivindicar algún traspaso de competencias, no dejen de cobrar por adelantado, ya ven ustedes que de casta le viene al galgo. O si lo prefieren, lo que no es tradición, es *calaix*.

Pero el texto que, sin duda, resume más genialmente y con mayor profundidad conceptual y belleza sonora la posición del incipiente nacionalismo político catalán ante las consecuencias de la mutilación traumática de los últimos pedazos del imperio otrora planetario es la archicitada y legendaria pieza poética de Joan Maragall que él tituló de forma grandilocuente *Oda a Espanya*. Escrita cuando todavía el olor de la pólvora de Santiago de Cuba y de Cavite impregnaba simbólicamente el aire apesadumbrado de la metrópoli, las estrofas de la *Oda a Espanya* marcan una dirección, formulan una contradicción y definen un pensamiento que, tal como concluyera Cambó treinta años después, obligó a la vida política española a orbitar, a partir de aquel momento luctuoso, alrededor de la cuestión catalana.

La dirección que señalan los cuarenta y tres versos que hoy leemos o escuchamos aureolados de su mito es esperanzadoramente regeneracionista. En su artículo de *La Lectura* de 1901, al que ya nos hemos referido, Maragall es generosamente explícito: «recomponer una nueva España para un nuevo siglo», escribe mostrando una lealtad y un afán de cooperación encomiables. En la oda, esa misma llamada es envuelta en ropajes cálidamente líricos: «*Espanya, Espanya, retorna en tu, arrenca el plor de mare*» («España, España, vuelve en ti, arranca en el llanto de la madre»), «*Salva´t, oh, salva´t de tan de mal, que el pló et torni feconda, alegre i viva*» («Sálvate, oh, sálvate de tanto mal, que el llanto te vuelva fecunda, alegre y viva»), «*Pensa en la vida que tens entorn, aixeca el front, somriu al set colors que hi ha en els núvols*» («Piensa en la vida que te rodea, alza la frente, sonríe a los siete colores que hay en las nubes»). Se trata de inyectar nueva ilusión a una España vacía y exhausta, de abrir un camino de recuperación y de renovación, de levantar un cuerpo postrado a punto de exhalar irreversiblemente su alma. La intención de contribuir a la mejora de España del nacionalismo catalán del cambio de siglo era entusiasta y en ocasiones incluso sincera, y pugnaba con el escepticismo y el disgusto que le inspiraban la, a sus ojos, cerrazón y estrechez de miras del poder central, al que consideraba encadenado a sus inercias, perdido en sus trapicheos y obsesionado por el mantenimiento a toda costa de sus privilegios.

Estas dudas son ostensiblemente palpables en la oda. Después de las observaciones ácidamente críticas: «*Massa pensares en ton honor i massa poc en el teu viure*» («Pensabas demasiado en tu honor y demasiado poco en tu vida«), «*Eren tes festes els funerals, oh, trista Espanya*» («Eran tus fiestas los funerales, oh, triste España»), y del vibrante grito de esperanza en la parte central del poema, Maragall muestra el rostro oscuro de la amenaza de ruptura, eternamente presente en el nacionalismo catalán, no se sabe si involuntariamente atrapado o deliberadamente manipulador y beneficiario de ese tira y afloja, de esa ducha escocesa que unos llaman ambigüedad, otros astucia táctica y que a mí siempre me ha molestado por lo que tiene de hipócritamente vacilante y de mezquínamente oportunista. «*On ets, Espanya?, no et veig en lloc*» («¿Dónde estás, España?, no te veo en parte alguna»), «*Has desaprés d´entendre an els teus fills?, adéu, Espanya*» («¿Es que ya no entiendes a tus hijos?, adiós, España»). La contradicción es flagrante. Por una parte, se invita a España a escuchar las reconvenciones teñidas de dramatismo y las palabras de estímulo procedentes de Cataluña animándola a reemprender la ingente tarea pendiente para, a continuación, dar un portazo con un rotundo «*adéu, Espanya*», al que sólo falta añadir «aquí te quedas». Este desmarque total y sin paliativos tampoco es una novedad en las manifestaciones públicas del catalanismo de la época, extensivas a su vertiente cultural y artística. Con motivo de la Exposición Internacional de Arte celebrada en Madrid en 1892, los artistas catalanes que exhibían sus obras en el certamen se sintieron incomprendidos y maltratados. El periodista Raimon Casellas, al que ya me he referido, escribía en *La Vanguardia* al hacer la crítica de la Exposición, en solidaridad con sus compatriotas pintores: «No debéis poner vuestras obras por segunda vez en la humillación de ser confundidas con tanto esperpento». Y añadía:

> Si hasta el presente se os había tolerado, era porque les pasaba desapercibida la trascendencia de vuestro arte, cuyos pasos, aunque de lejos, empiezan a seguir otras regiones de la Península. Esto es lo que desde aquí, desde el centro, no puede mirarse con buenos ojos, y es bien natural, por esto os injurian y escarnecen, alarmados por vuestra influencia y vuestro valer. ¿No os llaman «artistas perdidos para la patria y para el arte»? Pues, ¡hasta nunca!

Adiós, hasta nunca, la tentación recurrente de bajarse del tren, de seguir el viaje en solitario, de dar la espalda a España para irrumpir, pletórica y libre de ataduras visigóticas, en la Europa de resonancias carolingias. Maragall acertó a condensar en las emocionadas estrofas de su *Oda a Espanya* todas las angustias, dudas, ambiciones, grandezas y renuncias del catalanismo político, ese conglomerado confuso, tantas veces incomprensible para el resto de España, y que todavía no ha sabido hallar una senda segura para sus admirables energías, tan potencialmente valiosas para el progreso y el bienestar de España, y que, secuestradas por nacionalistas reduccionistas que han hecho de la identidad la herramienta ideal de movilización electoral, de generación de adhesiones acríticas y de depredación del erario público, continúan desaprovechadas para la misma Cataluña al igual que para España en su conjunto, esa España que, lejos de abandonar, los catalanes debiéramos aspirar a conducir y a impulsar hasta situarla en la primera línea de las grandes naciones de la tierra.

Curiosamente, el propio Sabino Arana mostró un gran interés en distanciarse del movimiento catalán homólogo, que juzgaba tibio en sus planteamientos y de base conceptual demasiado acomodaticia. Los roces y resquemores entre Jordi Pujol y Xabier Arzalluz vienen asimismo de lejos y son herederos de una rivalidad encubierta que data de cien años atrás. En una carta-mensaje a la Unió Catalanista en representación del Partido Nacionalista Vasco, Sabino Arana era categórico, además de innecesariamente descortés, al sentar doctrina en referencia al Principado:

> La causa de Catalunya [les aclaraba a sus corresponsales catalanes] no es la causa de nuestra patria, ni hay siquiera semejanza entre ambas ni por el testimonio histórico que consignan, ni por los fundamentos de derecho que alegan, ni por el sujeto a quien se aplican, ni por los motivos que han concurrido a originarlos, ni aun por el fin a que se dirigen. Pero si los euskos de esta parte del Bidasoa buscamos nuestra felicidad en la independencia que sólo podemos alcanzar rompiendo las cadenas que nos sujetan y envilecen, los catalanes buscan la suya emancipándose de una familia en la que no se les trata como hijos sino como siervos.

Y en el número 16 del semanario *Bizkaitarra* ya aludido, agregaba una consideración particularmente reveladora:

> Los catalanes quisieran que no sólo ellos sino también todos los demás españoles establecidos en su región hablasen catalán; para nosotros sería la ruina el que los maketos residentes en nuestro territorio hablasen euskera.

El término *demás españoles* y la contraposición entre el deseo homogeneizador del nacionalismo catalán —deseo que sigue vivo y que se maquilla hoy bajo el eufemismo «integrador»— y las exigencias sabinianas de pureza étnica excluyente marcan, en efecto, diferencias clave entre las dos corrientes político-ideológicas cuando ambas daban sus primeros y titubeantes pasos políticos en la España que se replegaba sobre sí misma tras la humillación ultramarina.

Sería de todo punto exagerado afirmar que el estruendo de la voladura del *Maine* despertó decisivamente los apetitos reivindicativos y segregadores de los nacionalismos vasco y catalán, pero disponemos de suficientes pruebas, de las que sólo me he referido a unas pocas con fines meramente ilustrativos, para establecer la conclusión de que el Desastre levantó un viento que hinchó las velas ya desplegadas de los particularismos periféricos, y que este estro desasosegado y violento continúa soplando con fuerza devastadora sobre nuestro bienintencionado y vulnerable Estado de las Autonomías.

(Conferencia pronunciada dentro del ciclo «España desde el 98»
en la Casa de América el 14 de abril de 1998.)

EL NACIONALISMO CONTRA LA CONSTITUCIÓN

EL CONCEPTO DE ESPAÑA EN LA CONSTITUCIÓN

Mis primeras palabras han de ser de agradecimiento por esta invitación para intervenir en este ciclo de conferencias del Seminario de Humanidades que lleva por título genérico «El concepto de España», ese «dolor enorme, profundo y difuso» que según Ortega todos los nacidos entre el Bidasoa y Gibraltar llevamos irremediablemente dentro. Siempre es un placer venir a Murcia, placer que se acrecienta esta vez por disfrutar de la compañía de un grupo de jóvenes como vosotros, en los que esta Región y España en su conjunto tienen depositadas tantas esperanzas. Estáis ahora dedicados con fuerza y constancia al estudio y os encontráis en una etapa de vuestras vidas de cuyo aprovechamiento dependerá en gran medida vuestro devenir personal y la contribución que podáis hacer al de nuestro país, esta antigua, azarosa, atormentada y gloriosa Nación gravemente amenazada en estos días en su misma existencia. Y de ella quiero hablaros esta mañana, y concretamente, del concepto de España que se desprende de nuestra vigente Constitución.

Se aproxima una época en la que ningún español responsable deberá quedar indiferente ante acontecimientos que se avecinan y que barrunto de enorme alcance. Propongo, pues, que dediquemos un rato a reflexionar sobre qué tipo de Nación configura nuestra Carta Magna y cuáles pueden ser las consecuencias de ceder ante las presiones de los que nos proponen un enfoque no sólo distinto, sino antitético, al que desde 1978 informa nuestro ordenamiento jurídico, nuestro sistema de convivencia y nuestra arquitectura institucional.

Los redactores de la Constitución de 1978 se atrevieron con la dificultosa tarea de conciliar unidad de la Nación con autonomía de nacionalidades y regiones, poder constituyente y soberanía nacional con derechos históricos, y reconocimiento y respeto de las diferencias con la superior dimensión de la igualdad como valor supraconstitucional. El propósito de incluir en una misma norma suprema dos elementos sustancialmente divergentes como la satisfacción por una parte de demandas particulares derivadas de la lengua, la historia o la geografía y, por otra, la erección de un nuevo Estado intensamente descentralizado, pero capaz de mantener cohesionada la Nación, no se presentó sencillo de alcanzar. Probablemente por este motivo la sintaxis y el léxico del Título VIII aparecen tan tortuosos, los compromisos establecidos peligrosamente frágiles, los equilibrios conseguidos demasiado forzados y los anacolutos inquietantemente abundantes. Y, desde luego, lo que no figura en el Título VIII es un modelo cerrado y redondo de distribución territorial del poder político. Pese a tan formidables obstáculos, los constituyentes llevaron a cabo el milagro y nuestra Ley de leyes ha servido durante un cuarto de siglo —y sigue sirviendo— para organizar de manera satisfactoria nuestra sociedad, además de haber posibilitado nuestra integración en la Unión Europea como uno de los Estados-Miembros más dinámicos, más fiables y más respetados. Si os recuerdo los serios problemas de armonizar componentes tan difícilmente compatibles es para poner en evidencia que aquel gran pacto civil rozó en no pocos puntos el límite de lo posible y hasta de lo imposible y que, en consecuencia, maniobras del nivel de agresividad del nuevo Estatuto de Cataluña o del fallido Plan Ibarretxe han de desbordar necesariamente el perímetro constitucional, ya de por sí situado en los extremos de su elasticidad. Por supuesto, la Constitución de 1978, como toda obra humana, es perfectible, pero lo que no admite, por más que los nacionalistas y sus expertos en Derecho Público se empeñen, es la modificación sustancial en el ámbito del modelo territorial de unos acuerdos que ya agotaron en los tira y afloja de las negociaciones constituyentes el margen de mutuas concesiones. A partir de lo que entonces quedó fijado negro sobre blanco, cualquier cambio ha de ser cuidadosamente sopesado e ir ineludiblemente acompañado del mismo grado de consenso que reinó en aquella decisiva coyuntura. Una lectura rápida del nuevo Estatuto de Cataluña o un examen somero de las pretensiones del PNV demuestran que no nos encontramos ante proyectos de reformas estatutarias, sino ante intentos feroces de voladura de la actual Constitución.

Para percatarse del tremendo daño material y moral que se disponen a infligir al cuerpo de la Nación el Gobierno y sus aliados nacionalistas, hay que tener presente que nuestra Norma Fundamental es sobre todo una Constitución espléndidamente moderna. Su texto bebe de una corriente de pensamiento que fluye desde el Humanismo a la Ilustración y en cuyo cauce se va formando la concepción individualista y antropocéntrica y se va ganando la batalla contra la intolerancia. A la libertad religiosa, la madre de todas las libertades, del siglo XVIII en adelante se van incorporando de forma paulatina nuevos espacios de libertad hasta completar la conquista de los derechos fundamentales y de las libertades civiles que conforman el núcleo del constitucionalismo contemporáneo. El avance que aporta en el terreno ético-político el individualismo antropocéntrico es absolutamente crucial porque rompe el rígido vínculo que en el pasado había unido al hombre a la comunidad o al monarca absoluto. Ese constitucionalismo está estrechamente ligado a la revolución liberal, cuyo objetivo no fue en sus inicios tanto cambiar la legitimación del poder como introducir una forma distinta de ejercerlo, garantizando al ciudadano libertades concretas que le permitieran el desarrollo sin trabas de su trayectoria vital y de su propia e irrepetible personalidad. Basta recorrer el prólogo del nuevo Estatuto de Cataluña para advertir que este engendro legislativo nos obliga a retroceder varios siglos y nos devuelve al Antiguo Régimen, nos arrebata los logros de la modernidad para sumergirnos en el organicismo historicista más opresivo y arcaico, nos priva de las luces del consenso racional para precipitarnos en la oscuridad instintiva de la identidad tribal. En esa página delirante se nos dice que «Cataluña», un ente colectivo presuntamente homogéneo y misteriosamente intemporal, posee voluntad y capacidad de juicio crítico, que desea, considera y siente cosas, entre otras que España es un Estado plurinacional, y que los catalanes vienen obligados a implicarse en el proyecto colectivo que el mismo Estatuto describe. Pues bien, yo soy catalán, lo fue mi padre y mi abuelo y mi bisabuelo, y así sucesivamente, y no creo para nada que España sea un Estado plurinacional, sino que afirmo que es una Nación plural y no es ya que no me sienta implicado en el esquema intervencionista, particularista, insolidario y excluyente que han alumbrado las retorcidas mentes del tripartito, es que me parece simplemente repulsivo. Además, conozco a centenares de miles de catalanes cuya posición respecto al nuevo Estatuto es exactamente igual a la mía. Por tanto, si el método inductivo no nos falla, esa quimera eterna y monolítica llamada *Cataluña* no existe, de lo contrario no existiría yo ni los muchísimos catalanes que piensan lo mismo que yo respecto a estas cuestiones. Y como no tengo la más mínima intención de desaparecer para complacer a los señores Maragall, Mas y Carod-Rovira, el tema no da para más.

Otro aspecto que conviene resaltar respecto a la España que articula la Constitución de 1978 es la ausencia de un modelo ideológico específico que se impone por vía constitucional a la sociedad española. Lo que se hizo en la Transición fue construir un nuevo Estado, pero no se alumbró una Nación, que ya estaba allí desde hacía siglos, ni se fabricó una sociedad ideal a partir de supuestos teóricos. Por el contrario, con admirable e inteligente humildad se adaptó la Norma Suprema a la realidad de una sociedad que había ido progresando económicamente a lo largo de dos décadas y que se había abierto de forma considerable a los vientos procedentes del exterior. Es falso que los constituyentes actuasen bajo la intimidación o el temor. En diciembre de 1978 no había en España ni un solo preso político. Los reformistas del régimen anterior y la oposición democrática se aplicaron constructivamente sin coacción ninguna a acotar el espacio de las coincidencias para dejar amplio campo a la pluralidad de opiniones y programas. La base axiológica de la Constitución de 1978 es universal y permite Gobiernos en una amplia gama desde la izquierda hasta la derecha, con la única exclusión de opciones antidemocráticas o violentas. Los principios y valores consagrados en nuestra Norma Fundamental son los característicos de cualquier democracia saludable, igualdad, libertad, justicia, respeto a los derechos fundamentales, unidad y soberanía de la Nación e imperio de la Ley. ¡Qué distinto es el contenido del nuevo Estatuto de Cataluña desde esta perspectiva! Su artículo 20 legaliza la eutanasia, el 9 la obligatoriedad del conocimiento del catalán, el 21 la laicidad de la enseñanza pública, el 41 el derecho al aborto y el 40 prescribe que la Generalitat regulará «otras formas de convivencia» distintas a las uniones de pareja homo o heterosexuales, lo que abre interesantes y exóticas posibilidades y sin duda pondrá a prueba la flexibilidad del legislador catalán.

Hace ya tiempo que los socialistas catalanes, esa incrustación nacionalista en el seno del PSOE, juegan con la idea del federalismo y hablan un día sí y otro también de la España federal. Es curioso cómo la falta de rigor puede campar sin limitaciones en el panorama político sin que aparentemente nadie le ponga coto con la contundencia requerida. El federalismo no cabe de ninguna forma en la Constitución de 1978. Para federar hay que unir lo disperso y ese no es el caso español. Si hubiera que federar a las comunidades autónomas, primero habría que separarlas del tronco común y no parece que semejante operación ofrezca demasiadas ventajas. En el Estado Autonómico, determinadas comunidades con hechos diferenciales históricamente más intensos accedieron al autogobierno mediante un procedimiento singular, pero se dejó la puerta abierta para que las restantes provincias se agrupasen también en autonomías y fuesen adquiriendo atribuciones cada vez más amplias. De hecho, de acuerdo con nuestro ordenamiento las únicas asimetrías aceptables son las derivadas de la lengua, la foralidad, el derecho civil propio y la insularidad. En todo lo demás, la lógica del sistema conduce a la homogeneización. Después de cumplir sus cinco primeros años, desaparecieron de cada Estatuto las limitaciones competenciales impuestas por los artículos 143 y 151 de la Constitución y por consiguiente el 148 se ha vaciado quedando unificadas todas las comunidades en cuanto a su techo competencial, sin otra frontera que la trazada por las competencias exclusivas del Estado. En cualquier caso, en el marco de la Constitución se contemplan diferencias entre autonomías, pero no desigualdades. Por este motivo, el nuevo Estatuto de Cataluña la desborda por todos lados y la tarea que se ha impuesto el presidente del Gobierno de limpiarlo de impurezas es una misión imposible. A medida que vaya profundizando en este ímprobo trabajo se irá dando cuenta. Lo malo es la cantidad de tiempo y energías que el jefe del Ejecutivo central nos hace perder mientras aprende, y que deberíamos dedicar a la resolución de los verdaderos problemas del país.

En este sucinto repaso de la fisonomía de España que dibuja la Constitución de 1978 hay dos rasgos que me parece relevante mencionar. El primero es el benéfico espíritu de conciliación que rezuma cada línea de nuestra Ley Fundamental. La transición del autoritarismo a la democracia que los españoles emprendimos a finales de los setenta del siglo pasado fue el intento más serio y generoso de nuestra historia de superar los viejos contenciosos que han ensangrentado el solar hispano: el del poder militar contra el poder civil, el del laicismo contra el confesionalismo, el de la Monarquía contra la República y el del capital contra el trabajo. Todos estos enfrentamientos han quedado satisfactoriamente apaciguados en la democracia constitucional que tenemos la suerte de disfrutar. Por desgracia, no se puede decir lo mismo de la tensión centro-periferia, jamás aliviada, permanentemente viva, fuente nunca agotada de sangre, sufrimiento, angustia y destrucción. Dato digno de reflexión serena, pero también de acción valiente y sin complejos: el único conflicto aún no resuelto en nuestra convivencia no es la consecuencia del encastillamiento de instancias centralistas en el acaparamiento de las palancas de dominación. Muy al contrario, nuestro Estado de las Autonomías es uno de los más descentralizados y con un nivel más acusado de reparto territorial del poder político y de reconocimiento simbólico de hechos diferenciales de todos los Estados compuestos del planeta. Digámoslo sin rebozo y sin temor: el terrorismo vasco y el secesionismo catalán provienen del encono infatigable y artero con el que los nacionalistas identitarios del País Vasco y de Cataluña se han dedicado a alimentar la devastadora hoguera del localismo disgregador. El gran pacto de la Transición fue ensamblado y respetado por todos, izquierda, derecha, sindicatos, empresarios, iglesia, intelectuales, ejército y movimientos y organizaciones civiles de uno y otro signo. En la España surgida de la Constitución de 1978, todo el mundo buscó y consolidó un lugar de encuentro y pacificación. Todo el mundo menos los nacionalistas, entregados con criminal contumacia a su afán fragmentador, esa llaga incandescente y emponzoñada que nos consume sin remedio y que cobra hoy renovada virulencia por la pusilanimidad y la falta de consistencia moral de un Gobierno central perdido en las brumas de su superficialidad y mezquinamente atento a su supervivencia parlamentaria.

Y el segundo es la solidaridad. Nuestra Carta Magna nos ofrece una España en la que los ciudadanos y los territorios con mayores recursos transfieren una parte a los que menos poseen, en un ejercicio altruista que dimana del sentimiento de pertenencia a un proyecto compartido, de mutuos afecto y de hermanamiento desprendido. En la España de la Constitución de 1978 carecen de sentido las balanzas fiscales o comerciales entre comunidades porque la caja es común, comunes son los objetivos, comunes las necesidades, y cuando el más humilde de los españoles o el más remoto y diminuto rincón de la patria se halla en apuros, su tribulación es la de todos, y todos venimos obligados a acudir en su ayuda.

La pretensión inadmisible del nuevo Estatuto de Cataluña de que la Generalitat recaude la totalidad de los tributos y devuelva después al Estado una magra aportación pactada bilateralmente para el sostenimiento de unos residuales servicios comunes y de una solidaridad menguante es una afrenta al resto de la Nación, demuestra la baja catadura moral de los redactores del engendro y es, ni que decir tiene, descaradamente inconstitucional.

En esta etapa de profundas convulsiones, hay que insistir en que la estabilidad constitucional es un valor en sí misma. Una Constitución es lo contrario de un producto perecedero y nace siempre con vocación de longevidad. Juan José Solozábal lo ha expresado con toda claridad: «El desarrollo constitucional tiene unos límites que no pueden superarse sin atribuir poderes semiconstituyentes a poderes constituidos, incurriendo así en un fraude inconstitucional indefendible». También es oportuno citar a Gregorio Peces Barba, que decía hace siete años, aunque últimamente se le ve muy cambiado: «La lealtad a la Constitución pasa por no forzar sus reglas ni hacer interpretaciones imposibles, por ser en realidad rupturas del consenso». Y para que no falte nadie, escuchemos a Francisco Rubio Llorente, cuando no había caído todavía en extrañas veleidades:

> Si lo que se quiere es que el Estado español se defina constitucionalmente como Estado plurinacional, la reforma es imprescindible, porque la Constitución actual no se fundamenta en la existencia de una pluralidad de naciones, sino de una Nación única dentro de la que existen nacionalidades y regiones. De una vez por todas se debe

> abandonar el exasperante juego de las reinterpretaciones imaginativas. La flexibilidad de los textos constitucionales es grande, pero no ilimitada y no se les puede forzar hasta convertirlos en papel mojado.

Eso es exactamente lo que estamos viviendo, un fraude monumental en virtud del cual una revisión constitucional radical se está tramitando como si fuese una reforma estatutaria. La situación no puede ser más paradójica: se va a reformar la Constitución por un camino ilegítimo en contra de la voluntad de la mayoría de los ciudadanos españoles a iniciativa de minorías secesionistas que nos repiten continuamente que su objetivo primordial es acabar con ella y con la idea de España que contiene. En el nuevo Estatuto de Cataluña se declara que esta es una nación, que sus competencias se apoyan en sus derechos históricos, que España es un Estado plurinacional y que Cataluña se encuentra en proceso de construcción nacional.

Karl Schmitt destacaba como núcleo fundamental de cualquier Constitución la determinación del sujeto de la soberanía y por tanto de la titularidad del poder constituyente. Su alteración, advertía, destruye la Constitución. El engaño que se está cometiendo es, pues, gigantesco y no es exagerado calificarlo de traición en el sentido al que se refiere el artículo 102 de nuestra Norma Suprema. Volvamos a la autorizada voz del Rubio Llorente en plenas facultades:

> Si la reforma ha de hacerse, se ha de partir de lo que hay. La afirmación de que la Constitución se fundamenta en la unidad de la Nación española es un ejemplo típico de enunciado preformativo: no describe la realidad, sino que la crea (...). Desde el punto de vista jurídico, guste o no, todo nuestro sistema constitucional está construido sobre la hipótesis de esta unidad; más precisamente, sobre la transformación de esta hipótesis en realidad jurídica. Por eso, la Constitución no puede ser reformada si no es con la conformidad de la Nación entera, que en este caso, además, ha de expresarse mediante referéndum, y no sólo a través de sus representantes. Cualquier negociación entre partidos o entre Gobiernos sólo puede llevar a una conclusión *ad referendum*, dependiente en su validez de lo que de este resulte.

Al abrir la caja de Pandora de la reforma constitucional, y hacerlo además de forma inadecuada, el presidente del Gobierno lleva al país hacia la inestabilidad y quizá el precipicio. Porque una vez levantada la veda, nadie asegura que la dirección de los cambios sea la que los nacionalistas pretenden y José Luis Rodríguez Zapatero consiente. La fórmula constitucional de distribución territorial del poder actualmente en vigor, lo que llamamos Estado de las Autonomías, fue fruto de un compromiso que no satisfizo del todo a ninguna de las partes. Su puesta en cuestión por unos autoriza a los demás a denunciar el pacto y, de hecho, el líder del primer partido de la oposición ha anunciado recientemente que, en caso de consumarse la estafa que implica el nuevo Estatuto de Cataluña, se presentará a las próximas elecciones generales con un programa de reforma constitucional que fortalezca el Estado y redistribuya las competencias entre este y las autonomías para evitar sucesivas ofensivas disgregadoras de minorías nacionalistas radicales. Volveríamos así a los días anteriores al pacto constituyente, el contador se pondría a cero y la incertidumbre creada sería enormemente peligrosa.

Con motivo de la celebración del vigésimo aniversario de la Constitución, pronuncié en 1998 un discurso en Barcelona del que quisiera extraer un párrafo que me parece de considerable actualidad en nuestros presentes afanes:

> ¿Cuál es, pues, la entraña de nuestra Constitución?
> Si me desafiaran a responder con una sola frase, diría que la Constitución española de 1978, entre la nación étnica y la nación ética, se inclina sin ambigüedad ninguna por la segunda. Y añadiría que esta elección de la racionalidad sobre el instinto, de la ilustración sobre el oscurantismo, de la libertad sobre la opresión, de la democracia sobre la tiranía, de la ciudadanía sobre la tribalidad, de la convivencia altruísta sobre el egoísmo insolidario, de la vida sobre la muerte y de la dignidad del ser humano sobre su RH, nos exige un compromiso irrenunciable que sería imperdonable, en esta hora difícil de España, trivializar, disimular o rehuir.

Yo sigo fiel a aquel compromiso, que jamás he abandonado. Estoy seguro de que muchos de vosotros asimismo estáis dispuestos a responder a su llamada. Se acercan tiempos en que muy probablemente se nos pondrá a prueba y deberemos estar a la altura del desafío que los que no tienen otra obsesión que liquidar a España como Nación nos están planteando.

El presidente del Gobierno ha declarado en su inconsciencia trufada de ignorancia que su única patria es la libertad. Un hombre que sí supo entender el significado de esas dos palabras, Benjamin Franklin, escribió hace más de doscientos años:

> Dios quiera que no sólo el amor a la libertad, sino un concienzudo conocimiento de los derechos del hombre sature a todas las naciones del mundo, de modo que un filósofo, al pisar cualquier parte de la tierra pueda decir: esta es mi patria.

En efecto, España, la patria común e indivisible de todos los españoles de la que habla el artículo segundo de la Constitución de 1978, está amasada de libertad, pero no de fantasmagóricas libertades colectivas, sino de la libertad tangible de cada uno de sus ciudadanos, plasmada en los derechos que nuestra Ley de leyes les otorga y garantiza, esos derechos sin los que no hay patria posible, esos derechos que, si no reaccionamos con el coraje de los buenos patriotas, nos serán arrebatados junto con la España constitucional y democrática, pilar insustituible y único de nuestro futuro y de nuestra dignidad.

(Conferencia pronunciada dentro del ciclo «El concepto de España», organizado por el Seminario de Humanidades del Colegio San Buenaventura de Murcia, el 7 de noviembre de 2005.)

LA TRAICIÓN NACIONALISTA A LA CONSTITUCIÓN DE 1978

La victoria sorpresiva del Partido Socialista hace si cabe todavía más oportuno el examen riguroso y desapasionado de todas las cuestiones relativas a la organización territorial del Estado. Si el Partido Popular se hubiese alzado con el triunfo, su concepto de España como Nación es bien conocido y por tanto no se hubiera abierto ninguna incógnita en relación a la posición del Gobierno en este ámbito. Ahora, en cambio, el traspaso del poder entre los dos grandes partidos nacionales hace aparecer un amplio campo de incertidumbres que seguramente se traducirá en un intenso debate público para el que conviene estar preparado. En efecto, el nuevo Gobierno no dispone de mayoría absoluta en el Parlamento, circunstancia que le hace vulnerable a las presiones de los diversos grupos nacionalistas, así como obligadamente receptivo a las propuestas que desde su propio seno le lleguen de sus organizaciones en Cataluña y en el País Vasco que, como es sabido, se encuentran inmersas en dinámicas de estrecha colaboración con las formaciones soberanistas de sus respectivas comunidades autónomas, a través de un Gobierno de coalición en el caso catalán y de confesados deseos de articularlo en el caso vasco.

Existen en este momento sobre el tapete de la política nacional un conjunto de proyectos perfectamente estructurados de reformas constitucionales y estatutarias que representan modificaciones significativas cuando no la ruptura explícita con el gran pacto civil de 1978. Así, el llamado

Plan Ibarretxe, impulsado por el tripartito vasco, el proyecto denominado de Estatuto Nacional de Cataluña o Constitución del Estado Libre de Cataluña, elaborado por Esquerra Republicana, las Bases para un Nuevo Estatuto Nacional de Cataluña, hechas bandera electoral por Convergència i Unió o el pomposamente bautizado como Nuevo Contrato con España del Bloque Nacionalista Galego, rivalizan en su empeño de liquidar el presente ordenamiento constitucional y, de hecho, a España como Nación. Todos estos textos contienen previsiones para destruir la unidad de la Administración de Justicia, la solidaridad fiscal y la caja única de la Seguridad Social. Asimismo, introducen el derecho de autodeterminación, eliminan la Administración periférica del Estado y le retiran a este la representación exterior que pasa a ser ejercida separadamente por las «naciones» que voluntariamente lo integran. Como se ve, unos cambios perfectamente viables, que sin duda fortalecerán la estabilidad interna, fomentarán la inversión y aumentarán el prestigio de España ante el resto del mundo. Sin embargo, no conviene tomarlos a broma porque los partidos que los promueven poseen un poder considerable en las comunidades en las que operan y un número de escaños en el Congreso de los Diputados suficiente como para utilizarlo como arma de hostigamiento sobre la nueva mayoría relativa y también como eficaz caja de resonancia de sus pretensiones secesionistas.

Frente a esta ofensiva renovada, el ganador de las elecciones legislativas, José Luis Rodríguez Zapatero, se ha manifestado abierto al diálogo y a apoyar aquellas reformas estatutarias compatibles con la Constitución, aunque no ha especificado si con la Constitución vigente o con una Constitución adecuadamente retocada para dar cabida a una parte apreciable de las exigencias nacionalistas. Además, conviene tener en cuenta para calibrar la magnitud del riesgo al que nos enfrentamos que el Partido Socialista de Cataluña, por su parte, ha cerrado un pacto con sus socios de Gobierno en el Principado que contempla, ente otras novedades estimulantes, una drástica reestructuración del Senado eliminando la elección directa de sus miembros e implantando en dicha Cámara un régimen multilingüe, la atribución a los Tribunales Superiores de Justicia de las comunidades autónomas de la facultad de casación que ahora reside en el Tribunal Supremo, la territorialización del Tribunal Constitucional, un modelo de financiación autonómica que distribuya los fondos en función estrictamente de la población, la presencia directa de las comunidades autónomas en los órganos de representación de España ante la Unión Europea y la aplicación a España del sistema lingüístico suizo, es decir, sellos, permisos de conducir, señalización en instituciones oficiales, documentos de identidad y pasaportes en las cuatro lenguas, castellano, catalán, vasco y gallego. De hecho, el secretario general del Partido Socialista se comprometió durante la campaña a aceptar sin más la reforma del Estatuto de Autonomía que el Parlamento de Cataluña aprobase, con lo que es de temer que, si no prevalece al final la sensatez, durante la próxima legislatura la Constitución de 1978 se transformará de tal manera que quedará irreconocible para sus redactores, que hace un cuarto de siglo creyeron ingenuamente haber sentado de manera definitiva las bases de nuestra convivencia. Habremos dado un paso más de considerable trascendencia hacia la meta perseguida por los nacionalistas catalanes y vascos desde hace más de cien años, es decir, la disolución irreversible de una empresa colectiva multisecular que ha desembocado en este inicio del siglo XXI en una de las democracias más sólidas, prósperas y respetadas del planeta.

Y es justo en este clima despiadadamente agresivo contra la arquitectura constitucional tan equilibradamente construida durante la Transición cuando conviene refrescar algunas ideas y reafirmar ciertos conceptos. Por ejemplo, no sería ocioso recordar que el Estado de las Autonomías, uno de los más descentralizados del mundo, no nació hace ahora un cuarto de siglo como respuesta a una amplia exigencia popular ni tampoco como la plasmación en una determinada circunstancia histórica de una tradición bien consolidada en España. Nada de eso. El entusiasmo de la sociedad española de aquella época por reorganizar territorialmente el Estado para dividirlo en entidades sub-estatales dotadas de un elevadísimo grado de autogobierno y de fuerte identidad diferenciada en lo político, lo cultural y lo simbólico era más bien escaso. Basta tener presente que el Estatuto de Galicia fue plebiscitado con una abstención superior al 70% y que los Estatutos de Cataluña y del País Vasco se aprobaron en sendos referendos con participaciones que apenas llegaron al 60%. En cuanto al resto de comunidades, el fervor autonómico de sus élites políticas contrastaba con la absoluta indiferencia que reinaba al respecto en la calle. Es interesante señalar que la implantación en nuestro país de un régimen de centralización política y administrativa no fue en absoluto una aportación franquista. Franco impuso una dictadura, pero no la centralización, que contaba en España con dos siglos de existencia. Salvo el fugaz paréntesis caótico de la Primera República y el conato pronto abortado por la contienda civil de la Segunda, desde el fin del Antiguo Régimen España había experimentado un proceso creciente y constante de concentración de poder y competencias en los órganos centrales de Gobierno y de homogeneización cultural, al igual que había sucedido, por otra parte, en muchos países europeos. Por tanto, el Título VIII de la Constitución de 1978 representó una auténtica novedad en términos históricos y además una novedad forzada, cuyo único fin fue dar satisfacción a las aspiraciones de los partidos nacionalistas de Cataluña y del País Vasco. La creación de las autonomías, que ha conducido a la aparición de diecisiete estructuras políticas y administrativas equipadas con Parlamento, Gobierno, bandera, himno, presupuesto, cuerpo de funcionarios independiente, amplísimas competencias legislativas y ejecutivas, y cooficialidad de la lengua autóctona allí donde la había, con todo lo que ello ha traído en aumento del gasto público y de la complejidad del funcionamiento del Estado, no ha obedecido a otro propósito que apaciguar la tensión centro-periferia que los nacionalistas catalanes y vascos vienen alimentando desde finales del siglo XIX. Es bueno tener presente este hecho incuestionable a la hora de juzgar la razón que puedan tener determinadas reivindicaciones basadas en la supuesta falta de generosidad o en la imaginaria insuficiencia del esfuerzo de los dos grandes partidos nacionales para comprender las ansias particularistas de algunos. Tampoco está de más mencionar que mientras la práctica totalidad del arco parlamentario catalán reclama en estos días la reforma del Estatuto, los estudios de opinión ponen de manifiesto que este tema ocupa un lugar claramente marginal en las preocupaciones de los ciudadanos de Cataluña.

Para conseguir ganar la lealtad de los nacionalistas al proyecto común, se fabricó una Constitución que, manteniendo la unidad nacional, incluyera todo tipo de concesiones a sus demandas. Una de las más llamativas es la pirueta semántica que se hizo en el artículo segundo al introducir el término *nacionalidad*, que ya provocó en su momento el rechazo de ilustres académicos de la Lengua, escandalizados de tal tropelía.

Porque, en efecto, por *nacionalidad* se entiende, o así lo expresaba el Diccionario de la Real Academia hasta su edición de 2001, «condición y carácter peculiar de los pueblos e individuos de una Nación» o, en otra acepción, «estado propio de la persona nacida o naturalizada en una Nación». Pero, a partir de la edición vigésimo segunda, nuestro canon lingüístico añade otras dos posibilidades, eso sí, reservadas específicamente a España: «Comunidad autónoma a la que en su Estatuto se le reconoce una especial identidad histórica y cultural» y «denominación oficial de algunas comunidades autónomas españolas». O sea, que para complacer a Arzalluz y a Pujol, hasta hemos cambiado el Diccionario, pero ni por esas. En su libro *La nacionalitat catalana*, Prat de la Riba escribió premonitoriamente: «Si *nacionalidad* se toma en el sentido de sociedad concreta, entonces es sinónima de *nación* y ninguna diferencia puede encontrarse entre una y otra», pero también nos dio algunas pistas sobre la limpieza de sus intenciones al aclarar sobre su obra anterior *Compendi de doctrina catalanista*:

> Evitábamos todavía usar abiertamente la nomenclatura propia, pero íbamos destruyendo las preocupaciones, los prejuicios, y con calculado oportunismo insinuábamos las nuevas doctrinas barajando con intención región, nacionalidad y patria para acostumbrar poco a poco a los lectores.

Parece evidente que la época del «calculado oportunismo» ha acabado y que ya no hace falta que nos acostumbremos «poco a poco» a lo que se nos viene encima porque Artur Mas, en un acto multitudinario celebrado en el Palau Sant Jordi en abril del año pasado para presentar su nuevo proyecto de Estatuto, afirmó: «Cataluña no ha de ser tratada como una provincia, ni como una región, ni tan siquiera como una comunidad autónoma, sino como una nación». Bien es verdad que Jordi Pujol cinco años antes había declarado, levantando una gran polvareda, que «mientras que Cataluña es una nación, España no lo es. Si Cataluña, Euskadi o Galicia son naciones, es difícil que el Estado que las contiene también lo sea».

Otra apoyatura que se introdujo en nuestra Ley de leyes para discriminar positivamente a las conocidas extrañamente como «comunidades históricas» —como si las demás fuesen intemporales— fue la de distinguir a aquellas que hubiesen tenido un Estatuto durante la Segunda República. Otro retorsión de la realidad dado que sólo Vizcaya llegó a disfrutarlo al quedar Álava y Guipúzcoa dentro del territorio controlado por Franco antes de que entrase en vigor, al igual que Galicia. Y si lo que vale no es la puesta en marcha efectiva de un Estatuto, sino la intención de hacerlo, entonces más vale olvidar que una curiosa entidad formada por Cantabria, Burgos y Palencia empezó a mover el suyo inmediatamente antes del levantamiento de 1936. Ahora bien, como en la Constitución no se establece ni cuántas ni cuáles son las «nacionalidades» ni se proporciona contenido normativo alguno al concepto, aparte de no volverlo a mencionar en todo el texto, a día de hoy se han autoproclamado nacionalidad, además de las tres «históricas» de marras, Andalucía, Valencia, Aragón y Canarias, con lo que a los nacionalistas se les abre el camino de reclamar la condición de *nación* para sus comunidades si no quieren verse sometidas a la humillación intolerable de ser iguales a las demás. No es extraño que Pujol tuviera que explicar en el transcurso de la campaña a las últimas elecciones autonómicas catalanas que «Cataluña no es Cuenca», lo que sorprendentemente molestó mucho a los castellano-manchegos cuando cabía la posibilidad, lo que sin duda hubiese sido mucho peor, de que se lo hubiesen tomado como un elogio.

Resumiendo, que la pretensión de tranquilizar a los nacionalistas a base de cesiones graduales a sus demandas es, aparte de una demostración palpable de no conocerles, una miserable pérdida de tiempo.

Y nada mejor para relativizar las identidades regionales que mucha gente considera hoy intocables y formando parte casi del orden inmutable del cosmos que estudiar algo de la turbulenta historia española del siglo XIX, en el que se produjeron cuatro intentos de división regional del territorio nacional, en 1847, con la reforma Escosura, en 1873 con la Primera República y su Constitución federal, en 1884, con la reforma Moret, y en 1891, con el proyecto Sánchez de Toca. Y ya en el siglo XX, si la Segunda República no hubiera naufragado, la ordenación territorial que se estaba gestando también incluía agrupaciones de provincias en entidades regionales. Pues bien, ninguno de estos esquemas de organización territorial del Estado, que jamás llegaron a materializarse por los vaivenes de la política de la época, coincidía en la composición de las regiones contempladas. Las diferencias son tan llamativas que demuestran que nuestra actual estructura autonómica es otra convención más, con una sola diferencia respecto de las cinco frustradas anteriores, y es que gracias a la estabilidad derivada de la Constitución de 1978 ha tenido tiempo de consolidarse y de ser interiorizada por los ciudadanos. Pero es bueno saber que si alguna de las citadas hubiera cuajado, podríamos estar aceptando que originalidades tales como la existencia de dos regiones en Andalucía, con capitales respectivas en Granada y Sevilla, la inclusión de La Rioja en Aragón, la incorporación de Teruel y Cuenca a la región valenciana o la de Ciudad Real y Salamanca a Extremadura responden a un orden natural evidente. Resulta paradójico que los nacionalistas extraigan sus argumentos fundamentales de la historia, cuando si la gente la conociera a fondo no les votaría casi nadie. Se demuestra así de nuevo que el mejor aliado del error es la ignorancia.

Otro hecho histórico incuestionable es la enorme variedad cultural, religiosa y lingüística que albergan la abrumadora mayoría de naciones del globo. Salvo Islandia y algún diminuto archipiélago del Pacífico, todas las naciones que ocupan un asiento en las Naciones Unidas, que no por casualidad se denominan Naciones Unidas y no Estados Unidos como le gustaría a Jordi Pujol, son internamente muy heterogéneas y la mejor garantía de que esta diversidad no degenere en conflicto es la existencia de una conciencia nacional que la sostenga, la respete y la armonice, es más, cuando esa conciencia falta, surgen los conflictos y, en situaciones extremas, las limpiezas étnicas. Eso es exactamente lo que hace nuestro Estado de las Autonomías, ese hallazgo maravilloso que los nacionalistas se empeñan en despedazar. Si alcanzaran su siniestra meta, Cataluña y el País Vasco, desprovistas del manto protector de su pluralidad interna que la pertenencia a España les asegura, estallarían en enfrentamientos fratricidas entre sus diferentes sectores culturales y sociales, ya que centenares de miles de ciudadanos vascos y catalanes no se plegarían a ser coactivamente transformados en clones emanados de una única identidad canónica nacionalista.

El cultivo obsesivo de hechos diferenciales carece de sentido en una España en la que nadie pretende que lo castellano sea sinónimo de español. La diferencia no es una categoría ética y respetar lo que nos distingue es tan legítimo como potenciar lo que nos asemeja. Actualmente, los únicos que identifican lo castellano con lo español son los nacionalistas catalanes, vascos y gallegos, porque a ningún madrileño, toledano o salmantino se le ocurre reclamar para sí el monopolio de la marca nacional española, ya que tiene perfectamente asumido que es plural y que abarca un variado abanico de personalidades culturales, lingüísticas, folclóricas y gastronómicas. La explicación del peculiar fenómeno por el cual un catalán y un murciano o un vasco y un andaluz son, de acuerdo con la doctrina predicada por Josep Lluis Carod-Rovira y Joseba Egibar, radicalmente distintos hasta el punto de no poder acomodarse en el seno de una unidad constitucional compartida, mientras que sí lo pueden hacer sin mayores problemas un lombardo y un siciliano, un prusiano y un bávaro y un alsaciano y un provenzal, es puramente ideológica y no descansa en ninguna base natural. Nuestro gran problema deriva de que los nacionalistas dedican enormes esfuerzos en los campos presupuestario, cultural, lingüístico, educativo y hasta deportivo para convencer a los ciudadanos de las comunidades en las que operan de que los rasgos particulares que los diferencian de sus compatriotas del resto de España son barreras insalvables que requieren una entidad política independiente que los enmarque. Todo aquello que favorece la cohesión, la solidaridad y la fraternidad entre españoles es presentado como una muestra de intolerable opresión y, por el contrario, cualquier elemento diferenciador es exacerbado, agigantado o incluso inventado hasta que características positivas y enriquecedoras se afilan hasta transformarse en cortantes aristas venenosas. La universalización de la pauta mental en virtud de la cual todo lo que une es malo y todo lo que separa es bueno es la gran contribución nacionalista a la convivencia democrática española de nuestro tiempo. Y lo más indignante es que se sienten orgullosos de ello.

El que fuera gran periodista catalán y figura señera del catalanismo cultural y político Agustí Calvet, Gaziel, escribió en plena Segunda República:

De ahí que las pretendidas soluciones de los extremismos en pugna, el castellano y el catalán, el uniformista y el separatista, no sean tales soluciones, sino todo lo contrario, verdaderas deformaciones de la realidad hispánica, que no cabe ni en la una ni en la otra de esas dos estrecheces obtusas, incomprensivas y excluyentes.

Si volviera al mundo de los vivos, comprobaría consternado que de los dos polos opuestos que él denunciaba, uno ha recorrido el sacrificado camino de la renuncia en aras del entendimiento recibiendo como recompensa el recrudecimiento de la intransigencia del otro. No hay que especular demasiado sobre lo que pensarían personajes de la altura de Gaziel, Cambó o Unamuno si resucitasen para asistir al espectáculo de que la respuesta al mayor proceso de distribución territorial de poder político, de descentralización administrativa y de potenciación de la diversidad cultural y lingüística de nuestra historia ha sido el asesinato alevoso de más de ochocientos españoles, la llamada a irse de España y el Plan Ibarretxe.

Y para acabar de complicar este panorama inquietante, dos formaciones políticas de ámbito nacional, el Partido Socialista e Izquierda Unida, propugnan desde hace tiempo, con gran regocijo de los nacionalistas, la transformación de España en un Estado federal. Que Izquierda Unida se instale en esta tesis tiene poca importancia habida cuenta de su carácter marginal en el Congreso de los Diputados, donde ocupa el 1,5% de los escaños, pero el Partido Socialista va a formar Gobierno en pocas semanas y por consiguiente estamos hablando de jugar con las cosas de comer. Veamos el peligro de la concepción federal en un país en el que influyentes y combativos nacionalismos de secesión trabajan incansablemente por liquidar la unidad nacional. El Estado federal nace de la voluntad libremente ejercida por una serie de entidades políticas soberanas de unirse para construir una entidad superior que asume determinadas funciones de Gobierno para el conjunto de sus componentes, tales como la política exterior, la defensa, la administración de justicia en su estrato más alto, las grandes infraestructuras comunes y la gestión centralizada de los elementos cruciales de la protección social. Para que aparezca un Estado federal es requisito previo la existencia de las unidades independientes que se federan, decidiendo delegar parte de su soberanía en la nueva soberanía compartida.

Hay veces que estas piezas que se juntan tienen personalidad real, como el caso de las colonias británicas que configuraron originalmente los Estados Unidos de América, los cantones suizos o la multiplicidad de principados, ducados, reinos y ciudades libres que dieron origen al I Reich alemán, del cual es heredero la actual Bundesrepublik. En otras ocasiones, los elementos cohesionados son fruto de una división previa más o menos arbitraria de un gran territorio, como sucedió en el advenimiento de las Repúblicas de Brasil o Argentina o en la independencia gradual y pactada del Canadá respecto del Imperio británico. Pero la idea siempre es la misma, unir lo que antes estaba separado.

Nuestro Estado de las Autonomías no tiene nada que ver con este planteamiento. Por el contrario, su objetivo es organizar eficazmente la pluralidad interna de una unidad preexistente con cinco siglos de antigüedad, la Nación española. Si los socialistas aceptan el enfoque federal, los nacionalistas, que reclaman para sus imaginarias «naciones» un Estado soberano, habrán avanzado sensiblemente en el objetivo que buscan porque una vez federalizada España y admitido implícitamente el principio de la existencia de soberanías previas separadas, el salto a la autodeterminación y a la secesión se vuelve mucho más fácil. A ningún ciudadano de Oregón o de California se le pasa por la cabeza que Oregón o California sean naciones, de la misma manera que a los ciudadanos de Baviera o de Baden-Wurtenberg no se les ocurre que su nacionalidad sea otra que la alemana. Afortunadamente para ellos no pululan en sus Parlamentos los Durán i Lleida y los Imaz, dispuestos a reducir a fragmentos la Nación democrática y plural a la que pertenecen. La introducción del esquema federal les allana el camino considerablemente en la medida que instala en la visión que los españoles tienen de su propia Nación que esta no es tal, sino la yuxtaposición de un conjunto de verdaderas naciones que de forma coyuntural conviven en un Estado percibido como una mera superestructura política y administrativa que cada uno de sus componentes puede abandonar a voluntad.

Los nacionalismos étnico-lingüísticos no sólo practican el falseamiento de la historia, sino que despliegan impúdicamente las contradicciones lógicas más flagrantes. Aunque casi ninguno de los Estados federados integrados en las federaciones que abundan en el mundo se atribuye la condición de Nación —y cuando se lanzan a ello, la desmembración de la antigua Yugoslavia es un ejemplo elocuente de lo que puede suceder—, nuestros inefables nacionalistas esgrimen su supuesta condición de *nación* para propiciar esa federalización de España que la desorientación de la izquierda se dispone a brindarles en bandeja. Para mayor escarnio e insulto a nuestras inteligencias califican a sus comunidades de naciones sin Estado a la vez que vocean que España es un Estado sin Nación. ¿En qué quedamos? Si toda nación necesita inapelablemente su Estado, ¿cómo es que la pobre España ha ido por ahí durante quinientos años en forma de Estado desprovisto de Nación, triste esqueleto descarnado que ha vivido colectivamente una alucinación de la que ya ha llegado la hora que despierte gracias al Plan Ibarretxe y a los asesinatos de ETA? Misterio insondable que únicamente se entiende si se es nacionalista.

El federalismo es totalmente ajeno a nuestra tradición histórica y la única vez que se intentó este experimento en 1873 el resultado fue tan desastroso que casi se lleva por delante el país entero. El artículo primero del Proyecto de Constitución Federal de la República Española establecía que «la Nación española se compone de los Estados enumerados a continuación...», con lo que quedaba claro que para nuestros federalistas del siglo XIX la Nación seguía siendo una y que lo que tenían en mente era un proceso de simple descentralización administrativa. Pero los españoles ni entendían ni sabían qué era eso del federalismo y se embriagaron de espíritu localista. Cartagena, Sevilla, Cádiz, Valencia, Málaga, y otras muchas ciudades se declararon cantones independientes y en cuanto una comuna se autoproclamaba soberana, cortaba el telégrafo y las líneas ferroviarias que la unían con Madrid y con sus vecinas. Una fiebre incendiaria y asesina se apoderó de España hasta que Cánovas hizo volver las aguas a su cauce. Merece la pena citar la proclama del pueblo murciano de Jumilla sobre su independencia:

> Jumilla desea estar en paz con todas las naciones extranjeras y, sobre todo, con la nación murciana, su vecina, pero si la nación murciana se atreve a desconocer su autonomía y a traspasar sus fronteras, Jumilla se defenderá como los héroes del Dos de Mayo, y triunfará en la demanda, resuelta completamente a llegar, en sus

justísimos desquites hasta Murcia, y a no dejar en Murcia piedra sobre piedra.

Con semejantes precedentes, la perspectiva de un nuevo intento de federalizar España no parece excesivamente atractiva.

El federalismo es una técnica de organización del Estado concebida para unir lo que estaba separado, no para separar lo que ya estaba firmemente unido. Lo original de la propuesta federal de Pasqual Maragall, tan cándidamente asumida por Zapatero, es que conduce a la desagregación repentina y arbitraria de lo que la historia ha cohesionado profundamente. Si se cometiese el disparate de federalizar España, primero habría que fragmentarla para volverla a recomponer a continuación. No hay que ser excesivamente avisado para calibrar los riesgos y el absoluto desperdicio de energía y de tiempo que una operación semejante conlleva. Ortega, en un discurso en las Cortes constituyentes de la Segunda República en 1931 lo explicó de manera contundente:

> Dislocando nuestra compacta soberanía fuéramos un caso único en la historia contemporánea. Un Estado federal es un conjunto de pueblos que caminan hacia su unidad. Un Estado unitario que se federaliza es un organismo de pueblos que retrograda y camina hacia su dispersión… Yo considero la organización federal como arcaica y perturbadora de los nuevos destinos españoles.

De la misma forma que los nacionalistas nunca consideraron la implantación del Estado autonómico como el cumplimiento de sus aspiraciones, sino como una etapa intermedia hacia la tan deseada secesión, la evolución de España hacia un Estado federal tampoco detendrá su afán separatista. Al contrario, cuanto más cerca vean la meta, el ritmo de su carrera reivindicativa se acelerará. El famoso federalismo asimétrico no haría que ETA abandonase su actividad criminal ni que el PNV, Esquerra Republicana, Convergència i Unió y el BNG se integrasen lealmente en el proyecto común. Su efecto sería, más bien, animar a los unos a intensificar la barbarie y estimular a los otros a agudizar el conflicto político con el Estado. Pero la parte sana y sensata del socialismo español no parece capaz de poner coto a la labor insidiosa de Pasqual Maragall, Odón Elorza, Patxi López, Emilio Pérez Touriño y compañía. La casa centenaria del PSOE de Pablo Iglesias, Indalecio Prieto y Julián Besteiro tiene las vigas invadidas de termitas y no hay en su interior quien se atreva a la urgente tarea de fumigación antes de que sea demasiado tarde.

Uno de los puntos en los que los nacionalistas ponen mayor énfasis y sobre los cuales los socialistas se manifiestan imprudentemente dispuestos a ceder es el de la presencia de las comunidades autónomas en la representación exterior de España. Con motivo de la reunión en Bilbao de los firmantes de la Declaración de Barcelona en enero de 2000, la resolución aprobada señalaba de nuevo la necesidad de «impulsar la presencia de nuestras naciones en el ámbito internacional» y el entonces candidato del PSOE a la Presidencia del Gobierno, Joaquín Almunia, incidía en la misma cuestión incluyendo en su programa «los mecanismos que faciliten una mayor participación de las comunidades autónomas en la UE y en la actividad exterior de España». Una posición análoga es la mantenida por la actual dirección socialista, que se ha mostrado reiteradamente favorable a satisfacer esta demanda de los nacionalistas. Sin embargo, ningún Estado federal de la tierra renuncia a su competencia de representación exterior a favor de sus partes federadas. La sola idea de que los Estados Unidos sean representados por Oklahoma o Pennsylvania en las Naciones Unidas, Francia por Córcega o Bretaña en la Unión Europea o Canadá por Quebec o la Columbia Británica en el G-8 mueve a risa. Cuando los nacionalistas recurren al ejemplo alemán y apuntan que en los Consejos Europeos en ocasiones la República Federal, una de las naciones con mayor conciencia de serlo del globo, es representada por un ministro de un *land*, omiten que ese ministro comparece en Bruselas en nombre del Estado alemán y para nada en nombre de su Estado federado. De hecho, la Constitución alemana se modificó para que los *länder* pudiesen defender los intereses alemanes en Europa en temas de su competencia, pero siempre para mantener la posición común acordada previamente entre todos ellos y con el Gobierno federal. La hipótesis de que Baviera o Renania-Palatinado se sienten a la mesa del Consejo Europeo para hablar con voz propia ni se contempla. Pero la gente no conoce ni tiene por qué estas precisiones y los nacionalistas nunca se han distinguido por su rigor a la hora de argumentar.

La victoria del Partido Socialista en las recientes elecciones generales ha depositado en sus manos para los próximos cuatro años la responsabilidad principal de mantener la vigencia de la Constitución de 1978 y la unidad nacional que en ella se establece inequívocamente. Ahora bien, en el PSOE siempre han convivido dos corrientes, la unitaria y la federal, y esta constante histórica aflora también hoy. Una es la idea de España que sustentan Paco Vázquez, José Bono, Juan Carlos Rodríguez Ibarra, Rosa Díez y Nicolás Redondo Terreros y otra bastante distinta la que impulsan Odón Elorza, Pasqual Maragall, Patxi López, Emilio Pérez Touriño y Ramón Jáuregui. ¿Cuál será la senda que tome el nuevo presidente del Gobierno? ¿Resonarán en sus oídos las palabras escritas por Julián Besteiro en *El Sol* el 3 de junio de 1931 cuando afirmaba «Si se intentase someter a toda España a un esquema de República Federal se cometería, a mi juicio, un grave error»?, o se sentirá más identificado con el discurso pronunciado por Txiqui Benegas el 10 de julio de 1977 en la Casa de Juntas de Guernica ante parlamentarios socialistas catalanes, vascos y gallegos en el que destaca el siguiente vibrante pasaje: «Ha pasado la época del nacionalismo pequeño-burgués para dar paso a la época de las nacionalidades» y con la declaración final de aquella misma asamblea en la que se postulaba que «el poder emana de cada uno de nuestros pueblos» y terminaba con los gritos *«¡Gora Euskadi Askatuta! ¡Visca Catalunya lliure! ¡Viva Galicia ceibe! ¡Viva Galeuzka!»*. El problema del Partido Socialista es que oscila entre sus dos almas, que hoy se llaman constitucionalista y federalista, y no acaba de decantarse por una. En el Partido Popular esta disyuntiva la resolvimos rápidamente y por eso nos hemos desprendido del único ejemplar exótico que hemos tenido en nuestras filas, Miguel Herrero de Miñón, que llena las horas paseando sus delirios insomnes por foros académicos impávidos o adulando rastreramente a los nacionalistas, que le abruman con innumerables galardones. Y es que como dijo un célebre matador, hay gente para todo.

En cualquier caso, después de la experiencia adquirida a lo largo de las legislaturas 1993-1996 y 1996-2000, estoy seguro de que para todo aquello que afecte a la cohesión nacional y para sostener la Constitución frente a previsibles agresiones nacionalistas, José Luis Rodríguez Zapatero podrá sumar a sus ciento sesenta y cuatro escaños los ciento cuarenta y ocho del Partido Popular. Por tanto, el disponer de una mayoría relativa podrá ser una circunstancia molesta para la comodidad, pero bajo ningún concepto una excusa para el entreguismo. Aquellas reformas que emprenda o aquellas medidas que tome el nuevo Gobierno a partir de su toma de posesión el mes que viene que se traduzcan en un deterioro de la solidaridad interterritorial, que alteren la igualdad en derechos y deberes de todos los españoles o que agrieten la cohesión nacional, se deberán única y exclusivamente a su voluntad, no a su precariedad parlamentaria, porque el Partido Popular estará permanentemente al quite para sacarle de apuros si el interés general lo exige. Este es un hecho que ha de quedar meridianamente claro desde este momento y no me cabe duda de que Mariano Rajoy lo dejará sentado en el debate de investidura ante el hemiciclo y ante los ciudadanos con la misma rotundidad con la que yo lo hago esta noche ante ustedes.

Pero el análisis que yo pretendo realizar aquí no es de coyuntura, con los ojos puestos en el presente inmediato, sino que aspiro a que se lleven de esta sala una envolvente interpretativa de onda larga, que les ayude a comprender lo episódico bajo una luz más potente. Y con este propósito, permítanme que me remonte al 22 de junio de 1902, fecha en la que aparece en el periódico *La Patria* el célebre artículo de Sabino Arana titulado «Grave y trascendental». En este texto el fundador del Partido Nacionalista Vasco expone desde la cárcel en la que se encontraba por su alucinante telegrama al presidente norteamericano Roosevelt felicitándolo por su éxito en la guerra de Cuba contra España, su extraño giro españolista con el que terminó su vida física y política. Arana Goiri se pronuncia a favor de la creación de «un nuevo partido vasco que sea a la vez español, que aspire a la felicidad de este país dentro del Estado español, que camine hacia ella sin quebrantar la legalidad presente...». Inmediatamente le remite una carta a su hermano Luis en la que le solicita «un voto de confianza absoluta» para esta en principio incomprensible maniobra. Quince días más tarde publica otro artículo en el que remacha el clavo y dice:

> El nacionalismo aspira, como a término o fin exterior y político, a la independencia del pueblo vasco, del cual dos antiguos estados obedecen al poder francés y los otros cuatro a la soberanía española. Pues bien, según el pensamiento de que se trata, el partido que ha proclamado esa política renunciará a ella, aspirando a que los estados vascos que de hecho son españoles, reconociendo y acatando en derecho esta anexión o agregación suya a España, alcancen dentro de esta situación de derecho, dentro de la unidad del Estado España, la mayor felicidad material y moral que alcanzar puedan.

Transcurridos unos meses, ya mortalmente enfermo, le escribe a Engracio de Aranzadi sobre el mismo tema y le recomienda crípticamente: «Tenga paciencia, espere, y no juzgue hasta ver... El secreto empieza desde ahora: no conviene que nadie se entere de quiénes son los enterados». A poco fallecía, llevándose a la tumba sus intenciones sobre el enigma.

Sin embargo, tras el óbito del maestro, su discípulo predilecto, Joala, le dirigía a Engracio de Aranzadi una larga epístola que nos da las claves de toda la historia de los movimientos nacionalistas en España hasta el día de hoy. Me disculpo, pero no tengo más remedio que citar extensamente porque la misiva no presenta apenas desperdicio. Le comunica Joala a Aranzadi lo siguiente:

> ...cuatro o seis meses antes de su encarcelación me dijo que dentro de poco tiempo íbamos a convertirnos en españolistas y que, para ello, iba a dar la luz un Programa, el cual, según él creía, haría mucho ruido entre gallegos, asturianos, etc., y sería por ello aceptado con mil amores: esto aparte de que en el País Vasco haría el efecto de convertir en nacionalistas a todos, que era lo principal. Procuré, a fuerza de preguntas, enterarme de algo, pero no obtuve más que estas dos respuestas: una, que sean jueces de cada país sus hijos y no los extraños; y otra, que el servicio militar sea cumplido sin salir del país de cada uno; y súbitamente se calló como pesaroso de haber soltado prenda (...). El haberla anunciado desde la cárcel hizo sospechar malamente de él, siendo así, como acabo de decirlo, que cuatro o seis meses antes de su encierro ya lo sabía yo

(...). No es, pues, el camino actual el que nos ha de conducir al triunfo. Nuestra pequeñez sería siempre ante el grandor de nuestro enemigo, si las cosas siguen como hasta ahora. Y ahí está el quid de la cuestión; en esta desproporción entre ellos y nosotros. Y la solución sólo está en que desaparezca esta desproporción. ¿Cómo? Dándole un plan político a España que la divida en trozos mil haciéndole perder la cohesión que entre sus regiones existe. Y para ello se vale don Sabino de un Programa titulado, al menos por ahora, vascoespañolista. Este programa tendrá la virtud de disminuir las fuerzas del enemigo y de aumentar las nacionalistas (...). ¿Que cómo? Pues deseando que el regionalismo prospere en nuestro País y cunda por España, estableciéndose pleitos y contiendas entre las diversas regiones o aislándose unas de otras de modo tal que no les importe la totalidad de España. ¿Y quiénes son los más interesados en que así suceda sino nosotros mismos? Por consiguiente, a la manera que hasta aquí hemos propagado el Nacionalismo vasco sin conseguir la suficiente unión, propaguemos ahora el regionalismo vasco-españolista para que sea engendrador de diez, veinte o más regionalismos españoles y para que forme entre nosotros la deseada unión vasca que, fácilmente, por miras egoístas, habría de ser convertida en separatismo vasco (...).
Empecemos nosotros a ser regionalistas, y al ver nuestro hermoso Programa (...) ha de cundir, también entre ellos, el mismo espíritu, y de ese modo ha de conseguirse la debilitación del conjunto hispano y se nos ofrecerán coyunturas para ir intensificando más y más nuestro regionalismo hasta llegar a renegar de toda unión con las demás (no se ría usted) regiones españolas: y el poder que hoy nos opone y que hace imposible nuestra independencia, se vendría por los suelos (...). No son los españoles capaces de concebir un plan como lo será el vasco-españolista; demostrémosles, pues, y, además, incitémosles a que lo pongan en práctica: es decir, hagámonos españolistas para poder dejar de serlo algún día (...). Si conseguimos ese regionalismo español, no será menester que inculquemos doctrinas nacionalistas a los vascos; ellos de por sí, por egoísmo y no por razones de raza y de historia, habrían de pretender el separatismo:

> ¿Y qué es, al fin, el Separatismo, en su último término, más que la independencia justa y lógica de este País, o sea el Nacionalismo? En sus fundamentos son diametralmente opuestos, pero en su finalidad (independencia) la misma cosa. ¡Muera, pues, el Nacionalismo, porque de su muerte surgirá el separatismo y, por consiguiente, el Nacionalismo!

Queda así pormenorizadamente trazado el plan nacionalista de moverse en el marco del ordenamiento legal español para mejor destruirlo. Asimismo, se marca la estrategia que desde entonces ha seguido el PNV de apoyo a cualquier regionalismo que aparezca en España para ir ablandando la resistencia de la sociedad española a las tensiones centrífugas que los nacionalistas han alimentado infatigablemente a lo largo de todo el siglo XX y que continúan incrementando sin ceder un ápice en su propósito disgregador.

La coordinación de acciones y coincidencia de objetivos de los tres principales nacionalismos, el vasco, el catalán y el gallego, ha sido permanente y vio su primera formalización en el pacto del 11 de septiembre de 1923 en Barcelona, bautizado como la Triple Alianza. La dictadura de Primo de Rivera lo sumió en la hibernación, pero volvió a surgir con el pacto de Santiago de Compostela, sellado el 25 de julio de 1933, que tomó su nombre, Galeuzka, del órgano que se formó para gestionarlo. La guerra civil y la larga dictadura que siguió enviaron a Galeuzka al desván a la espera de mejor ocasión. Su última versión es la Declaración de Barcelona, suscrita por PNV, CiU y BNG, en la que se declara obsoleta la Constitución de 1978, se reclama el derecho de autodeterminación y se rompe sin ambages con los entendimientos tácitos que habían posibilitado la Transición.

Lo que a mí siempre me ha llamado la atención en este drama interminable es la renuencia de los dos grandes partidos nacionales a ver la realidad en su despiadada crudeza y su persistencia en el autoengaño piadoso, como si mediante la técnica del disimulo ante la fiera pudiera evitar el ser devorado. Porque los nacionalistas son maestros del engaño y del disfraz y, en este sentido, son antológicas las reiteradas profesiones de voluntad de contribuir a la gobernabilidad de España de Jordi Pujol o los lacrimosos ofrecimientos de convivencia pacífica de Juan José Ibarretxe, que tanto gustan a no pocas almas cándidas y que a mí lo único que me despiertan son náuseas por el grado extremo de hipocresía que encierran. Pero, por otro lado, los nacionalistas tampoco se privan de vez en cuando de dar gusto al cuerpo y soltar lo que de verdad piensan y sienten. Así, Arzalluz en mayo de 1978, en plena Transición, declaraba: «Siguiendo la tradición de mi partido, soy independentista» y más recientemente, en febrero de 2003 le confesaba al periódico *Deia*: «Yo soy independentista. Ya en 1977 dijimos que nuestra meta era la no dependencia de España, la independencia en Europa. Pero mientras llegamos a eso, hay que establecer espacios de convivencia». Para comprender lo de los espacios de convivencia, no tienen más que pensar en el Pacto de Estella y en el Plan Ibarretxe.

En definitiva, que las cartas hace más de un siglo que están echadas y la partida sigue con avatares oscilantes, pero todavía no está perdida. Aunque, por desgracia, algunos jugadores no se enteran demasiado bien de los trucos del adversario y de la importancia de lo que se dirime. Al leer ayer que el portavoz del PSOE para asuntos territoriales y ministro de Justicia *in pectore*, Juan Fernando López Aguilar, ha anunciado que el próximo Gobierno va a estudiar con sumo interés la oferta de los nacionalistas de negociar un acuerdo de nuevo marco autonómico sobre la base de seis puntos: 1) reforma de los Estatutos de Autonomía; 2) reforma del Senado; 3) reforma de la Ley del Tribunal Constitucional; 4) reforma de la legislación básica del Estado; 5) revisión de las leyes que invaden competencias de las autonomías; y 6) participación de las comunidades autónomas en los Consejos Europeos, uno se teme lo peor.

Y termino con un inspirado párrafo de un artículo publicado por Txiqui Benegas el 28 de octubre de 2003, a los pocos días de la presentación pública del Plan Ibarretxe, sí, Txiqui Benegas, el mismo Txiqui Benegas que en 1977 enunciaba gozoso que «el poder emana de cada uno de nuestros pueblos». Escuchen al Benegas de veintiséis años más tarde, más trabajado por la vida y, por lo que se colige, algo más lúcido:

> El nacionalismo vasco, a través de sus actuales dirigentes, es capaz, primero, de apoderarse del esfuerzo que ha supuesto para los

demás construir un edificio en el que muchas de sus dependencias han sido diseñadas con generosidad expresamente para que pudieran sentirse cómodos en la España democrática para que después, al cabo del tiempo y al modo de los traidores, abandonen lo que parecía ser una conquista común.

Me alegro de culminar mi intervención con esta cita porque así pueden comprobar que el título coincide con la apreciación de un conspicuo socialista vasco que se ha dado cuenta, aunque con cierto retraso, de que, efectivamente, la relación de los nacionalistas con la Constitución de 1978 es la historia de una prolongada, contumaz, deliberada y artera traición.

(Conferencia pronunciada en el foro «Charlas en El Mundo», en Huelva, el 26 de marzo de 2004.)

DERECHA, IZQUIERDA
Y NACIÓN CONSTITUCIONAL

«Soy necesariamente hombre, pero no soy francés más que por casualidad.» Montesquieu.

«La identidad, pues, es una ficción que nos acabamos creyendo a base de representarla una y otra vez, como esos actores locos que se identifican masivamente con su personaje.» Juan José Millás.

Una transición incompleta

Se ha dicho, y es desgraciadamente verdad, que de los cinco contenciosos históricos que han desgarrado la sociedad española durante los últimos dos siglos, el de los desposeídos frente a los opulentos, el del poder civil frente al poder militar, el del laicismo frente a la confesionalidad, el de la República frente a la Monarquía, y el de la periferia frente al centro, tan sólo este último no ha sido pacificado y sigue ulcerado y sangrante. El gran pacto civil de la Transición encauzó sensatamente los cuatro primeros mediante fórmulas de equilibrio en las que las partes implicadas cedieron hasta encontrarse en un punto fijado por el esfuerzo por comprender al otro y la voluntad de preservar el bien general. No sucedió lo mismo en el ámbito de la distribución territorial del poder ni en la concepción de

España como Nación. En este asunto, de tanta trascendencia para nuestro éxito colectivo en el siglo que despunta, uno de los interlocutores se ha negado a ceder, ha sido insensible a todas las medidas adoptadas, que han sido muchas y muy significativas, para dar satisfacción a sus demandas y para comprender sus planteamientos, y ha persistido en su encono divisivo provocando el continuo desasosiego, cuando no el dolor profundo, del cuerpo social; ha desestabilizado, ha engañado, ha renegado primero solapada y después abiertamente del marco institucional y jurídico que nos alberga y que es garantía de nuestros derechos y libertades, no ha vacilado en ir de la mano de la peor escoria criminal con tal de avanzar en sus objetivos disolventes, y ha puesto y pone a prueba la paciencia de una sociedad que ha demostrado sobradamente su madurez y su entereza ante tanto desatino particularista.

Por eso ha llegado el momento de que la derecha y la izquierda españolas, la derecha y la izquierda moderadas, realistas, democráticas y razonables, representadas por el partido hoy en el Gobierno y por el que gobernó antes trece años, que cuentan con el respaldo de la inmensa mayoría de los votantes, definan conjunta, pública y solemnemente la idea de Nación constitucional y ciudadana que emana de nuestra vigente Ley de leyes, culminando de manera nítida y sólida el desarrollo del Estado autonómico en su arquitectura institucional, competencial, simbólica, presupuestaria y administrativa. Así todo el mundo sabría a qué atenerse y se acabaría con el clima de inseguridad y de zozobra derivado por una parte de la dureza de la permanente ofensiva nacionalista contra la cohesión nacional y por otra de las ocasionales vacilaciones y de la falta de coordinación de la respuesta de los dos grandes partidos, enredados con demasiada frecuencia en su enfebrecida rivalidad o en sus coyunturales agobios parlamentarios. Afortunadamente, la responsable actuación conjunta de las dos principales fuerzas en la preparación y tramitación de la Ley de Partidos, conducente a la ilegalización por la autoridad judicial del brazo institucional de ETA, permiten abrigar, por lo menos en el momento de la redacción de este ensayo, un esperanzado optimismo en relación a esta iniciativa inaplazable.

La contrición de la derecha y la ingenuidad de la izquierda

Ahora bien, una visión retrospectiva que abarque el último cuarto de siglo no puede dejar de constatar que la concepción de España como Nación de ciudadanos, como tarea y solar comunes inspirado por la tradición que arranca en Cádiz en 1812 y que sigue un hilo conductor trenzado por lo mejor y más saludable de la derecha y de la izquierda, la España anhelada por Larra, por Flórez Estrada, por Cánovas, por Sagasta, por los patriarcas de la *Renaxença*, por el segundo Menéndez y Pelayo, por Silvela, por Galdós, por Costa, por Mallada, por Maragall, por Ganivet, por Giner de los Ríos, por Cajal, por Maura, por Cambó, por Azaña, por Ortega, por Unamuno, por Prieto, por Besteiro, por Castro, por Madariaga, por Menéndez Pidal y tantos otros que harían la lista interminable, la España liberal, ilustrada, modernizadora, ecuánime, deseosa de paz y de progreso, ha ido perdiendo consistencia hasta extremos alarmantes y no es percibida todavía con suficiente claridad, salvo honrosas excepciones, como legado que se ha de revitalizar y actualizar. Tal como señaló penetrantemente en su día César Alonso de los Ríos, tanto la izquierda como la derecha democráticas cayeron a partir de los sesenta en la trampa de los nacionalistas de asimilar la idea de España al largo paréntesis de la dictadura, de identificar a la Nación con lo más negativo y oscuro de su historia, de confundir España con sus sombras ignorando sus luces, de aceptar con sumisión que España era justo aquello contra lo que habían luchado denodada y sucesivamente humanistas, erasmistas, ilustrados, liberales, regeneracionistas e institucionistas a lo largo de cinco siglos. España fue reducida sin ningún tipo de sensatez a la burda caricatura contenida en la célebre *Carta al general Franco* publicada por Arrabal en París en 1971. De manera irresponsable y suicida, la oposición al franquismo aceptó la falacia de los nacionalistas de que España era asimilable monocromáticamente a un lastre de autoritarismo, centralismo, intransigencia y atraso del que había que desprenderse. Esta mutilación de nuestro pasado se debió, en la derecha, a la mala conciencia, y, en la izquierda, al deseo de incorporar a las burguesías vasca y catalana al combate por la recuperación de la democracia. Se creyó, con notable miopía histórica, que todo lo que sirviera para debilitar a la dictadura era bueno y asumible, y que sumarse a las reivindicaciones nacionalistas equivalía a reconocer y respetar la pluralidad cultural y lingüística ahogada y reprimida por el franquismo. No se advirtió que en el loable afán por aglutinar esfuerzos contra un régimen inconmovible, y usando la expresión que Cervantes pone en boca del morisco Ricote en su conversación con Sancho Panza, España había despertado de nuevo «la sierpe en su seno».

Así, el agrio debate de la anterior legislatura sobre la reforma de la enseñanza de las Humanidades estuvo impregnado de este *cliché* abominable. La mera invocación de un pasado común o el señalar la conveniencia de que los niños canarios sepan dónde están el Ebro, el Tajo y el Guadalquivir suscitó airadas reacciones de protesta contra la ola de neofranquismo uniformizador que se nos venía encima. La equiparación automática, en un reflejo casi pauloviano, del concepto *España* con un ataque a la diversidad y con la imposición a las bravas de una homogeneidad jacobina costará mucho de erradicar y requerirá un trabajo arduo y paciente de explicación serena y argumentada de un bagaje cultural e histórico que es de todos, y sin cuyo conocimiento y análisis crítico es imposible saber dónde estamos ni adónde nos conviene ir.

Casi nadie está libre de esta culpa, sin duda consecuencia de las mejores intenciones en su origen, pero de la que, después de la Declaración de Barcelona, del Pacto de Estella, de la reciente resolución del Parlamento vasco sobre autogobierno y de la esclarecedora reacción de los nacionalistas vascos, catalanes y gallegos frente a la Ley de Partidos, ya es hora de redimirse sin complejos. Y cuando digo que fueron pocos los que no cayeron en las redes seductoras de los nacionalismos identitarios, me avalan episodios curiosos como el de que mi buen y admirado amigo Enrique Múgica se confesaba «socialista nacionalista» en 1962, que Jon Juaristi y Mario Onaindía habitaron en su temprana juventud en el vientre fétido del monstruo etarra, que el Partido Socialista incluía en su programa máximo en los setenta el principio de autodeterminación y que yo mismo milité en Unió Democrática de Catalunya durante seis meses en 1982 antes de salir despavorido cuando me percaté de qué iba el asunto.

Pero hoy ya nadie puede alegar ignorancia o persistir en la esperanza vana de que con buena voluntad al final los nacionalistas encontrarán su «encaje» en el Estado surgido de la Constitución de 1978. Me permito, a este respecto, disentir cordialmente de Juan José Laborda, que ha escrito no hace mucho que «no sólo hay que integrar a los nacionalismos, sino a los nacionalistas». Está sobradamente demostrado que los nacionalismos de corte identitario no son susceptibles de ser enrolados como tripulantes de la nave constitucional, por buena que sea la paga, por bonancible que sea la travesía, por preferente que sea el puesto que ocupen en el puente de mando y por próspero que sea el puerto de arribada. Otra cosa es que cada nacionalista, que al fin y al cabo nació dotado de un cerebro capaz de razonar, no pueda ser recuperado para la lucidez, pero la doctrina que le envenena no pertenece a la categoría del pensamiento reciclable. El carácter de su ideología abriga —como en el chiste del escorpión y la rana— la tendencia irrefrenable a morder cualquier mano que se les tienda leal y cordialmente, y su objetivo último, confesado de manera explícita a partir de la Declaración de Barcelona, del Pacto de Estella y del desafío de la Cámara vasca a la legalidad estatal, es la dinamitación del ordenamiento constitucional y la liquidación de España como Nación.

En este contexto, sorprende asistir a la persistencia del tópico de que España es inviable sin aquellos cuya meta es borrarla del mapa. Cuando se escuchó al anterior portavoz del Gobierno, al comentar la anulación por parte de un juez de lo contencioso de Tarragona de siete apartados del Reglamento de Usos Lingüísticos de la Universidad Rovira i Virgili en respuesta a un recurso presentado por Convivencia Cívica Catalana, que lo importante era «conservar el buen clima» de relación entre el Ejecutivo y Convergència i Unió sin que tan pío deseo fuese acompañado de la mínima señal de apoyo a los recurrentes, o al entonces presidente de la Comisión Política del PSOE, Manuel Chaves, manifestar su preocupación por una eventual reforma «unitarista» de la enseñanza de la historia de España, o al hoy secretario general del PSOE afirmar durante su campaña para alcanzar dicho puesto que su modelo de Estado era el federalismo asimétrico propuesto por Pasqual Maragall, o a la cúpula del Partido Popular de Cataluña declarar enfáticamente que «no les interesa entrar en polémicas de contenido nacionalista» y sí en debates sobre cuestiones reales como los horarios comerciales, o al alcalde de San Sebastián, Odón Elorza, justificar en su momento su dimisión de la Ejecutiva del Partido Socialista del País Vasco con el peregrino reproche a sus compañeros de dirección de esa época de que incurrían en «seguidismo» respecto al PP al exigir al PNV que rompiese su amigable relación con la sucursal política del terrorismo, cuando se ha asistido y aún se asiste en las palabras y en las acciones de algunos a tanto entreguismo, tanta defección, tanta comodidad y tanto cálculo cortoplacista, resulta difícil sustraerse a una angustiada desazón. Y que nadie nos venga con la monserga de que la realidad interna de los partidos es compleja. Una cosa es la complejidad y otra, por utilizar una expresión cortés, el despiste generalizado.

Los efectos inmoderados del nacionalismo moderado

Por duro que suene, el nacionalismo étnico-lingüístico es un tipo de movimiento político especialmente expuesto, por su propia naturaleza, a la tentación del recurso a la barbarie para imponer sus tesis. La España de nuestros días no es, para nuestra desdicha, una excepción, y ETA se ha cobrado en tres décadas cerca de un millar de vidas. Tomando la violencia como parámetro caracterizador, se ha consagrado una clasificación de los partidos nacionalistas españoles en dos categorías: nacionalistas moderados, alternativamente denominados democráticos, que renuncian de forma expresa a la utilización de métodos terroristas conformándose con entender el marco constitucional vigente como un simple paso hacia la autodeterminación secesionista de las supuestas «naciones» que dicen encarnar en exclusividad; y un nacionalismo violento, sistemáticamente entregado al asesinato, el secuestro, la extorsión y la guerrilla urbana, en el que se sitúan ETA y su instrumento social y político formado por Batasuna y su red de organizaciones satélite. Es interesante y revelador resaltar que, si bien las herramientas elegidas para su realización son distintas, el fundamento conceptual y doctrinal de las dos modalidades es idéntico: la supremacía del principio étnico-lingüístico como legitimador de la soberanía frente al principio racional-democrático. Por expresarlo mediante una fórmula sintética que ha hecho fortuna, los nacionalistas adjetivados «democráticos» son primero nacionalistas y después demócratas, los restantes partidos democráticos son primero demócratas y después la marca específica que les caracterice.

Dentro de este esquema, los nacionalismos moderados se benefician curiosamente de un plus de legitimidad proporcionado por la gratitud de los dos grandes partidos nacionales que parecen sentir de manera intermitente la pulsión de recompensar su conciliador detalle de abstenerse de poner bombas y limitarse constructivamente a negar la existencia de una cultura y una historia comunes, a eliminar por completo la lengua española del espacio oficial y público de Cataluña, a firmar acuerdos con bandas de asesinos, a reclamar o disfrutar la totalidad de los impuestos recaudados en su territorio, a señalar que en el caso de que Batasuna fuese ilegalizada seguirían manteniendo con ella «relaciones normales» y a procurar que la Ertzaintza llegue indefectiblemente tarde para impedir el vandalismo de la *kale borroka*. La virtuosa contención de no mancharse las manos de sangre, porque el moderno principio de la división del trabajo establece que mientras unos sacuden el árbol otros recogen las nueces, basta en apariencia para que se olviden o se obvien otros factores muy significativos que, aunque físicamente incruentos, son profundamente corrosivos y perturbadores.

La impermeabilización de grandes porciones del territorio nacional mediante intangibles barreras lingüísticas representa un obstáculo objetivo a la circulación de capital humano. Cuando las relaciones entre Administración y administrados o la educación se desarrollan bajo criterios de monolingüismo excluyente, sin que la lengua común asome por ninguna rendija, es innegable que se frenan muchas aportaciones valiosas de personas que, procedentes de otras partes de España, se desplazarían a las comunidades autónomas de signo nacionalista si en estas la presencia de dos lenguas fuese un elemento de enriquecimiento cultural vivido en libertad y no una anomalía que se debería erradicar. En sentido inverso, bastantes profesionales liberales, docentes, ejecutivos, empresarios, miembros de cuerpos de seguridad o funcionarios de los estratos superiores de la Administración periférica del Estado se marchan con sus familias en cuanto les surge la ocasión de estas zonas forzadamente monolingües, porque no desean para sus hijos una formación hemipléjica ni ver sus opciones de progreso personal asfixiadas por exigencias de un encorsetamiento cultural y lingüístico que les parece insoportable. En Cataluña, se ha estimado que la técnica pujolista de aplicación de la normalización lingüística ha ahuyentado a no menos de diez mil profesores a lo largo de las últimas dos décadas. Si la cooficialidad no se distorsionase hasta degenerar en opresión, sino que se ofreciese como un atractivo más en un clima de flexibilidad, pluralismo y tolerancia, la incorporación o la pertenencia a una sociedad bilingüe sería vivida por los ciudadanos como un estímulo y no generaría incomodidad ni rechazo.

Determinadas regulaciones autonómicas, combinadas con las obsesiones lingüísticas ya aludidas, están introduciendo incipientes pero preocupantes grietas en la unidad de mercado, con los consiguientes efectos inhibidores sobre el crecimiento y el empleo. Así lo han advertido instituciones empresariales y económicas de reconocida solvencia, levantando oleadas de indignación en las élites nacionalistas que, como la perversa madrastra de Blancanieves, soportan mal la sinceridad de los espejos.

La construcción de naciones cultural y lingüísticamente homogéneas a golpe de presupuesto y de diario oficial en contextos sociales heterogéneos conduce a la vulneración, más o menos sobrellevable según la capacidad de adaptación o de resignación de cada uno, de derechos y libertades individuales. Por muy perseguida que haya estado una lengua en el pasado, esta opresión pretérita no da patente de corso para impedir a las familias elegir como lengua de escolarización de sus hijos la que tienen como materna la mayoría de niños de una comunidad autónoma, sobre todo si se trata de un vehículo de comunicación de dimensión planetaria en expansión creciente.

Parece razonable que en Cataluña un ciudadano pueda obtener sin dificultad información oral o escrita de la Administración Local o Autonómica, bien sea en un Ayuntamiento, una Consejería, un examen de acceso a la Universidad, una dependencia policial o un hospital o una biblioteca públicos, en cualquiera de las dos lenguas oficiales. No es así. Sólo está disponible en una, y para conseguirla en la otra hay que solicitarlo expresamente con las correspondientes molestias y retrasos, en un flagrante acto discriminatorio que induce a muchas buenas gentes a sentirse amargamente extranjeras en su propio país.

¿Tiene sentido que una empresa privada, si desea suministrar bienes o servicios a la Administración de una comunidad con dos lenguas oficiales, se vea obligada a adoptar como lengua de trabajo en su material gráfico, rotulación, impresos, relación con el público y, no faltaría más, en su interacción con los despachos del poder, la lengua designada arbitrariamente como la única digna de existir?

La interpretación del concepto de *lengua propia* como lengua super-oficial carece de base jurídica y es una muestra de la impunidad con la que los nacionalistas cometen sus tropelías, sin ningún tipo de reacción efectiva de los dos grandes partidos nacionales, que asisten pasivamente al espectáculo sin atreverse a mover un dedo. Bastaría una acción legislativa conjunta al nivel apropiado para poner coto a tanto abuso y para que los ciudadanos viesen defendidos sus derechos constitucionales por aquellos que más obligados están a hacerlo. No sólo hay que movilizarse política y parlamentariamente contra el crimen organizado, sino que los obstáculos a las libertades civiles en el ámbito cultural también requieren un esfuerzo.

Es indispensable y urgente que tanto la derecha como la izquierda nacionales acometan una seria introspección crítica para esclarecer las causas de su recurrente conformismo ante los nacionalismos identitarios y de su frecuente incapacidad para colaborar sin complejos, salvo en circunstancias de dramática necesidad, en orden a fortalecer la Nación constitucional, solidaria y democrática frente a la fragmentación tribal. Además del vaciado de memoria histórica que el largo paréntesis franquista infligió a la izquierda hasta desconectarla de sus raíces más auténticas y fecundas y del exceso de contrición de la derecha durante la Transición, los dos grandes partidos nacionales han pasado por la mortificante experiencia de depender de los nacionalistas para gobernar y el escaldamiento sufrido, en vez de empujarles a un acuerdo entre ellos para evitar en el futuro más baños de agua hirviente, parece por el contrario que les encoge el ánimo. Se comportan en demasiadas situaciones como si los nacionalismos estuviesen envueltos en un aura mágica y Jordi Pujol y Xabier Arzalluz representasen de verdad las esencias primordiales e intemporales de las naciones más o menos quiméricas cuyo destino creen pilotar. Muchas de las respuestas de las cúpulas del Partido Popular y del Partido Socialista ante los desafíos y desplantes de los nacionalistas se han asemejado a las de un ecologista que no desea dañar una especie protegida en lugar de a la propia de defensores firmes, como justificadamente se reclaman, de la Constitución y sus valores. Sobre la escena política española planea, en efecto, el mito de que una derrota electoral de los nacionalistas vascos o catalanes en unos comicios autonómicos acarrearía horribles plagas y desgracias, y que los cielos, encolerizados por el sacrilegio, escupirían ceniza y fuego sobre las calles Ferraz y Génova. Pues bien, aunque nada de esto sucedería, este temor casi infantil produce efectos deletéreos como el resultado de las últimas elecciones autonómicas vascas, en las que una franja significativa de votantes sintió vértigo al percibir la posibilidad real de una alternativa limpia a la pesadilla totalitaria y sangrienta en la que viven inmersos. Al fin y al cabo, ya lo dejó escrito Bergamín antes de enloquecer: «El nacionalismo es el peor enemigo de la Nación». Las dos principales fuerzas políticas españolas se han de convencer de que es imposible salvar el Estado sacrificando la Nación. Lord Acton ya advirtió con inteligencia que un Estado étnicamente plural sin un vínculo nacional integrador de la diversidad sobre la base de principios cívicos y democráticos es un zombi errabundo sin norte ni futuro, un pecio abandonado al que cada embate de las olas particularistas le arranca una cuaderna.

Incompatibilidad entre nacionalismo identitario y democracia

A riesgo de incurrir en incorrección política, hemos de empezar a ser conscientes de que los nacionalismos de base identitaria son intrínsecamente ajenos a la democracia en sociedades étnica, lingüística o confesionalmente plurales. Porque la democracia no es sólo la regla de la mayoría, que sin duda es uno de sus elementos definitorios. Es, además, un conjunto de derechos y libertades fundamentales debidamente garantizados, el mantenimiento de un orden civil pacífico, el imperio de la ley y un sistema de ayuda y solidaridad que determine que el infortunio o el desvalimiento de un miembro cualquiera de la comunidad concierne a todos. Analizados bajo este prisma, los nacionalismos identitarios no resisten ni un minuto. Es imposible de todo punto la imposición de un único estereotipo cultural, étnico o lingüístico en una sociedad no homogénea sin coacción física, psicológica o normativa, y sin vulnerar en mayor o menor grado derechos y libertades de los individuos. El despedazamiento de un Estado democrático consolidado implica la quiebra de la solidaridad y la implantación de un egoísmo inaceptable en virtud del cual la parte que se segrega abandona a su suerte al resto. Y ni que decir tiene que la creación *ex novo* de un nuevo espacio de soberanía en contra de un porcentaje apreciable de la población depositaria de la soberanía anterior conduce sin remedio al conflicto abierto y a la fractura social. Además, si el marco jurídico-institucional preexistente es plenamente democrático, su ruptura comporta sin excepción una pérdida considerable de calidad en la convivencia. La evidencia empírica acumulada por la historia europea y española del siglo XX respalda de modo tan contundente todas estas afirmaciones que se comprende que un eminente científico social de filiación marxista como Eric Hobsbawm postulase que es imposible ser de izquierdas y nacionalista. Desde un ángulo distinto, pero apoyándose en los mismos argumentos, se puede asegurar que es asimismo una contradicción insuperable ser de centro reformista y nacionalista.

No es casualidad que tanto en el País Vasco como en Cataluña hayan surgido de manera espontánea plataformas cívicas transversales suprapartidistas como el Foro de Ermua, el Foro Babel, el Foro del Salvador, Basta Ya, la Fundación Libertad, Convivencia Cívica Catalana y otras, que reúnen a personas con diferentes militancias políticas o políticamente independientes que combaten codo con codo en defensa de los valores constitucionales y democráticos, suministran apoyo a aquellos ciudadanos que sufren las agresiones de los nacionalismos excluyentes, les plantean batalla en el campo de las ideas y actúan de acicate para los dos grandes partidos nacionales, a menudo remisos a presentar una oposición frontal y rotunda a los firmantes de la Declaración de Barcelona.

Es ilusorio pensar que un partido de ámbito nacional, por sólido y potente que sea y por fuertemente implantado que esté, puede por sí solo sostener unida a la Nación. Ni siquiera en régimen totalitario de partido único se ha conseguido, y véanse para muestra la antigua URSS y la extinta Yugoslavia. El actual portavoz socialista en el Senado, Juan José Laborda, pronunciaba el 10 de diciembre de 1992 las siguientes palabras: «La articulación del Estado necesita equilibrios y necesita también soportes políticos, entre los que está un partido que sea capaz de mantener la solidaridad entre los distintos territorios». Pues bien, la trabazón suministrada por un gran partido operando a lo largo y a lo ancho de la Nación y presente en cada pueblo y en cada ciudad ofrece desde luego un valioso instrumento de cohesión, pero no es suficiente. La Nación constitucional y democrática es un espíritu, una ambición, un conglomerado de afectos mutuos y de recuerdos y anhelos compartidos, una malla tupida de intereses interdependientes, un producto de la historia y, como tal, amasado por el azar y la violencia, una contingencia que sería tan insensato sacralizar como trivializar, un manto protector y un espacio de libertad y de justicia, un trampolín para saltar al resto del mundo y un refugio cuando llega la hora de la soledad o del fracaso. Pero sobre todo, y por encima de todo, ha de ser un ámbito, a la vez material e inmaterial, de integración en un nivel ético colectivo superior, de realización plena de los individuos como seres humanos y como ciudadanos, de resolución pacífica de los conflictos y de acceso a la civilización. Entre la Nación entendida como identidad, como contrato, como proyecto o como compromiso ético, es esta última la que debemos principalmente preservar, consolidar y perfeccionar sin descanso. Ella englobará a todas las demás, suavizará sus aristas, moderará sus excesos y encauzará sus energías. Cuando Azaña se proclamaba «español por los cuatro costados», cuando Cambó descubría que España «es más que un poder, es una sustancia», cuando Cernuda veía nuestro destino histórico como el de un pueblo «movido por imperativos de conciencia», hablaban de lo mismo, de la Nación que enaltece, integra y vivifica, de la que acomoda la pluralidad y la respeta, de la que no se define irracionalmente por la raza, la tierra, la sangre o la lengua, sino racionalmente por leyes justas, por instituciones respetadas, por la acción de hombres y mujeres que persiguen en libertad objetivos colectivos en aras de un bien general que perciben merecedor de esfuerzo y sacrificio. Esa es la Nación que la derecha y la izquierda democráticas han de impulsar al unísono porque sólo adquiere su razón de ser y su sentido cuando es de todos y todos la hacen y la sienten suya.

La superación definitiva de «el problema de España»

Para superar definitivamente lo que la Generación del 98 bautizó dramáticamente como «el problema de España» es preciso poner sin complejos en circulación una idea tan indispensable como incómoda. Y esa idea central, capital, casi hiriente en su ineludible certitud, es que la pervivencia de España como Nación cohesionada en torno a los valores consagrados por la Constitución de 1978 depende de manera crucial de que los dos grandes partidos nacionales, más allá y por encima de sus legítimos intereses electorales y políticos, más allá y por encima de sus naturales discrepancias ideológicas y programáticas sobre el modelo social y económico apropiado para un mundo globalizado y aceleradamente cambiante, más allá y por encima de sus diferentes perspectivas éticas y culturales, defiendan de manera conjunta y sin fisuras frente a la presión disgregadora de los nacionalismos étnico-lingüísticos un mismo y único concepto de Nación ilustrada, democrática, cívica, plural, solidaria, tolerante, pacífica, abierta y convivencial, capaz de articular la diversidad, de proponer tareas compartidas, de resolver en armonía los conflictos, de generar y consolidar una moral colectiva de afectos y ayudas mutuos, y de definir un horizonte común de libertad, igualdad, prosperidad y justicia.

Ahora bien, la consecución de este ambicioso propósito requiere que los dos primeros partidos renuncien a ciertas prácticas en las que han venido incurriendo reiteradamente en el pasado. Presentarse ante el electorado como la única organización capaz de garantizar la unidad nacional dejando entender, en consecuencia, que el adversario flaquea a la hora de cumplir este cometido, acusar al otro gran partido de hacer excesivas concesiones a los nacionalistas en detrimento del interés general cuando se ve forzado a gobernar con el apoyo de estos, y, sobre todo, establecer alianzas temporales con los nacionalistas para evitar la colaboración con la fuerza alternativa, son maniobras que la experiencia ha revelado peligrosamente debilitadoras del espíritu constitucional. A la luz de lo visto y oído desde la tregua-trampa en adelante, la persistencia en este tipo de comportamientos indicaría una considerable ceguera histórica y una imperdonable irresponsabilidad política. En este contexto, la reconvención del Partido Socialista al Partido Popular, tan de moda a partir del último Congreso del PSOE, por no tender puentes a los nacionalistas y por encastillarse en una gélida intransigencia, ilustra perfectamente la clase de mensajes que se han de abandonar. Hay que recordar que en el bienio

1996-97 los intentos de Aznar y su equipo para consolidar una relación estrecha y cordial con peneuvistas y convergentes alcanzó niveles casi imprudentes y poco acordes con la proverbial cautela del actual presidente del Gobierno, lo que indica hasta qué punto fueron sinceros y generosos. Tanto en el terreno competencial como en el cultural, el financiero e incluso, y de manera muy notoria, el personal, no se pudo llegar más lejos, salvo que se hubiese aceptado la completa desaparición de España como proyecto colectivo reconocible. Por supuesto, la decepción posterior ha sido proporcional a la magnitud de aquel empeño. Ha quedado, por tanto, ampliamente demostrado que el camino, en el que respetables figuras de la izquierda siguen insistiendo, de incrementar y potenciar los instrumentos descentralizadores y el autogobierno de las comunidades como bálsamo para templar la fiebre disgregadora de los nacionalistas, sólo conduce a mayor tensión y a la multiplicación de los focos de conflicto. Los nacionalistas, una vez conseguido determinado avance competencial, presupuestario o administrativo, se apresuran a utilizarlo como arma política contra la cohesión nacional. Abogar por una «institucionalización del disenso» o apelar a «las virtudes regenerativas de la discrepancia» frente a un oponente que está concentrado en hacer trizas la baraja suena a música celestial. La mejora y el completo desarrollo del proceso autonómico son sin duda necesarios para alcanzar un correcto y armonioso funcionamiento del Estado, pero el mantenimiento de la creencia de que a más autogobierno menos presión disgregadora aparece a estas alturas de la película como contumacia en el error y, en boca de personas demostradamente inteligentes, desprende un cierto tufillo a colaboracionismo.

François Mitterand, en su célebre discurso de despedida de la política y de la vida ante el Parlamento Europeo, sentenció inapelablemente que los nacionalismos identitarios y la paz son incompatibles. Las terribles lecciones proporcionadas por las dos guerras mundiales del siglo pasado han iluminado nuestros tiempos con su fuego devastador y han alumbrado el intento grandioso de limar los perfiles agresivos de los particularismos xenófobos valiéndose de dos mecanismos, uno de integración vertical ascendente —la Unión Europea es la realización más bien lograda en este campo— y otro paralelo de descentralización descendente —el Estado de las Autonomías español y la República Federal alemana representan dos casos de notable éxito al respecto—. Sin embargo, los micronacionalismos divisivos no descansan en su labor maníaca de negación de este esquema racional. Su permanente forcejeo para romper la unidad de los Estados democráticos que los albergan, demoliendo aviesamente un soporte crucial para la estabilidad del edificio europeo, con el fin de imponer con violencia la homogeneidad étnica, religiosa o cultural en las entidades políticas que controlan, reflejan su deseo de reproducir a una escala reducida y atomizada las patologías generales derivadas del nacionalismo esencialista de las que el mundo contemporáneo anhela curarse de forma global. Por consiguiente, es el concepto de *nación* entendida como la expresión de una identidad racial, religiosa o cultural no contaminada por impurezas el que hay que superar, como se superó el de la monarquía por derecho divino o el de la lucha de clases como motor de la historia.

A partir de aquí, el patriotismo constitucional, que acopla la libertad de los antiguos con la de los modernos porque emana del cumplimiento de la ley como garantía de esa libertad nueva y más completa, no puede ser un concepto, por utilizar los mismos adjetivos que Javier Aguado, «ligero y afable». Lejos de toda debilidad acomodaticia en su virtud orientadora de la vida en sociedad, el patriotismo constitucional ha de incorporarse a la conciencia de los ciudadanos como una pasión tranquila y firme redimida por la racionalidad de su origen. Una convicción serena y valerosa capaz de rescatar a los individuos de las garras de la idolatría identitaria y de ponerles a salvo de sus exigencias atroces. Cuando la gente se niega a sacrificarse o a morir por la patria constitucional, campa a sus anchas el fanatismo ansioso de torturar y matar en nombre de la nación étnica. El patriotismo constitucional transforma naciones ebrias de identidad en patrias ennoblecidas por el sentido cívico ayudándonos a recorrer la higiénica senda que va de la tribu a la *polis*. Sin embargo, no debemos olvidar que incluso la forma más sublime de ciudadanía no se crea *ex nihilo*, sino que opera sobre un material previo de tradiciones, paisajes, intereses, afectos, rencores, dioses, lenguas, gastronomías y memorias colectivas depositado en el fondo del destilador de la historia. Nuestros ilustrados del siglo XVIII consideraban lógico, a pesar de su adhesión a las Luces, asociar la religión católica a la condición de *cives* español. Bajo esta óptica, el patriotismo constitucional equivale a un proceso de incorporación de la selva a la civilización sin que esta pierda su exuberante diversidad y su deslumbrante colorido. El nacionalismo identitario, en cambio, se sumerge en las profundidades de la jungla gozando de su ciega crueldad depredadora. El corolario de este enfoque es que un patriotismo cívico vasco o catalán construido mediante el descuartizamiento de la Nación constitucional española a través de la invocación de una supuesta diferencia que sólo se puede manifestar en plenitud asfixiando la pluralidad interna de estas comunidades, nacería corrompido y no sobreviviría a la gravedad de la contradicción adherida a su cuna. En la política, como en las ciencias de la naturaleza, el tiempo apunta siempre hacia adelante y los intentos de violar el segundo principio de la termodinámica están condenados al fracaso.

La mejor aportación que España puede hacer al mundo en el siglo XXI es la consolidación de un patriotismo pluralista y civil liberado de las neurosis narcisistas del nacionalismo étnico-lingüístico. De la misma forma que supimos separar la Iglesia del Estado, la instancia militar de la civil, y la propiedad privada de la supervivencia, hemos de demostrar que es posible concebir una Nación desprovista de una identidad canónica, una Nación tejida de mestizajes culturales en la que la diversidad sea percibida como una riqueza y no como un problema. En el marco jurídico-político adecuado para organizar la convivencia en el seno de una Nación semejante, no cabe el afán divisivo de proyectos particularistas exacerbadores de diferencias irrelevantes. Por eso, cuando los firmantes de la Declaración de Barcelona proclaman su dificultad para asumir el histórico pacto de 1978 son excepcionalmente sinceros, pero no porque la vigente Constitución no sea compatible con el autogobierno de las entidades sub-estatales ni con la pluralidad cultural y lingüística que tanto y tan unidireccionalmente les preocupa, sino porque el nacionalismo introvertido y excluyente que ellos propugnan choca frontalmente con la plena realización en el ámbito de los territorios para los que exigen soberanía nacional de los valores éticos y las libertades democráticas consagradas en nuestra Carta Magna.

(Este texto fue publicado en la obra colectiva España: ¿cabemos todos?, *que coordinaron Tomás Fernández y Juan José Laborda.)*

LA GRAMÁTICA TOTALITARIA

La constitucionalidad de la Ley 1/98 de Política Lingüística del Parlamento de Cataluña

«Los oprimidos de ayer podrían ser los opresores de mañana.»
Desmond Tutu.

De la cooficialidad a la doble oficialidad

A la hora de examinar la constitucionalidad de la Ley 1/98 de Política Lingüística del Parlamento de Cataluña es imprescindible abordar el tema del multilingüismo en la Constitución española a la luz de dos principios: el de libertad de lengua y el de cooficialidad lingüística.

Estos dos principios han sido invocados con referencia a este asunto por el que probablemente sea el más reputado especialista español en derecho lingüístico, el profesor Jesús Prieto, según cuyo docto parecer el derecho de la lengua no puede entenderse en un Estado democrático de otra manera que aquella que ofrezca soluciones que garanticen el máximo de libertad y armonía en el ejercicio de los derechos lingüísticos de los ciudadanos. Aunque la Constitución española no menciona explícitamente la libertad de lenguas, sí consagra en su artículo primero como un valor central la libertad sin apellidos, por lo que resulta evidente que la de lenguas se ve así amparada, quedando asimismo comprendida en el ámbito de la libertad de expresión, expresamente protegida por la Norma suprema en su artículo 20. Y, por supuesto, de la libertad de lenguas penden la libertad de elección de la lengua vehicular de la enseñanza por parte de padres o tutores, de la usada en los procedimientos administrativos por parte de los ciudadanos y de la utilizada para transmitir información a los consumidores por parte de éstos.

En cuanto al segundo principio, el de cooficialidad lingüística, resulta obligado referirse al bloque constitucional en este dominio. El artículo 3 de la Constitución reza literalmente:

> 1.- El castellano es la lengua española oficial del Estado. Todos los españoles tienen el deber de conocerla y el derecho a usarla. 2.- Las demás lenguas españolas serán también oficiales en las respectivas comunidades autónomas de acuerdo con sus Estatutos. 3.- La riqueza de las modalidades lingüísticas de España es un patrimonio cultural que será objeto de especial respeto y protección.

Y el Estatuto de Autonomía de Cataluña dispone en su artículo 3 que:

> 1.- La lengua propia de Cataluña es el catalán. 2.- El idioma catalán es el oficial de Cataluña, así como también lo es el castellano, oficial en todo el Estado español. 3.- La Generalidad garantizará el uso normal y oficial de los dos idiomas, tomará las medidas necesarias para garantizar su conocimiento y creará las condiciones que permitan llegar a su igualdad plena en cuanto a los derechos y deberes de los ciudadanos de Cataluña.

Por tanto, el castellano, al ser lengua oficial en todo el Estado, irradia su oficialidad, tomando el término *Estado* en su acepción amplia tal como ha hecho el Tribunal Constitucional, tanto a la Administración General como a la Autonómica y Local. Al igual que el catalán, el castellano, como consecuencia derivada de su oficialidad, es lengua territorial en Cataluña, y, en justa correspondencia, también el catalán extiende la suya, consagrada por previsión estatutaria, a la Administración periférica del Estado. Así pues, existen en Cataluña dos lenguas territoriales, el castellano y el catalán, que son además las muy mayoritariamente habladas por las personas que habitan su territorio. Es decir, que el modelo constitucional, al que debe ajustarse fielmente el desarrollo autonómico, plasma una fórmula de oficialidad territorial simultánea o, en palabras otra vez del profesor Prieto, de bilingüismo oficial integral. De esta manera, la regulación establecida por el bloque constitucional hace corresponder biunívocamente las lenguas de los poderes públicos con la realidad sociolingüística de Cataluña. El principio de territorialidad y el de personalidad encajan en este caso felizmente, cosa que no sucede en otros contextos donde la multiplicidad de lenguas aconseja la adopción de una oficial de validez general en todo el país ajena a la mayoría de la población —el inglés en la India—, o la partición territorial de la oficialidad —francés y flamenco en Bélgica—. Cataluña es, en este aspecto, un ecosistema lingüístico privilegiado que ningún poder público debiera malograr.

Parece claro que el espíritu constitucional prima el principio de libertad de lengua sobre el de intervención pública, asignando a los ciudadanos el derecho de elección, de tal forma que la oficialidad no supone un título de intervención para que el poder político limite o coarte dicha libertad. Este concepto de *cooficialidad* tiene consecuencias jurídicas directas, ya que proscribe los excesos intervencionistas, y sienta en este ámbito los principios de igualdad, de proporcionalidad y de *favor libertatis*.

El problema, que se ha revelado sumamente grave, surge cuando se conectan los principios mencionados con el desarrollo normativo posterior a la Constitución y a los Estatutos de Autonomía. Así, la compaginación de los respectivos artículos 3 de la Ley de leyes y del Estatuto de Cataluña con el principio de igualdad reconocido en el artículo 14 de la Constitución ha resultado especialmente controvertida. Dicho artículo declara que «los españoles son iguales ante la ley, sin que pueda prevalecer discriminación alguna por razón de nacimiento, raza, sexo, religión, opinión o cualquier otra condición o circunstancia personal o social». Este precepto sin duda no prohíbe expresamente la discriminación por razón de lengua, lo que ha llevado a tratadistas y políticos nacionalistas, o a expertos en derecho público ansiosos de complacerles, y, *sensu contrario*, a partidarios de un unitarismo desmesurado, a justificar la desigualdad en esta materia. Así, sobre la base de que el artículo 3 de la Constitución señala el deber de todos los españoles de conocer el castellano, se ha defendido por algunos un plus de constitucionalidad añadida para la lengua común, proclamando la supremacía del castellano por encima de las demás lenguas de España oficiales en sus correspondientes comunidades autónomas. En el campo adversario, se propugna un desequilibrio a favor de las lenguas específicas de determinados territorios reclamados como «naciones», asimismo oficiales en ellos, por el hecho de ser lenguas «propias», concepto que presupone, de acuerdo con esta interpretación del contenido estatutario, una relación íntima, definitoria y cuasi mística entre lengua y solar patrio «nacional». Al ser la lengua propia elemento determinante de la identidad de los naturales de la reivindicada «nación», este carácter esencial justificaría a los ojos y las conciencias nacionalistas una posición de preferencia respecto de la lengua castellana, que sería vista como una lengua externa, extraña y opresora, introducida en el territorio por mecanismos administrativos o por movimientos migratorios violentadores de la auténtica realidad preexistente a tales agresiones. Desde esta perspectiva victimista e irredentista, el artículo 3.2 del Estatuto de Autonomía de Cataluña anteriormente reproducido declararía que el castellano es lengua oficial de Cataluña porque lo es del Estado, no porque sea lengua de Cataluña en sentido estricto. Esta tesis implica una concepción peligrosamente excluyente de una de las dos lenguas habladas por los ciudadanos de Cataluña: el catalán es nuestra lengua, claman los nacionalistas, mientras que el castellano es un cuerpo extraño, contaminador, introducido a la fuerza en nuestro paisaje cultural y sentimental, por lo que ha de recibir un trato social y una consideración jurídica distinta. Por todo ello, los nacionalistas impulsan incansablemente para Cataluña un sistema no de cooficialidad, tal como se indica con claridad en la Constitución y en el Estatuto, sino de doble oficialidad convertida en hiperoficialidad para el catalán, lo que implica que cualquier actuación de los poderes públicos en Cataluña deba ser realizada en la lengua propia y no en la lengua foránea. Los que se sitúan en esta posición afirman que el Estatuto de Autonomía de Cataluña permite regular, ordenar y modular las consecuencias jurídicas de la oficialidad del catalán o, más contundentemente enunciado, que la noción de lengua propia puede ser dotada de un contenido jurídico suficiente para que de las dos lenguas oficiales, una sea más oficial que la otra.

Es en esta «modulación de la oficialidad» donde los nacionalistas encuentran el arma potente que les facilita la legitimación de factores discriminatorios en el tratamiento que han de dar los poderes públicos a las dos lenguas oficiales de Cataluña y, como efecto inevitable, a los ciudadanos que las emplean. La modulación de la oficialidad de las lenguas ha ido variando en intensidad desde la aprobación de la Constitución y del Estatuto de Autonomía hasta el momento presente. El nivel de desequilibrio a favor del catalán de la Ley de Normalización Lingüística de 1983 era bastante más tolerable que el de la vigente Ley de Política Lingüística, y no en vano aquella, a diferencia de la actual, fue aprobada por unanimidad. En la Ley de 1983 no aparecía la obligación de conocer y usar el catalán por parte de los residentes en Cataluña, mientras que en el preámbulo de la ley vigente se postula que «la modificación y actualización de la Ley de 1983 han de permitir también consolidar el compromiso estatutario de llegar a la plena igualdad en lo que se refiere a los derechos y deberes lingüísticos y de forma especial los de conocer las dos lenguas oficiales y usarlas, cosa que supone que, de acuerdo con el marco estatutario vigente, los ciudadanos y ciudadanas de Cataluña deberán conocer la lengua catalana y la castellana y tendrán el derecho a usarlas».

Vemos, por consiguiente, que la modulación de la oficialidad deviene decisión sobre su contenido y se llega por este camino constitucionalmente intransitable a alterar por completo el sentido y la intención de la Constitución y del Estatuto de Autonomía, que no amparan el deber de conocer la lengua catalana ni mucho menos el de usarla, obligación esta última que la Carta Magna ni siquiera predica respecto de la lengua castellana, oficial en todo el Estado.

Estas tesis de los nacionalistas y de sus compañeros de viaje, que podrían aparecer bien fundamentadas en un análisis superficial, dimanan del error de justificar la discriminación en un precepto constitucional que pretende exactamente lo contrario. Se olvida que los españoles no pueden ser discriminados por razón de lengua, puesto que la relación pormenorizada en el artículo 14 de la Constitución —nacimiento, raza, sexo, religión, opinión— se cierra con una extensión omnicomprensiva: «cualquier otra condición y circunstancia personal o social», en la que queda lógicamente incluido el idioma. Además, las normas relativas a derechos y libertades fundamentales reconocidos y amparados por nuestra Constitución se han de interpretar de conformidad con lo preceptuado en la Declaración Universal de los Derechos Humanos de las Naciones Unidas, de la que conmemoramos su quincuagésimo aniversario, así como en los tratados y acuerdos internacionales sobre estas mismas materias ratificados por España. En este contexto, hay que recordar que la mencionada Declaración incluye de manera expresa en su artículo 2.1 la prohibición de discriminación por razón de lengua, que figura asimismo en otros muchos tratados suscritos por nuestro país. La modulación de la oficialidad de las lenguas en un territorio como el catalán debe ser marcada, en consecuencia, por el obligado tratamiento en pie de igualdad a todos los españoles que lo habitan. En conclusión, ni la letra ni el espíritu de la Constitución avalan la idea de que existe un idioma interno, propio del territorio —los árboles, las piedras y los ríos no hablan, que se sepa, salvo que el nacionalismo tenga una vertiente animista— y otro externo y ajeno al mismo, que está presente en el Principado por causas artificiales de tipo político o administrativo. Por el contrario, lo que el constituyente manifiestamente quiere, como ya se ha señalado, es el correcto acoplamiento de los principios de territorialidad y de personalidad, de manera que los españoles que residen en Cataluña, así como aquellos que se encuentren de forma ocasional en ella, reciban igual trato, de manera que las Administraciones Central, Autonómica y Local amparen y garanticen sus derechos y libertades fundamentales de igual forma. La dichosa normalización no puede en modo alguno legitimar el ventajismo jurídico a favor de la lengua normalizada.

Lengua oficial y lengua propia

La modulación de la oficialidad de las lenguas llevada a cabo por la Ley de Política Lingüística 1/98 del Parlamento de Cataluña se traduce en la atribución de efectos jurídicos extraordinarios al concepto de *lengua pro-*

pia y la paralela minusvaloración del concepto de *lengua oficial*. La Constitución sólo habla en su artículo 3 de lenguas oficiales, por lo que la supremacía jerárquica del concepto de *lengua propia* relegando a un segundo plano el de *lengua oficial* ha de ser considerada contraria a la Constitución. El catalán, al ser la lengua propia de Cataluña, se dice en el artículo 2 de la Ley de Política Lingüística, es la lengua de todas las instituciones y, en especial, de la Administración de la Generalidad, de la Administración Local, de las corporaciones públicas, de las empresas y servicios públicos, de los medios de comunicación institucionales, de la enseñanza y de la toponimia, y es la lengua preferentemente empleada por la Administración del Estado en Cataluña y, en general, por las empresas y entidades que ofrecen servicios al público. A estos efectos, el artículo 9 concreta que la Generalidad, las Administraciones Locales y las demás corporaciones públicas de Cataluña, los organismos y las empresas que de ellas dependen y los concesionarios de sus servicios han de emplear el catalán en sus actuaciones y en las relaciones entre ellas, y que este es el idioma que se utilizará normalmente en las comunicaciones y notificaciones dirigidas a personas físicas y jurídicas residentes en el ámbito lingüístico catalán. Por si quedase algún resquicio de duda, el artículo 10 establece que en los procedimientos administrativos de estas instituciones se ha de emplear el catalán. Esta regulación abrumadora degrada de forma notable el estatus público de la lengua castellana, lo que es palpablemente contrario al principio de libertad de lengua y al de igualdad, ya que pesa sobre los ciudadanos castellanohablantes, y sólo sobre ellos, la carga de solicitar expresamente y en toda ocasión la información que requieran en lengua castellana, con las consiguientes molestias, retrasos, y, por qué no decirlo sin ambages, humillaciones.

El concepto de *lengua oficial* queda reducido en manos nacionalistas a una apelación hueca jurídicamente debilitada mediante el manejo artero del artículo determinado. En efecto, el artículo 3 de la Ley dice «El catalán es la lengua oficial de Cataluña, así como también lo es el castellano». Este fatídico «*la*» transporta consigo el carácter excluyente de la norma respecto del castellano, con lo que se demuestra que incluso la gramática puede ser manipulada con fines totalitarios. Para los nacionalistas, la lengua oficial de Cataluña es el catalán, es decir, el catalán no sólo es lengua de los poderes públicos sino también de los ciudadanos, quieran o no, en todas las esferas de su actividad. Sigue el artículo 3: «El catalán y el castellano, como lenguas oficiales, pueden ser utilizadas indistintamente por los ciudadanos y ciudadanas en todas las actividades públicas y privadas sin discriminación». La diglosia a favor del catalán queda así servida. El poder de todos los géneros, político, administrativo, financiero, empresarial, cultural y profesional, deberá expresarse exclusivamente en catalán, y los ciudadanos castellanohablantes *pueden* —si insisten— emplearlo en sus relaciones públicas y privadas en el espacio cada vez más estrecho que les deja el cerco lingüístico nacionalista.

Porque, ¿qué significa concretamente que una lengua tenga carácter de oficial? La Constitución no lo explicita, pero sí lo hizo el Tribunal Constitucional en sentencia de 26 de junio de 1986 al resolver un recurso de inconstitucionalidad interpuesto por el Gobierno de la Nación —eran tiempos de gozosa mayoría absoluta en las Cortes Generales— contra la Ley de Normalización del euskera, sentando transparente doctrina:

> Según el artículo 3.1 de la Constitución, el castellano es la lengua oficial del Estado, y entendiéndose obviamente aquí por *Estado* el conjunto de los poderes públicos españoles, con inclusión de los autonómicos y locales, resulta que el castellano es lengua oficial de todos los poderes públicos y en todo el territorio español. Aunque la Constitución no define sino que da por supuesto lo que sea una lengua oficial, la regulación que hace de la materia permite afirmar que es oficial una lengua, independientemente de su realidad y peso como fenómeno social, cuando es reconocida por los poderes públicos como medio normal de comunicación en y entre ellos y en su relación con los sujetos privados con plena validez y efectos jurídicos (...). Ello implica que el castellano es medio de comunicación normal de los poderes públicos y ante ellos en el conjunto del Estado español.

La redacción de la Ley de Política Lingüística 1/98 implica una exclusión no ya *de facto*, que se venía dando contumazmente por parte de CiU y del PSC (¿PSOE?), sino *de iure*, de la lengua castellana de las Administraciones catalanas, lo que supone una flagrante violación del régimen de cooficialidad que tanto la Constitución como el Estatuto de Autonomía predican para Cataluña. Es interesante poner de manifiesto que el Tribunal Constitucional en su citada sentencia de 26 de junio de 1986 declaró inconstitucional un precepto similar a los contenidos en la ley catalana vigente, exactamente el artículo 8.3 de la Ley de Normalización vasca, en el que se establecía lo siguiente: «Los poderes públicos podrán hacer uso exclusivo del euskera para el ámbito de la Administración Local, cuando en razón de la determinación sociolingüística del municipio no se perjudiquen los intereses de los ciudadanos». O sea, que de utilización exclusiva de la lengua oficial propia por los poderes públicos con exclusión de la oficial común a todos los españoles, según el Tribunal Constitucional, nada de nada.

La lógica nacionalista: un sistema educativo monolingüe para una sociedad bilingüe

El Gobierno nacionalista implantó en 1992 por la vía de los hechos consumados mediante los Decretos 75, 94, 95, 96 y 154, la inmersión lingüística generalizada y obligatoria en la enseñanza básica y el método de atención individualizada como forma de dar satisfacción al derecho de los padres o tutores a elegir la lengua de escolarización de sus hijos en la primera enseñanza. La Ley 1/98 eleva el rango normativo de estas prácticas totalitarias, cumpliendo así un objetivo largamente acariciado por el nacionalismo doctrinario. La simple comparación de una serie de preceptos de la Ley de Normalización de 1983 con la norma actualmente en vigor nos da la clave del alcance de los cambios introducidos. De nuevo los artículos determinados juegan un papel decisivo.

> Artículo 14.1 (Ley 7/83): «El catalán, como lengua propia de Cataluña, lo es también de la enseñanza en todos los niveles educativos».

> Artículo 20.1 (Ley 1/98): «El catalán, como lengua propia de Cataluña, lo es también de la enseñanza en todos los niveles y *modalidades* educativos».

Artículo 20 (Ley 7/83): «Los centros de enseñanza deben hacer de la lengua catalana vehículo de expresión normal, tanto en las actividades internas, incluyendo las de carácter administrativo, como en las de proyección externa».

Artículo 20.2 (Ley 1/98): «Los centros de enseñanza *de cualquier grado* deben hacer del catalán el vehículo de expresión normal en sus actividades *docentes* y administrativas, tanto las internas como las externas».

Artículo 14.3 (Ley 7/83): «La lengua catalana y la lengua castellana deben ser enseñadas obligatoriamente en todos los niveles y los grados de la enseñanza no universitaria».

Artículo 21.1 (Ley 1/98): «El catalán debe utilizarse normalmente como lengua *vehicular y de aprendizaje* en la enseñanza no universitaria».

Artículo 14.5 (Ley 7/83): «La Administración debe tomar las medidas convenientes para que los alumnos no sean separados en centros distintos por razones de lengua».

Artículo 21.5 (Ley 1/98): «El alumnado no debe ser separado en centros *ni en grupos de clase distintos* por razón de su lengua habitual».

En el preámbulo de la Ley de Política Lingüística se declara que en lo que a la enseñanza se refiere «la ley garantiza a toda la población el pleno conocimiento de las dos lenguas y a su vez que el alumnado no sea separado ni discriminado en grupos diferentes, manteniendo el sistema de conjunción lingüística aplicado al amparo de la Ley de 1983». Cristaliza así el gran engaño urdido por la clase política nacionalista convergente y socialista —distintas siglas con los mismos collares— en torno a la sentencia del Tribunal Constitucional de 23 de diciembre de 1994 que, en respuesta a una consulta del Tribunal Supremo, declaró constitucionales algunos artículos sospechosos de la Ley del 83. De acuerdo con la impúdica interpretación nacionalista de la sentencia en cuestión, el Tribunal Constitucional habría declarado conformes a la Carta Magna la inmersión generalizada y obligatoria en catalán y el método de atención individualizada. Nada más lejos de la verdad. Lo que el alto Tribunal consideró constitucional fue el modelo educativo en el que los padres o, en su caso, los propios alumnos, no ven reconocido en los niveles posteriores a la primera enseñanza el derecho a elegir la lengua de escolarización, a diferencia del sistema que se aplica, sin ir más lejos, en el País Vasco o en la Comunidad Valenciana. El supremo intérprete de la Constitución dejó claro, en cualquier caso, que en el modelo de conjunción lingüística o de bilingüismo compartido así aceptado, el catalán y el castellano no han de ser sólo materia de estudio, como si de lenguas extranjeras se tratase, sino utilizados como lenguas docentes en todos los niveles educativos —lenguas en las que se imparte la docencia—. El Tribunal añadió que si bien es legítimo que el catalán, en atención al objetivo normalizador, pueda ser temporalmente el centro de gravedad de este modelo de enseñanza bilingüe, ello no significará en absoluto que el castellano se vea excluido como lengua docente, de forma que su conocimiento y uso quede garantizado en el territorio de la comunidad autónoma.

Pese a ello, la Ley 1/98, asumiendo una lectura sesgada y torticera de la doctrina constitucional, impone el catalán como única lengua de enseñanza en todos los niveles y modalidades educativos, obligando a utilizarlo *normalmente* en todas las actividades escolares. Si, además, está proscrito separar a los alumnos por centros o por aulas en un mismo centro, se cierra el círculo asfixiante del monolingüismo sin escapatoria posible. La inconstitucionalidad es manifiesta. El castellano, a tenor de la Ley 1/98, no puede ser lengua de enseñanza en ningún centro docente de Cataluña, público, privado concertado o estrictamente privado, puesto que el catalán es la única lengua docente en virtud del *diktat* nacionalista. Y que no se esgrima como argumento concluyente que la ley de marras fue aprobada por una amplia mayoría parlamentaria. La democracia no es sólo la aplicación ciega de la regla de la mayoría, sino también, y muy esencialmente, el respeto a las minorías. Aunque el poder se haya obtenido de forma democrática, no todas las formas de ejercerlo una vez conseguido lo son.

El objetivo innegablemente loable de que todos los jóvenes de Cataluña alcancen un correcto dominio de las dos lenguas oficiales al término de la enseñanza obligatoria es asimismo realizable con un método de auténtico bilingüismo en el que ambos idiomas sean vehiculares del aprendizaje. De hecho, esta es la situación en numerosas sociedades plurilingües y el modelo pujolista emerge como una singularidad siniestra que debiera avergonzar a sus artífices si les quedara un resto de decoro. Es necesario que aparezca con toda claridad la evidencia de que el Tribunal Constitucional no ha declarado constitucional ni la inmersión generalizada y obligatoria ni la atención individualizada, y que estas prácticas pedagógica y éticamente perversas vulneran el espíritu de la Constitución y de los Tratados internacionales suscritos por el Estado español sobre minorías nacionales y sobre derechos de los niños. No es extraño, a la luz de lo expuesto, que en el informe del Comité para la Eliminación de la Discriminación Racial de las Naciones Unidas correspondiente a 1996 se observara con preocupación que a los niños de habla castellana en Cataluña les podía resultar difícil recibir la educación en su lengua materna.

De igual manera se ha de entender contraria a la Constitución la exclusión del castellano como lengua administrativa de relación externa e interna de los centros escolares, sobre todo cuando al no distinguir entre privados y públicos se incurriría en atropello de las libertades de lengua y de empresa.

Una sociedad lingüísticamente cerrada

El preámbulo de la Ley de Política Lingüística anuncia seráficamente medidas de fomento y estímulo del uso social de la lengua catalana, que serían absolutamente legítimas si aquella se ciñese a tan benéfico fin, pero por desgracia el articulado de la norma excede con mucho este propósito para agredir sin contemplaciones el núcleo básico de la libertad de lengua inherente a la libertad de expresión.

En el capítulo socioeconómico resulta oportuno evocar la moderada «presión ambiental» ridiculizada por Juan Marsé en su novela *El amante bilingüe* cuando uno de sus personajes, charnego en fase de reconversión forzosa, llama a la Dirección General de Política Lingüística y comunica lo siguiente:

> Soy Juan Tena Amores. Vivo en Hospitalet y soy del ramo del comercio. Tengo un pequeño negocio de accesorios y mi problema es el siguiente: en los cristales del escaparate de mi tienda tengo pintados algunos rótulos en castellano y esos gamberros de la Crida me los ensucian con *spray* cada dos por tres, en vista de lo cual he decidido poner los rótulos en catalán.

Para que después determinados malintencionados centralistas se nieguen a admitir que el nacionalismo pujolista no es de lo más integrador.

Pues bien, a partir de la aprobación de la Ley 1/98, ya no será necesario el *spray* con el consiguiente alivio para la capa de ozono. La señalización y los carteles de información general de carácter fijo en los centros de trabajo y los documentos de oferta de servicios para consumidores y usuarios de establecimientos abiertos al público han de ser redactados al menos en catalán, o lo que es lo mismo, pueden ser redactados exclusivamente en esta lengua. La excusa de tan normalizadora medida es la protección de los derechos lingüísticos de los usuarios, consumidores y trabajadores. Pero esa justificación tendría su razón de ser, aplicada como medida de fomento, si el legislador nacionalista hubiera obedecido el mandato del artículo 51 de la Constitución, que obliga a los poderes públicos a garantizar la defensa de los consumidores y usuarios protegiendo mediante procedimientos eficaces la seguridad, la salud y los legítimos intereses económicos de los mismos. Y un procedimiento realmente eficaz hubiera sido que las obligaciones antes mencionadas se exigieran en las dos lenguas oficiales, pero la Ley de Política Lingüística sólo las prescribe para consumidores y usuarios catalanohablantes en una curiosa restricción de su afán tutelador de la seguridad, la información y la salud de los seis millones llamados a aglutinarse en *un sol poble*.

En el inteligente mundo pujolista, el que rotule su bar como «Casa Pepe» será un réprobo fuera de la ley, pero el que lo transforme, previa subvención estimuladora, en «Can Pep» pasará a ser un ciudadano ejemplar. Estas son las consecuencias, y no las más graves, de fundamentar la estabilidad gubernamental en la burla a la Constitución.

Las empresas públicas, las empresas de servicios públicos y las empresas concertadas o receptoras de ayudas de la Administración ya saben que su supervivencia en Cataluña no va a depender solamente de si realizan el transporte con puntualidad o de si la recogida de basuras se efectúa con limpieza y diligencia. Todo eso es secundario. Lo relevante es que las facturas que extiendan, los registros de entrada y salida del personal, la señalización o los avisos por megafonía se hagan, al menos, en catalán. Es la discriminación positiva a favor de una lengua oprimida y en peligro de extinción, que mortifica con su supervivencia, que, dicho sea de paso, no está amenazada en absoluto, a todo ser humano viviente discriminándolo negativamente. Los cheques «al menos» en catalán, la publicidad institucional «de manera general» en catalán, y ninguna preocupación por el equilibrio lingüístico o por la cooficialidad.

Estos preceptos relativos al «fomento» del uso social del catalán, como ya apuntó certeramente el profesor Francesc de Carreras en su voto particular anexo al Dictamen del Consell Consultiu de la Generalitat emitido antes de la aprobación de la Ley 1/98, pueden ser contrarios a la libertad entendida como libre desarrollo de la personalidad, garantizado por el artículo 10.1 de la Constitución, y a la libertad de empresa, protegida por su artículo 38.

El palo y la zanahoria

¿Cómo llevar dulce y amorosamente a los ciudadanos de Cataluña hacia el uso exclusivo y excluyente del catalán en todas las actividades de su vida pública y profesional? La respuesta es sencilla: haciendo cada día más gravoso el uso del castellano. Los redactores de la Ley 1/98 lo han entendido a la perfección. La Generalidad queda facultada para conceder bonificaciones y exenciones fiscales por los actos e iniciativas conducentes a la normalización y fomento del uso de la lengua catalana y, en justiciera compensación, se prevé la imposición de sanciones a aquellos que incumplan la normativa lingüística.

Nada que objetar al fomento de la lengua catalana, siempre que dicho fomento sea respetuoso con la libre competencia y no contravenga el régimen de ayudas establecido en el Tratado de la Unión Europea. Obviamente, se vulnerará el principio de cooficialidad si, por poner un ejemplo muy pedestre, resulta más barato escriturar una compraventa en catalán que en castellano.

Ahora bien, lo que es contrario a la Constitución y al sentido común es sancionar a individuos o a personas jurídicas privadas por utilizar el castellano, cuando la Norma Suprema reconoce sin cortapisas el derecho a usarlo. Jordi Pujol pasará a la historia, entre otros motivos, por haber conseguido transformar el Estado español en el único del planeta en el que la utilización de su lengua oficial sin proferir palabra soez alguna pueda ser castigada con una multa. Este es el tipo de medidas racionales que Jordi Pujol contempla como fruto de una «relectura enriquecedora» de la Constitución. Si esto es lo que tenemos antes de empezar la relectura, estremece imaginar lo que se avecina. Las sanciones, o las «garantías de cumplimiento» como las llama la ley con delicado eufemismo, se dice que no serán aplicadas a los ciudadanos. Este fue uno de los gloriosos logros de Narcís Serra en las arduas negociaciones del texto definitivo de la norma, tras el cual se supone que quedó descansado y listo para nuevas hazañas federalistas, mientras Jordi Pujol todavía se está riendo. Porque, ¿qué son los miles de trabajadores autónomos, empresarios individuales, propietarios de pequeños negocios familiares, profesionales liberales o funcionarios de las diferentes Administraciones? ¿Pierden su condición cívica al entrar en su despacho, en su comercio o en su taller? ¿Quién les pagará la multa por indisciplina lingüística? ¿Narcís Serra, quizá? Cuando emitan una factura en castellano, rotulen su establecimiento en castellano o se desvíen de las cuotas lingüísticas radiofónicas, ¿quién les protegerá de las iras del conseller de Cultura?, ¿la izquierda progresista y transformadora?

Pobres ciudadanos de Cataluña atrapados por la pinza bonificación-sanción, oscilando entre el palo de la multa y la zanahoria de la subvención, neuróticos lingüísticos a la espera de que la llamada a su puerta en la madrugada ya no sea el lechero sino la Policía lingüística que viene a verificar los rótulos de la oficina y el membrete del papel de carta, sumergidos sin remisión en el absurdo en aras de la gobernabilidad.

La impotencia del Estado democrático

La historia de la gestación de la Ley 1/98 de Política Lingüística del Parlamento de Cataluña, ese monumento al intervencionismo totalitario, es una historia triste. La sumisión de todo el arco parlamentario catalán a la hegemonía nacionalista aceptando sentarse en una Ponencia conjunta sin advertir que la mera escenificación de la búsqueda de un consenso fue ya la primera gran victoria del pujolismo, la traición a su electorado y a su condición de organización integrada en un gran partido nacional del PSC, el colaboracionismo servil de la figura más representativa de las federaciones de Casas Regionales, la pusilanimidad egoísta de gran parte de la sociedad civil, configuraron un cuadro patético que produjo rubor y frustración en cualquier ciudadano de Cataluña comprometido con los valores constitucionales y con la concepción civil, racional e ilustrada de *nación*.

La renuncia a presentar recurso de inconstitucionalidad por parte del Gobierno de la Nación y de sus grupos parlamentarios en el Congreso y en el Senado, prisioneros de su precariedad parlamentaria, dejaron un único camino abierto a los sectores sociales defensores de los derechos y libertades fundamentales de los catalanes: la petición al defensor del Pueblo. Pero también esta vía fue cegada con impúdico desprecio a la independencia que debe presidir la ejecutoria de este órgano constitucional, último refugio de los ciudadanos objeto de abusos por el poder político. La aciaga decisión final del defensor sobre la petición de presentación de recurso de inconstitucionalidad que le fue formulada por un grupo de entidades cívicas catalanas y la resolución que emitió al respecto quedarán como uno de los episodios más decepcionantes y patéticos de nuestra democracia surgida del gran pacto civil de 1978.

El fallo sucesivo de todos los mecanismos de protección de las libertades previstos en nuestro ordenamiento en un caso cegadoramente claro de inconstitucionalidad, fallo causado por la despiadada ignorancia de las reglas no escritas de la democracia, cuya validez es indispensable para que las escritas sean mínimamente operativas, dejó a la intemperie una realidad dolorosa e indisimulable: una Constitución que admite interpretaciones moldeables a golpe de coyuntura electoral o de aprobación de ejercicio presupuestario de aspectos esenciales que afectan directamente a su más profundo sustrato ético, sin que existan resortes de seguridad que el apetito de poder o la voluntad disgregadora no puedan desactivar sin un coste disuasorio, es una Constitución que requiere una seria revisión, pero no precisamente en la dirección que aquellos que sólo sueñan en dinamitarla intentan imponer mediante la intriga, el engaño y la violencia.

(Conferencia pronunciada dentro del Seminario «Lenguas, Política y Derecho» organizado por el Instituto de Derechos Humanos Bartolomé de las Casas en la Universidad Carlos III de Madrid, el 5 de noviembre de 1998.)

EL DESARROLLO DEL ESTADO AUTONÓMICO

Un problema constitucional, político y ético

La organización territorial del Estado y la distribución del poder político, administrativo y financiero entre los diferentes niveles central, regional y local representa un motivo permanente de debate público en muchos países, alcanzando en algunos de ellos cotas de gran virulencia. Cuando a esta espinosa cuestión se superponen conflictos étnicos, lingüísticos o religiosos debidamente explotados y exacerbados por fuerzas políticas nacionalistas de carácter secesionista, las tensiones centrífugas pueden degenerar en violencia terrorista o desbordarse en enfrentamientos civiles generalizados de inusitada barbarie. Incluso cuando la confrontación es pacífica, el coste en división del cuerpo social, abusos contra minorías, alteración de la marcha normal de la economía e incertidumbre sobre el futuro suele ser muy alto. España y Canadá, con historias, culturas y estructuras sociológicas muy distintas, se ofrecen como interesantes casos de estudio de este tipo de situaciones. No en vano Quebec es lugar de peregrinación obligado para cualquier líder separatista europeo que aspire a construir una nueva «nación» desgajándola de un Estado «opresor». Las reiteradas visitas del presidente de la Generalitat de Cataluña, el Muy Honorable Señor Jordi Pujol, a este fascinante territorio no se han producido por casualidad y si ninguna de ellas ha tenido la resonante celebridad de la realizada en 1967 por el general De Gaulle, les puedo asegurar que no ha sido por falta de ganas de su protagonista. La mía, mucho más modesta, tiene la intención de proporcionarles un punto de vista también catalán, aunque ligeramente discrepante de la visión del señor Pujol, como sin duda advertirán ustedes a lo largo de mi exposición. Pero, como dice el refrán español, en la variedad está el gusto.

Me propongo analizar muy sucintamente el desarrollo del Estado de las Autonomías diseñado por la Ley de leyes española de 1978 desde una triple perspectiva constitucional, política y ética, porque soy de los que creen que la mayoría de los fracasos colectivos derivan de errores en las concepciones morales en las que se fundamenta la convivencia.

Una Constitución resignadamente imprecisa

La Constitución española de 1978 se propuso con gran optimismo armonizar la heterogeneidad cultural, lingüística e histórica del país con la unidad nacional, de tal manera que el reparto del poder político entre la Administración Central y las comunidades autónomas fuese un factor definitorio de la democracia recuperada después de cuarenta años de régimen autoritario. Ahora bien, la necesidad de poner de acuerdo posiciones y tradiciones muy distintas en lo referente a la «idea de España» —la corriente centralista de origen liberal, las tesis federalistas de filiación socialista y las reivindicaciones soberanistas de los nacionalismos periféricos— alumbró un texto técnicamente defectuoso, con lagunas evidentes y notorias inconsistencias, que, sin embargo, y quizá por eso, al dejar a todos parcialmente insatisfechos, nos ha proporcionado a los españoles dos décadas de apreciable estabilidad institucional y política y de aceptable progreso social y económico.

La principal deficiencia de la Constitución española en lo que a la organización territorial del Estado se refiere estriba en la configuración de un proceso de culminación prácticamente imposible, lo que ha venido en llamarse una construcción «eternamente abierta» o una «desconstitucionalización de la estructura del Estado». Y eso es así por varias y poderosas razones.

La primera deriva del redactado contradictorio y confuso de varios artículos clave en el Título VIII, el dedicado precisamente a las autonomías. Así, cuando el artículo segundo habla de *nacionalidades* y *regiones*, no las define, ni dice cuáles son unas y cuáles son otras, ni precisa sus rasgos distintivos en términos institucionales y jurídicos. De hecho, no vuelven a ser mencionadas en todo el texto de la Carta Magna, lo que es asombroso, como si el constituyente hubiese querido soltar rápidamente y para siempre esa patata caliente. La introducción de dos clases de entidades sub-estatales sin extraer de ellas ninguna consecuencia es realmente una originalidad de los padres de la Norma suprema española. En estos momentos hay siete comunidades que se autoproclaman «nacionalidades» en sus Estatutos, Cataluña, Galicia, el País Vasco, Andalucía, Valencia, Aragón y Canarias, cuatro que se reconocen «regiones históricas» y las seis restantes que no recurren a ninguno de los dos vocablos y se mantienen en el limbo terminológico.

En cualquier caso, todo el mundo intuye que ser «nacionalidad», como si estuviésemos ante un conjuro mágico, ofrece más prestigio, más ventajas, más recursos y mayor poder político. En otras palabras, que en la escala social autonómica, las «nacionalidades» pueden mirar a las «regiones» por encima del hombro. En consecuencia, las comunidades que se consideran nacionalidades verdaderas se irritan al ver que otras se arrogan tal categoría; las que hasta ahora no eran así denominadas, pero se creen con títulos para ello, se apresuran a subirse al carro nacionalitario rezumantes de emulación y de legítimas ansias de promoción, y las que no se lo habían planteado empiezan a sospechar que están perdiendo un tren que, aunque no se sabe muy bien adónde va, algo tendrá cuando tantos viajeros lo quieren coger.

Otros tres preceptos constitucionales notables en este contexto son los 148, 149 y 150, que detallan de manera pormenorizada, si bien de forma algo caótica, las competencias «exclusivas» del Estado central y las que las comunidades autónomas «podrán» asumir. Después de haber consumido ¡cincuenta y cuatro! epígrafes detallando con laboriosa minuciosidad lo que estará a cargo del poder central y lo que corresponderá al poder regional, la Constitución española enuncia alegremente en el artículo 150.2, para estupor del lector ingenuo, un método general que permite alterar los catálogos de atribuciones tan prolijamente fijados. Esta cabriola normativa ha sido una fuente permanente de confusión de la que los nacionalistas no han dejado de beber con ansia para desesperación de los doctos magistrados del Tribunal Constitucional, que se han visto obligados a trabajar a destajo resolviendo numerosos conflictos de competencias.

La segunda razón se halla en el hábil aprovechamiento de estas imprecisiones por parte de los partidos nacionalistas hegemónicos en Cataluña y en el País Vasco, que se han empecinado en dejar inconcluso el edificio del Estado para tener siempre a punto la reivindicación competencial, el agravio comparativo y el victimismo electoralista.

Y la tercera emana de la foralidad. La Constitución, que lanza al aire los conceptos de *nacionalidad* y de *región* para olvidarse de ellos a continuación, distingue en cambio nítidamente en función de criterios históricos entre dos clases de autonomías, y ahí sí dice cuáles y quiénes. El régimen foral derivado de «derechos históricos» se atribuye en exclusividad a Navarra y al País Vasco, correspondiendo a las demás comunidades el conocido como régimen común. El carácter foral implica relevantes contenidos en la extensión e intensidad del autogobierno, especialmente en el campo de la fiscalidad. Pero el derecho a igualarse es tan constitucional como el derecho a diferenciarse y, por consiguiente, el nacionalismo catalán mira hacia adelante al régimen foral mientras controla por el retrovisor que las demás autonomías de régimen común no lo alcancen. Las autonomías de régimen común vigilan por su parte que Cataluña no se destaque en demasía a la cabeza del pelotón, y el resultado es una creciente centrifugación tributaria y una transferencia incesante de competencias que no va siempre acompañada del correspondiente adelgazamiento del aparato administrativo central, es decir, un Estado cada vez más caro, más complejo y más confuso, y un clima imparable de sospechas, reproches y recelos entre las diversas y variadas piezas del mosaico español.

Si a semejantes desafíos a la lógica se añade la circunstancia de que el artículo 138.2 proscribe enfáticamente que las diferencias entre Estatutos autonómicos signifiquen privilegios económicos o sociales, y se tiene en cuenta que en Navarra, por ejemplo, las herencias de padres a hijos están exentas de tributación mientras que en el resto de España los impuestos sobre este tipo de transmisiones son considerables, el desconcierto de un estudioso foráneo es más que comprensible.

En efecto, la Constitución española parece en ocasiones próxima a descoyuntarse sometida a la atracción simultánea hacia la uniformidad igualatoria de todos los territorios integrantes del Estado por una parte y hacia la innegable y marcada diversidad de los mismos por otra. La solemne declaración de igualdad de los españoles ante la ley del artículo 14, que prohíbe cualquier discriminación por razón de sexo, raza, religión, opinión o «cualquier otra condición o circunstancia personal o social» no siempre es de fácil encaje con los acusados hechos diferenciales culturales o lingüísticos, dificultad que sospecho sonará familiar a oídos quebequeses.

Los constituyentes fueron hasta tal punto conscientes de esta incómoda disyuntiva, que decidieron soslayarla y confiar en que el «principio dispositivo» la iría resolviendo a medida que los Estatutos de Autonomía rodasen y el Tribunal Constitucional fuese sentando doctrina. En realidad, creyeron que la generalización del proceso autonómico, a pesar de que la Constitución establece dos caminos de acceso al autogobierno, uno rápido y otro lento —como si de entrada se admitiese la distinción entre comunidades adultas y bisoñas—, acabaría limando diferencias competenciales y que los techos del autogobierno se igualarían, comunidades forales aparte, en el largo plazo. En gran parte, esta previsión se ha cumplido con gran irritación de los nacionalistas catalanes, y todas las comunidades autónomas de régimen común tienen hoy Asambleas legislativas, sólo atribuidas de entrada a las de «vía rápida», y sus competencias, excepción hecha de la sanidad y del orden público y, obviamente, de las derivadas de la existencia de una lengua propia cooficial con el castellano, son prácticamente equiparables. La idea, que vista a la luz de veinte años de experiencia autonómica se ha revelado conmovedoramente ingenua, de que las obsesiones particularistas obedecían a una fiebre inicial que remitiría una vez el sistema se consolidase, pecó de un exceso de voluntarismo. Pensar que la voracidad nacionalista se puede colmar con concesiones, por generosas que sean, y que la astuta táctica de la dilución, lo que se conoció enseguida popularmente como el «café para todos», apaciguaría la agresividad disgregadora de los particularismos, es no conocer la dinámica profunda de su doctrina que, como la música, se alimenta de deseos que ella misma nunca llega a satisfacer por completo.

En cuanto al otro polo de esta difícilmente evitable dicotomía, la heterogeneidad de la composición territorial de España, no sólo no ha sido un pasajero pecadillo de juventud de la democracia recuperada, tal como ya hemos señalado, sino que se ha consagrado como un rasgo esencial del sistema, y así lo ha reconocido el Tribunal Constitucional en su jurisprudencia. Se trata, además, de una heterogeneidad de imposible cuantificación y de ardua conversión en instrumentos jurídicos formales. Para empezar, son singulares las tres comunidades, Cataluña, País Vasco y Galicia, que dispusieron de Estatuto de Autonomía —o casi, en el caso gallego— durante la Segunda República. Las tres cuentan, asimismo, con una lengua propia que coexiste con la castellana común. Pero Baleares y Valencia también son bilingües y, para mayor complicación, el Estatuto de las Islas llama a su lengua autóctona ¡catalán!, a la vez que el Estatuto de la Comunidad Valenciana denomina a la suya valenciano, lo que parece lleno de buen sentido si no fuera porque sus vecinos nacionalistas septentrionales reclaman apasionadamente la unidad de la lengua en los que ellos apelan pomposa e imperialmente Países Catalanes, con gran cólera de la mayoría de los valencianos. No acaban aquí las delicias de la diversidad. Canarias es, además de insular como las Baleares, ultraperiférica, y mantiene una relación especial con la Unión Europea; Navarra y el País Vasco disfrutan de un régimen foral especial; Asturias, Cantabria, La Rioja y Murcia son uniprovinciales; Madrid es la comunidad que tiene por capital a la del Estado, y así podríamos ir listando elementos distintivos.

Por supuesto, un director de orquesta sigue siendo necesario por plural, numerosa y abigarrada que sea la tropa que se sienta detrás de los atriles, sobre todo si hay que garantizar la solidaridad fiscal, el reparto racional de los recursos naturales, la defensa nacional, la persecución del crimen organizado, el respeto a los derechos y libertades fundamentales, la movilidad sin trabas por toda la geografía patria y la unidad de mercado. No dejaría de ser una rara paradoja que en paralelo a la construcción de un inmenso espacio europeo —digo inmenso porque es de extensión comparable a la de Canadá— de libre circulación de personas, bienes, capitales y servicios, fragmentáramos España con barreras interiores de índole lingüística o administrativa.

La Constitución española de 1978 es un intento loable y no completamente conseguido de acomodar la pluralidad sin menoscabo de la unidad, de conjugar heterogeneidad y cohesión mediante una fórmula confusamente seráfica. Durante veinte años, mal que bien, ha funcionado. Pero las nubes oscuras se acumulan en el horizonte y el sordo fragor del trueno, progresivamente más cercano, puede que sea —ojalá— el anuncio de la tormenta purificadora tras la cual llegue la definitiva calma, aunque la prudencia más elemental aconseja tomar las medidas preventivas adecuadas por si irrumpe el huracán.

El todo sometido a la parte

Dejando el frío ámbito jurídico para entrar en los ardientes vericuetos de la política, no hay más remedio que reconocer que el problema del encaje de los nacionalismos en el Estado autonómico español es de naturaleza estructural y, por consiguiente, de solución extremadamente complicada. ¿Por qué es estructural este problema? La razón es tan simple como desesperante. Porque la existencia de partidos políticos nacionalistas hegemónicos en sus comunidades con capacidad decisoria en las Cortes Generales y dotados, en consecuencia, de una influencia casi omnímoda sobre el Gobierno central minoritario de turno, determina que la parte, parcial por esencia en su percepción del entorno y en la formulación de sus intereses, pueda condicionar sin paliativos al todo. La conciliación de los planteamientos y de los objetivos de España en su conjunto con los de aquellos que niegan su realidad y hasta su misma existencia en función de otras realidades, que consideran auténticas e incompatibles con la global, deviene una continua y fatigosa frustración. Si además esta conciliación ha de intentarse desde la fragilidad parlamentaria, la frustración puede llegar a ser una incesante mortificación, tal como tuvo ocasión de experimentar el Partido Socialista entre 1993 y 1996 y el Partido Popular experimenta en la actualidad, aunque, eso sí, poniendo al mal tiempo buena cara.

Más allá de cuestiones específicas, como la puesta a punto de un sistema de financiación autonómica que sea a la vez justo y solidario, o qué Administración debe gestionar los puertos de interés general o las pensiones de jubilación, o cuál ha de ser la lengua vehicular de la enseñanza básica en las comunidades bilingües, puntos todos ellos técnicamente interesantes y socialmente polémicos, quisiera poner de relieve ante ustedes el que entiendo es el fondo conceptual del principal problema político de mi país en este fin de siglo, a saber, cuál es la idea de España que de forma gradual estamos forjando o dejando que nos forjen, y si esa idea se corresponde con nuestra realidad histórica, social, cultural y afectiva, si se ajusta a lo que sienten, necesitan y quieren la gran mayoría de españoles.

Para ello, permítanme plantear un interrogante que estimo crucial en el tema que nos ocupa: ¿cuál es el verdadero alcance de los pactos de gobernabilidad e investidura suscritos entre los partidos nacionalistas y el gran partido nacional que corresponda, el Partido Socialista en su día y hoy el Partido Popular? ¿Estamos ante acuerdos de legislatura, necesaria e intrínsecamente coyunturales y episódicos, para desarrollar un programa concreto de acciones de Gobierno en los terrenos económico, social, administrativo y autonómico, con unos contenidos precisos y bien delimitados en el tiempo, y compatibles con los respectivos sustratos doctrinales, o nos encontramos ante algo más profundo, sustancial e irreversible, ante una modificación estructural de nuestra concepción multisecular de España como Nación, pero una modificación implícita, tan sutil, lenta e inadvertida como implacable que, centímetro a centímetro, mediante subrepticios y pequeños pasos oblicuos, nos conduzca sin remisión a una España distinta y no deseada, con otro cuerpo y otra alma, de rostro desconocido y de porvenir incierto?

Si los pactos afectan solamente a la praxis sin alterar los principios ni socavar los pilares ideológicos de los que se convienen, si están construidos sobre los puntos de coincidencia dentro del estricto marco de la Constitución y de los Estatutos de Autonomía, nos encontramos en una situación de lo más corriente en el mundo occidental democrático, sin otros inconvenientes o ventajas, sin otras contrariedades o satisfacciones, que las derivadas del respeto a lo acordado y del éxito de la gestión del Gobierno.

Ahora bien, la visión y la instrumentalización de los pactos en función de los objetivos finales de las dos partes contratantes, Partido Popular o Partido Socialista por un lado, partidos nacionalistas por otro, ¿es simétrica?, ¿o lo que para unos es, sincera y lealmente, un acuerdo para proporcionar estabilidad, confianza, prosperidad y eficacia a la sociedad española, es para otros una herramienta catalizadora de una metamorfosis tan gradual como imparable de la propia naturaleza de España, de su imagen interiorizada de sí misma y de su proyección ante el mundo?

Miremos de frente este dilema, esa bifurcación ante la que España ha sido colocada por los nacionalismos segregadores, porque al mirarlo estaremos contemplando a otros muchos países con desgarros internos similares y no creo equivocarme al intuir que ese relato obligadamente esquemático y a trazos gruesos que les estoy haciendo sobre el problema nacionalista en España no les parece aquí en Quebec algo excesivamente exótico.

Existen en estos momentos sobre la arena política española dos conceptos de España, ambos legítimos pero no ambos constitucionales ni ambos inocuos. Uno de los dos, por muy respetable y pacífico que sea, es incompatible con la Constitución, tenía hasta ayer defensores vesánicamente violentos, y representa riesgos no triviales de evolución incierta.

¿Cuáles son estos dos conceptos de España que se disputan la adhesión de los españoles, uno con acomplejada y tímida sordina y el otro con ruidosa y descarada desenvoltura?

Uno es el de la España Nación plural, es decir, proyecto común, sustancia espiritual común, lengua común, matriz cultural común e historia común, y todo ello compatible con la pluralidad cultural y lingüística, pluralidad que se traduce desde el punto de vista político, jurídico, administrativo e institucional en el Estado de las Autonomías, un invento inequívocamente español, que no es ni el Estado regional italiano, ni el Estado descentralizado francés, ni el Estado federal norteamericano, ni la unión de reinos británica, ni la confederación helvética, ni el Bund alemán, un Estado en el que el poder político se reparte entre el Gobierno central y entes sub-estatales autónomos con amplias competencias bajo los principios de solidaridad, lealtad, generalidad e igualdad, igualdad que por supuesto no es sinónimo de uniformidad ni tampoco, curiosamente, de simetría. Esta es la España que está en el ideario del Partido Popular y del Partido Socialista, en sus ponencias congresuales, y en la mente y el corazón de la gran mayoría de españoles, por encima y más allá de su adscripción partidista o de su etiqueta ideológica.

El otro concepto, el de los nacionalistas, es el de una España agregado de naciones yuxtapuestas, una España confederal bajo el vínculo tenue, simbólico y estratosférico de la Corona, una España en la que cada una de las partes que la integran exige y obtiene soberanía plena y se autodetermina por su lado, y todas ellas comparten y cogobiernan en régimen de condominio los restos del Estado común. Una España que uno de nuestros más prestigiosos expertos en Derecho Administrativo ha comparado ingeniosamente a una comunidad de propietarios de un inmueble dividido en propiedad horizontal cuyo cargo de presidente fuese hereditario.

La Nación plural frente al Estado plurinacional, la vigencia de España frente a su negación, la percepción de España como rotunda realidad histórica frente a su rebajamiento a mero artificio, la pervivencia de España como polo centrípeto frente a su volatilización en fragmentos centrífugos. Los dos caminos se abren ante nosotros, los españoles, y no se pueden tomar a la vez, ni hay una tercera senda. Son dos concepciones contrarias y no congruentes. Entraremos en el siglo XXI con la una o con la otra y nuestras posibilidades de presencia y de acción en Europa y en el mundo serán muy distintas con la otra o con la una. Estamos obligados a elegir consciente y colectivamente porque, si no lo hacemos, los acontecimientos y su inercia poderosa elegirán por nosotros, y no es difícil adivinar en qué dirección nos arrastrarán.

Ustedes se encaran el próximo domingo a una cita trascendental para el futuro de Quebec y el de Canadá. Les deseo muy sinceramente, y también interesadamente, que el dictamen de las urnas sea el mejor posible para su país porque vivimos en un planeta globalizado donde los problemas y las soluciones, los errores y los aciertos, se propagan de forma instantánea y Quebec es un espejo en el que muchas sociedades plurilingües, multiétnicas o multiconfesionales aquejadas por fracturas internas nacidas de su complejidad se contemplan expectantes. Desde luego, en España en general y en Cataluña en particular, se espera con enorme interés el resultado de sus elecciones. No sé si les servirá de consuelo, pero sepan que en lo referente a sus preocupaciones sobre la búsqueda de una relación estable e integrada entre Quebec y el conjunto de Canadá, no están ustedes solos. Muchos millones de personas en Europa, demócratas, racionales y civilizados como ustedes, se identifican con sus inquietudes y les desean un Quebec en el que la libertad sea disfrutada por igual por todos y cada uno de sus ciudadanos en el seno de una gran Nación canadiense próspera y unida.

Identidad y libertad

Y después de estas consideraciones de orden jurídico y político, quisiera trazar unos breves apuntes sobre las dificultades éticas subyacentes al nacionalismo étnico-lingüístico que campa por determinadas regiones españolas. Este género de nacionalismo descansa sobre la idea letal de que las cosas no son importantes o triviales por sí mismas, por sus contenidos intrínsecos, su virtualidad o su oportunidad, sino por el mero hecho de ser «nuestras», y que esta condición posesiva e identificatoria las redime de entrada de cualquier posible maldad o inconveniencia. Este enfoque reduccionista rebaja a los individuos a esclavos de estereotipos colectivos en los que se reconocen y se afirman obsesivamente, perdiendo su capacidad crítica y transformándose en materia dúctil y desechable, vulnerable a las más burdas maniobras de demagogos desaprensivos. No hay espectáculo más lamentable y descorazonador que el ofrecido por aquellas personas que actúan política y socialmente prisioneras de una identidad totalizadora que otros les han forjado para manejarlos con mayor facilidad. Nunca se harán esfuerzos suficientes para combatir esta lacra de las sociedades contemporáneas, cuya extensión y virulencia en sus diversas modalidades étnicas, religiosas y culturales constituyen el factor de más alto riesgo para la estabilidad, la paz y la prosperidad de los seres humanos en esta etapa de la historia.

En este contexto destacan dos axiomas que han de ser examinados con una lupa especialmente potente. El primero es el que presenta a las naciones como esencias permanentes, surgidas del fondo de los tiempos e impregnadas de una trascendencia espiritual que dota a sus integrantes de verdadera personalidad y de valor moral. El segundo es el que postula que el derecho de un grupo humano para decidir mediante referendo si desea adquirir soberanía política, fragmentando un Estado previamente existente, es un imperativo ético-político indiscutible, cuya negación implica una vulneración grave de un requisito democrático básico.

Me limitaré a tratar telegráficamente el segundo aserto porque en un país donde hay muchos y bulliciosos *hooligans* del plebiscito secesionista me parece un gesto de cortesía indispensable, y si además tenemos presente que nos encontramos en plena campaña electoral, a la cortesía se añade el sentido de la oportunidad.

Al examinar el pomposamente denominado «derecho de autodeterminación de los pueblos» a través del prisma ético se tropieza de inmediato con dificultades muy severas. La primera radica en la definición del sujeto del derecho en cuestión. ¿Quién o qué se autodetermina? Existe un inconveniente doble, de orden moral y de orden operativo. En el terreno ético, si las naciones entendidas en su acepción étnico-lingüística carecen de relevancia moral, y sí la tienen las naciones interpretadas como proyectos colectivos libremente asumidos de tareas compartidas y de garantía de derechos y libertades, cualquier intento de fragmentar un Estado democrático e históricamente robusto habrá de ser observado con extraordinaria reserva. En el terreno práctico, no se conoce ningún método objetivo e inequívoco de delimitar el espacio físico en el que celebrar la consulta para conocer la voluntad popular de independencia política.

En principio, cualquier grupo debería poder aspirar a organizarse políticamente de manera autónoma. Un barrio, una ciudad, una comarca, una isla, un colegio profesional, un campus universitario o un gremio estarían facultados para reivindicar su derecho a autodeterminarse. Naturalmente, todos nos damos cuenta de que este planteamiento nos conduciría a un caos irrealizable. Pero, si esto es así, ¿por qué las «naciones» o los «pueblos» reclaman ese derecho? ¿Con qué títulos éticos?

La conciencia nacional es una contingencia histórica. Los vascos en 1880 se sentían en bloque españoles, y un siglo más tarde este sentimiento ha dejado de ser unánime y ofrece una compleja gradación. Además, muchos de los rasgos definidores de las naciones étnicamente concebidas o son éticamente irrelevantes o son mitos creados *ad hoc* por nacionalistas dogmáticos. Las migraciones masivas o las guerras han alterado en el pasado de forma en ocasiones irreversible la composición étnica, religiosa o lingüística de las colectividades asentadas en un territorio. La pregunta sobre los títulos éticos de las naciones definidas primordialmente sobre bases étnicas o lingüísticas carece de respuesta dentro del campo de la racionalidad.

La acotación del territorio cuyos habitantes son llamados a pronunciarse sobre un hipotético plebiscito de autodeterminación no puede ser resuelta democráticamente porque el marco condiciona el resultado. La fijación del *demos* es un requisito previo indispensable para la democracia. Si las condiciones de contorno necesarias para el ejercicio democrático de la autodeterminación no pueden ser establecidas democráticamente, se cierra el bucle lógico y es mejor dejar las cosas como están. En cualquier caso, el contrato fundante es un mito de los filósofos que jamás ha sucedido en la realidad. Ningún Estado-Nación se ha originado en un proceso angélicamente pacífico y rezumante de *fair-play*. Después del esfuerzo y la inversión en tiempo, padecimientos y recursos materiales y humanos para alcanzar la configuración de Estados-Nación aceptablemente democráticos, estables y civilizados como Canadá o España, volver a provocar una ebullición de partos dolorosos en cada rincón, donde un grupo de nacionalistas ansiosos de «mandarse a sí mismos» lo exijan valiéndose de la coacción psicológica, la agitación o el crimen organizado, se aproxima más a la dejación de responsabilidades que a la democracia.

La autodeterminación de un país o de un pueblo puede ser entendida como la llevada a cabo en su conjunto por la abstracción étnica o lingüísticamente homogénea que los nacionalistas llaman «nación» o como una decisión democrática a partir de la autonomía de cada uno de los individuos que la componen, sea cual sea el color de su piel o su código de comunicación materno. No hay equivalencia entre ambas concepciones. Un pueblo es independiente cuando no está sometido a las leyes de otro pueblo, aunque esta independencia no garantiza para nada que sus propias normas sean justas, aceptables y democráticamente elaboradas. En un Estado políticamente soberano sus ciudadanos pueden estar terriblemente oprimidos y, en cambio, un país carente de independencia puede pertenecer a un Estado impecablemente democrático, con lo que sus habitantes gozan en el plano individual de todas las libertades y derechos. Este sería el caso de Cataluña y el País Vasco en la España actual y, no hay que decirlo, el caso de Quebec en Canadá.

La autonomía y la dignidad de las personas que viven en el seno de un Estado democrático no sólo no requieren la independencia de trozos del territorio estatal, sino que tienen todo que temer de la ignición de una bomba social y política presumiblemente tan destructiva. Detrás del *glamour* de la autodeterminación está el moderno culto a la diosa Diversidad. Estamos obligados, se nos dice, a respetar las culturas históricas diferenciadas, por pequeño que sea su ámbito geográfico o demográfico de implantación. En las declaraciones y acuerdos internacionales sobre autodeterminación, se pone el énfasis en el derecho de las distintas identidades culturales a existir y a ser preservadas. Ahora bien, si como es frecuente, varias identidades culturales coexisten en un mismo territorio y todas desean desarrollarse a la vez de manera excluyente inspiradas por la arrasadora idea de que constituyen una esencia nacional que necesita de manera imperativa la soberanía política, el resultado es sin excepción un enfrentamiento interno en el que el triunfo de la identidad cultural propia pasa por la aniquilación despiadada de las demás. La experiencia histórica muestra abrumadoramente que los procesos de autodeterminación política en zonas de estas características suelen degenerar en la violación flagrante de los derechos fundamentales de los individuos que son, al final, el único bien real que se ha de defender.

He vivido desde mi nacimiento y estoy dedicado a la política activa desde hace una década en un país, mi país, Cataluña, que ha sufrido a lo largo de todo este siglo la tensión nacionalista de uno u otro signo alimentada por fuerzas políticas, sociales y culturales exacerbadoras de la diferencia, incitadoras de la separación y hostigadoras de un imaginario enemigo exterior. Esta larga experiencia ha arraigado en mí la convicción de que hemos de concentrar nuestro mejor y más constante esfuerzo en poner a punto un patriotismo civil posnacionalista, un nacionalismo laico y positivo de raíz ilustrada, cosmopolita y racional, que trabaje por mejorar la calidad institucional de los Estados democráticos consolidados por la historia con la atención puesta en los individuos que los integran, en la elevación de su altura ética y de su autonomía personal en todos los órdenes. Un patriotismo constitucional y cívico, que cobije distintas razas, lenguas y creencias bajo su manto democrático y civilizador en una pacífica armonía. El tipo de patriotismo que ustedes han atesorado en Quebec y en todo el Canadá a lo largo de su historia y que, lo digo francamente, espero que salga victorioso el próximo domingo.

(Conferencia pronunciada en la Universidad de Quebec
el 26 de noviembre de 1998.)

¿POSTNACIONALISMO EN LA UNIÓN EUROPEA?

UNA CIUDADANÍA EUROPEA POSTNACIONAL

En este breve ensayo intentaré dibujar un apunte de una cuestión que ha sido objeto de considerable atención por parte de los estudiosos de la ciencia política a lo largo de la última década y sobre la que existe ya abundante literatura especializada. Sin embargo, ante la inminencia y la profundidad de los cambios en la naturaleza y la estructura de la Unión Europea que se están gestando, resulta crucial que este tema alcance la calle y despierte plenamente la atención e incluso la inquietud de los europeos. Me refiero a la aparición y progresiva consolidación de una ciudadanía de la Unión, una ciudadanía jurídica, política y social que sea lo más trans-nacional y lo menos supra-nacional posible, y que se sustente eventualmente en una hasta ahora inédita identidad colectiva europea.

El concepto moderno de *ciudadanía* ha evolucionado a lo largo de la historia para, partiendo de una plataforma de derechos y libertades individuales restringida a una parte de la población, ir acogiendo progresivamente bajo su amparo a la totalidad de la misma, introduciendo a la vez la exigencia de participación en la marcha de los asuntos de la comunidad y un componente de solidaridad mediante obligaciones redistributivas. Asimismo, esta trayectoria inclusiva y extensiva ha sido distinta en los diferentes países, aunque algunos clichés simplistas como el que atribuye a la idea francesa de ciudadanía un carácter universalista y a la alemana una marcada tendencia primordialista no responden a la complejidad de los procesos que transformaron a los europeos de súbditos en ciudadanos en un largo período que se extiende desde finales del siglo XVIII hasta los años inmediatamente posteriores a la Segunda Guerra Mundial. De hecho, tal como ha demostrado Bernhard Giesen, en todos los países de Occidente podemos detectar elementos primordialistas, tradicionalistas y universalistas en las diversas y frecuentemente convulsas elaboraciones de sus formas específicas de ciudadanía. Además, las circunstancias en que se produjo el alumbramiento de cada visión nacional de la categoría de ciudadano fueron muy variadas. En la Alemania de 1870 existía una única cultura fragmentada en un mosaico de pequeños Estados y la apelación a los recuerdos, símbolos y tradiciones comunes era obligada para aglutinarlos en una entidad política unificadora de nuevo cuño, mientras que en la Francia de 1789 la revolución se produjo en un gran Estado multisecular en una época anterior al descubrimiento romántico del espíritu ancestral del *Volk* y con la mirada puesta en el porvenir. Hoy la definición de *ciudadano* como individuo perteneciente a un Estado soberano, que le garantiza una amplia panoplia de derechos civiles, le llama a participar en el diseño y gestión de las políticas públicas y le presta ayuda en el desvalimiento, la vejez, el desempleo, la ignorancia o la enfermedad, es ampliamente aceptada en todo el orbe civilizado. Sin embargo, la asociación, más o menos explícita, de la condición de ciudadano a la pertenencia a una colectividad étnico-lingüístico-cultural homogénea que proporciona cohesión al cuerpo social ha suscitado y sigue suscitando graves problemas en cuanto a la inclusión o la exclusión de los inmigrantes y aviva recurrentemente movimientos separatistas protagonizados por minorías «nacionales» en el seno de los Estados democráticos.

Los europeos debemos plantearnos, tras medio siglo de creciente integración y a las puertas de una ampliación territorial y demográfica de proporciones gigantescas, una serie de interrogantes que ya no podemos eludir por más tiempo, a saber:

- ¿Es posible y deseable la construcción de una ciudadanía de dimensión europea que atraviese las fronteras de los Estados-Miembros y nos suministre un catálogo de derechos y libertades, unos cauces de participación democrática en las decisiones y actuaciones comunitarias y unos beneficios sociales válidos para todos los portadores de un pasaporte granate con independencia del lugar de residencia o tránsito dentro de los límites de la Unión, y que asimismo nos identifique y nos proteja fuera de ellos en términos de Derecho internacional?

- ¿Cuál sería la relación jerárquica de esa ciudadanía europea con las ciudadanías nacionales de los Estados-Miembros?
- ¿Es necesaria la creación de una identidad colectiva europea análoga a las identidades nacionales dotada de referentes culturales, éticos e históricos lo suficientemente cohesivos para que esta hipotética ciudadanía europea adquiera viabilidad y solidez?

La respuesta a estas preguntas reviste una innegable relevancia a la luz de las incógnitas que se han de despejar en la Conferencia Intergubernamental de 2003 una vez finalizadas las deliberaciones de la Convención. Por supuesto, bien sea por la vía fáctica o por la vía normativa a partir del Tratado de Maastricht, disponemos actualmente de una incipiente ciudadanía europea que, aunque incompleta y segmentada, ha abierto una puerta a metas más ambiciosas en este campo. Las cinco libertades, de comercio, de residencia y desplazamiento, de inversión, de trabajo y de provisión de servicios; la proclamada y todavía no constitucionalizada Carta de Derechos Fundamentales; el derecho de sufragio activo y pasivo en elecciones municipales y europeas; el derecho de petición; el Fondo Social Europeo, los Fondos Estructurales y el Fondo de Cohesión son, entre otros, ejemplos de que los europeos empiezan a ser, de manera balbuciente, insatisfactoria y apenas consciente, ciudadanos de una entidad político-jurídica *sui generis* que afirma de sí misma perseguir «una unión cada vez más estrecha» entre los pueblos de nuestro viejo, sabio y rico continente. Ahora bien, esta ciudadanía europea entendida como *work in progress* necesita para ejercerse del requisito previo de la ciudadanía nacional en un Estado-Miembro y genera, en el transcurso de su lento y parcial desarrollo, un serio desequilibrio entre las expectativas que despierta y las ventajas reales que proporciona. Los supuestos ciudadanos europeos apenas se sienten tales y su lealtad, su actividad cívica y su vinculación afectiva siguen situadas fundamentalmente en el contexto nacional correspondiente.

Obviamente, el alcance y el contenido de la ciudadanía europea están estrechamente relacionados con la naturaleza y estructura de la Unión como forma de dominación superpuesta a la de los Estados-Miembros. Una automática extrapolación ascendente de la organización territorial interna de algunos de ellos, como Alemania, Austria, Bélgica o España, o una mera traslación transatlántica del paradigmático federalismo norteamericano, conduciría a un super-Estado europeo con cuatro niveles de poder político y administrativo: el local, el regional, el nacional y el comunitario. Los ciudadanos repartirían su adhesión emocional, su esfuerzo fiscal, su acción participativa y su malhumor reivindicativo entre estos cuatro niveles que convivirían con mayor o menor armonía en el que Carlos Closa ha llamado sugestivamente «espacio público interno» de cada individuo, se supone que adecuadamente articulados —o enmarañados— por el etéreo principio de subsidiariedad.

Pero la Unión que se prefigura tras la ampliación no va a ser un super-Estado ni parece aconsejable que lo sea a medio o incluso a largo plazo. Una de las claves del éxito de la integración europea radica en que el edificio que hemos ido cimentando, construyendo, decorando y engrandeciendo pacientemente a lo largo de medio siglo nunca ha coronado su fachada con un rótulo que lo clasificara de manera inequívoca dentro de la taxonomía política clásica. A diferencia de lo que sucede con los textos constitucionales nacionales, que proclaman solemnemente una «república», una «monarquía parlamentaria», una «federación» o un «Estado social de derecho», los tratados siempre han rehuido pronunciarse sobre la verdadera naturaleza del ente que paulatina, tentativa y alambicadamente fabricaban. Y es que los jefes de Estado y de Gobierno, los eurócratas de la Comisión y los miembros del Parlamento Europeo han sido invariablemente conscientes de la abrumadora heterogeneidad a la que se enfrentan en su loable misión integradora. El laberinto de intereses divergentes, lenguas filológicamente distantes, creencias de difícil conciliación, diferencias de riqueza y antiguos rencores y desconfianzas dispuestos a aflorar de forma permanente convierten la tarea de establecer un denominador cultural común que sustente una organización jurídico-política europea supra-estatal y plurinacional en una mezcla de proeza titánica y encaje de bolillos.

Por consiguiente, la futura ciudadanía europea no puede ser un calco a mayor escala de las ciudadanías nacionales, sino que, al igual que la arquitectura institucional de la propia Unión, ha de hacer gala de originalidad e imaginación. Ni que decir tiene que no puede sustituir ni tampoco complementar a aquellas, antes bien, tal como ha señalado Rainer Lepsius, ha de «entrar» en ellas enriqueciéndolas y ensanchándolas sin perturbarlas. Al estarle vedado erigirse en supranacional, el espíritu de la ciudadanía europea deberá impregnarse de postnacionalismo para volar hacia lo meta-nacional. Estamos abocados a la cristalización de un *demos* europeo, que simultáneamente potencie, conserve y supere los *demoi* nacionales, una ciudadanía, me permito reiterar, trans-nacional y post-nacional, «*trans*» porque desborda los confines territoriales y jurídicos de los Estados-Miembros, «*post*» porque no se fundamenta en una identidad colectiva primordial de raza, lengua, tradición o religión, sino en un ideal abstracto concebido por la razón.

El problema de la integración de la diversidad de identidades no es nuevo en Europa y subsiste sin resolver en varios de sus países. Los sangrientos conflictos vasco, irlandés, corso o balcánico mantienen abiertas heridas atávicas infectadas por el odio y la barbarie. Por desgracia, parece como si a estas alturas de la globalización, estuviésemos todavía conceptualmente desarmados ante los excesos y las atrocidades perpetrados en nombre de la identidad. Los padres de la *First New Nation* eran todos angloparlantes, blancos y protestantes y su preocupación no fue la defensa de su identidad, sino la de sus derechos y libertades civiles frente a la Corona británica. En lo que respecta a los revolucionarios que alzaron a las masas en París para derribar el *Ancien Régime*, no lo hicieron con el propósito de preservar la pureza étnica o cultural de Francia, cuestión que les era ajena. Su objetivo declarado era la abolición de los privilegios de cuna para que todos los franceses fuesen política y civilmente iguales. En términos históricos, la neutralización del veneno del tribalismo excluyente y agresivo sigue siendo una asignatura pendiente que Europa aún no ha acabado de aprobar. Sin embargo, las identidades colectivas se construyen en gran parte artificialmente y están sometidas a los vaivenes sociales, culturales y políticos. Avances tecnológicos, guerras, catástrofes naturales y cambios económicos las alteran y en ocasiones las transforman irreversiblemente hasta dejarlas irreconocibles. Es trágico que en aras de un valor colectivo secundario y perecedero se eternicen sus derivaciones criminales. Aquellos que propugnan una ciudadanía caracterizada en exclusiva por una identidad pretendidamente primordial terminan por destruir cualquier asomo de ciudadanía ilustrada y democrática.

La ciudadanía europea a la que debemos aspirar ha de ser consagrada en una Constitución e implica un desacoplamiento de la identidad étnico-cultural y la conciencia cívica, limando de esta forma las aristas cortantes de la primera y apaciguando sus reflejos xenófobos y antipluralistas. Hemos de atrevernos a emprender la aventura intelectual y política de definir una ciudadanía desnacionalizada o, lo que es equivalente, a insuflar en los europeos un patriotismo constitucional en el que sus cerebros y sus corazones operen a pleno rendimiento, pero en el que no se desaten sus bajos instintos. En este sentido, habida cuenta de la dificultad de amar un mercado por único y eficiente que sea, el discurso racional y pragmático que ha guiado hasta hoy los progresos en la integración deberá incluir a partir de ahora unas dosis prudentes y mesuradas de noble pasión. Después de haber tenido el adormecedor placer de escuchar en los hemiciclos de Estrasburgo y de Bruselas numerosas intervenciones de conspicuos representantes de los diversos órganos de la Unión, no me cabe duda de la necesidad de impregnar el espíritu de las instituciones europeas de cierta grandeza ilusionada que funda con su calor la gelidez tecnocrática del discurso comunitario al uso.

En esta ciudadanía europea que estamos tratando de plasmar han de predominar la reflexión serena y la deliberación rigurosa, lo que nos orienta, una vez descartada la identidad cultural y lingüística como elemento cohesivo de la Unión, hacia un acervo compartido de valores liberales y democráticos. La comunidad de los pueblos de Europa, tal como se ha ido perfilando desde el Tratado CECA hasta nuestros días, puede ser vista como un contrato, como un proyecto o como una esencia, como algo que se firma, como algo que se hace o como algo que se es. Ha sonado la hora de que Europa represente a los ojos del mundo algo que se cree, es decir, además de una serie de libertades, de realizaciones materiales y de culturas, un gran compromiso ético de vocación universal, una novedosa empresa colectiva nacionalmente neutra y moralmente intensa en la que nadie pueda invocar su derecho a la diferencia para laminar las diferencias de los demás. Si la homogeneización cultural y lingüística de Europa es imposible, demostremos que la comunicación entre culturas, que el conocimiento y la comprensión del otro nos brindan una nueva forma de identidad global y postnacional.

En síntesis, que la Europa del mañana no necesita una estructura federal, lo que necesita es un sistema educativo multilingüe.

Y antes de poner punto final a este texto, una última consideración. Es de sobras sabido que uno de los métodos clásicos para conseguir la forja de un sentimiento de comunidad es la llamada al enfrentamiento con el enemigo exterior. Pues bien, esa tentación perversa ha de evitarse a toda costa en el proceso de cristalización de una ciudadanía europea. Tan nefastos son los micronacionalismos de secesión que desestabilizan a ciertos Estados-Miembros impecablemente democráticos, como la erección de una Europa-fortaleza impermeable e insensible a lo que sucede más allá de sus murallas. No es necesario remontarse mucho más atrás del siglo XX para advertir que el peligro oscuro y difuso que nos amenaza en el despertar del XXI bebe de las mismas charcas emponzoñadas que ensuciaban nuestra casa no hace demasiado tiempo: el fanatismo ciego, el desprecio a la vida de seres inocentes, el mesianismo delirante y el ansia patológica de dominio. Por tanto, mientras combatimos con toda firmeza el terrorismo que tenemos dentro y el que nos viene de fuera, valiéndonos exclusivamente de las armas que nos proporcionan el Estado de Derecho y la legalidad internacional, pero con todas ellas y sin vacilaciones ni complejos, trabajemos con entusiasmo para que la Europa del futuro, sobre la que hoy estamos pensando, calculando y soñando, se caracterice por una concepción de la ciudadanía que nos libere de los fantasmas de nuestro pasado y nos descubra un horizonte de paz, libertad, seguridad, prosperidad y justicia.

(Texto publicado en el número 266 de La Revista de Occidente, *julio-agosto de 2003.)*

PASADO Y FUTURO DE LOS NACIONALISMOS EN EUROPA

«El Rey de los Cielos suscitará un reino que jamás será destruido, y que no se verá dominado por otro pueblo. Aniquilará todos los demás reinos de la tierra y subsistirá eternamente.» Libro de Ezequiel.

«La Humanidad es el fin. La Nación es el medio.» Giuseppe Mazzini.

El nacionalismo ha sido en el siglo pasado y sigue siendo en el actual uno de los fenómenos sociales, culturales y políticos más poderosos e influyentes y es bastante probable que mantenga durante largo tiempo su tremenda capacidad de movilización colectiva. Se trata de una fuerza intrínsicamente maligna cuando se apoya en una concepción esencialista étnico-lingüística y potencialmente benéfica en su acepción racional, cívica y democrática. En adelante, salvo advertencia expresa, siempre que emplee el término *nacionalismo* me referiré a su negativa y excluyente versión identitaria.

No voy a profundizar ahora en el análisis de las bases conceptuales, doctrinales y éticas del nacionalismo. Lo he hecho abundantemente en otros lugares y ocasiones, dejando un rastro de discursos, declaraciones, libros, ensayos y artículos que dan prueba de ello. Me centraré en especial en aspectos históricos porque me parece lo apropiado en un encuentro dedicado a la ciudadanía europea, en el que se me ha asignado como tema el pasado y el futuro de los nacionalismos en nuestro continente.

El nacionalismo étnico ha causado tantas muertes, tanta destrucción y tantos horrores como los movimientos totalitarios de vocación internacionalista con los que a menudo se ha mezclado engendrando monstruosidades sin parangón, mientras que el nacionalismo civil, integrador y modernizador se ha opuesto a ambos en numerosas y a veces terribles contiendas de ámbito local o mundial. Este choque violento entre el instinto y la razón, entre la oscuridad y las luces, entre la barbarie y la civilización, ha configurado el siglo XX y continúa presente en los comienzos del XXI, latiendo al acecho, dispuesto, en cuanto bajemos la guardia, a volver a asomar su amenazadora cabeza despertando lo peor que hay en el ser humano bajo la delgada y frágil capa protectora de dos mil quinientos años de legado grecorromano, dos mil de cristianismo, quinientos de racionalismo científico y trescientos de humanismo ilustrado. Sin ir más lejos, sus últimos brotes en el sudeste europeo han costado un cuarto de millón de vidas y han puesto a la Unión Europea ante una tarea de reconstrucción que está engullendo cifras billonarias.

El nacionalismo es habitualmente entendido de manera beligerante por sus adeptos —y dócilmente por muchos de sus detractores— como un hecho histórico primordial, como la expresión de un vínculo emocional y casi místico entre personas de la misma raza, lengua, cultura o fe religiosa, a través y mediante el cual la comunidad política alcanza la plena realización colectiva en el espacio y en el tiempo como sujeto identificable por las demás naciones del planeta, que se relacionan con ella de igual a igual en interacciones de cooperación, de dominación, de sumisión o de conflicto. Así, la Nación es una de las categorías descriptivas e interpretativas de la realidad social, moral, cultural, histórica, económica y política, sin la cual nuestro lenguaje cotidiano quedaría incapacitado para reflejar el contexto público en el que pugnamos por interpretar y comprender los acontecimientos de nuestro tiempo.

También resulta bastante extendida e ingenuamente teleológica la perspectiva del nacionalismo concebido como una etapa inevitable e indispensable del devenir histórico, que ha alumbrado las modernas naciones en su camino inexorable hacia un estadio final superador de las identidades nacionales, una arcadia planetaria cosmopolita, racional, universalizadora y armonizadora de las diferencias étnicas, lingüísticas y culturales que hoy nos separan, y que estarían condenadas a perder su vigencia para pasar al mismo panteón en el que reposan los restos del comunismo o de las teocracias.

Ninguna de estas dos visiones me parece apropiada en su equívoca simplicidad. El nacionalismo no tiene nada de primigenio, aunque maneje materiales que se pretenden ancestrales. Es un fenómeno rabiosamente moderno, nacido en nuestro continente a finales del siglo XVIII y llegado a la edad adulta en la Europa del siglo XIX. Es claramente la consecuencia política de la Revolución francesa, del Romanticismo alemán, de la industrialización y del sufragio universal, elementos todos ellos bastante recientes en términos de historia europea.

El nacionalismo no es una ideología porque no aspira a explicar la realidad, sino tan sólo a explotarla y a reinventarla al servicio de sus propósitos movilizadores en cada escenario local. Carece, por definición, de aplicación universal. Si alguien se declarara nacionalista a secas, sin adjetivos, su afirmación carecería de sentido. Sólo cabe ser nacionalista con apellido, nacionalista catalán, francés, vasco, español, norteamericano, serbio, escocés, coreano, y así sucesivamente. Considerado como una doctrina general, su irracionalidad es manifiesta y suscita el rechazo inmediato de cualquier mente mínimamente lógica; abordado como un asunto específico en un lugar y en un momento concretos, se transforma tan falsa como abrumadoramente en natural, y es muy difícil desoír su seductora llamada. Como Ulises, hay que sujetarse con firmeza al mástil de la racionalidad, de la universalidad y del respeto por los derechos humanos para no ser hipnotizado por la cadencia embrutecedora del tam-tam tribal.

El convencimiento de que los intereses, la idiosincrasia y las metas de un país son obligadamente superiores a los de cualquier otro, aplicado sin restricciones, causaría hilaridad si no hubiera producido tantas tragedias. Sólo un nacionalista serbio, es decir, alguien a quien han convencido de que la condición de serbio es un rasgo prioritariamente definitorio y trascendental de su personalidad, es capaz de morir, matar, incendiar, violar y torturar a otros hombres y mujeres para preservar la pureza racial y el dominio territorial de Serbia. Sólo un nacionalista catalán, es decir, alguien a quien han imbuido la idea perniciosa de que el autogobierno y la lengua catalanes son los bienes supremos a conservar y a fortalecer por encima de la justicia, la libertad o la dignidad de sus conciudadanos, se puede convencer a sí mismo de que es lícito expulsar el idioma propio de la mitad de los habitantes de Cataluña del espacio educativo, oficial y público de esa comunidad. Sólo un psicópata degenerado que vive en una de las sociedades más opulentas, más libres y con más autogobierno del planeta aprieta el gatillo para asesinar por la espalda a un inocente en nombre de una hipotética patria vasca. Estas mismas barbaridades, contempladas desde el exterior por un nacional de otra Nación, aparecen obviamente rechazables, con lo que el nacionalismo como doctrina política deriva en un mosaico variopinto de delirios inconexos e idiotizantes de efectos deletéreos. Pero volvamos a la historia del siglo XX.

El Estado-Nación es un producto de la modernidad. El número de naciones europeas con una trayectoria histórica independiente y diferenciada anterior al siglo XIX es limitado: Inglaterra, Francia, España, Dinamarca, Portugal, Polonia, Suecia, Rusia, y pocas más. Y en alguno de estos casos, habría que afinar para establecer a partir de qué momento estas entidades territoriales y políticas pueden ser llamadas con propiedad *naciones*. Francia, por ejemplo, ha sido un reino, una revolución, un imperio y una república, pero se ha apuntado, y no sin fundamento, que de hecho no existió la Nación francesa hasta que Jules Ferry implantó la educación universal a cargo del Estado en el siglo XIX. En otras palabras, que Charles de Gaulle no hubiera podido escribir la celebérrima primera página de sus *Memorias de Guerra* sin la política de instrucción pública nacionalizadora del gran ministro republicano. La consolidación nacional de Rusia no se produjo hasta el siglo XVIII, cuando el Principado de Moscovia impuso su hegemonía sobre los tártaros de la Horda Dorada. España presentó asimismo una nacionalización bastante tardía y la educación pública, el servicio militar obligatorio y la bandera y el himno nacionales son relativamente recientes.

La unificación alemana bajo la égida prusiana data de 1871, y su reunificación, de 1990. Austria-Hungría nunca fue una Nación, sino un imperio multiétnico, multiconfesional y multilingüe. La Nación austriaca, tal como la conocemos hoy, nació en 1918, pero los austriacos renunciaron sin demasiada resistencia a su independencia cuando Hitler les impuso la *Anschluss* en 1938. El Imperio romano tuvo su centro en la península italiana, pero Italia no existió como tal hasta mediados del siglo XIX. Grecia se subsumió en el Imperio romano antes del nacimiento de Cristo y no volvió a aparecer con contornos nítidos sacudiéndose el yugo otomano hasta veinte siglos más tarde.

En el exterior de Europa, con la única excepción de Japón, no ha habido con anterioridad al siglo XX naciones tal como hoy las entendemos. Los Estados Unidos fueron una cabeza de puente europea en América del Norte, y China, Siam y Cambodia reinos sin conciencia nacional. El subcontinente indio es un hervidero de etnias, religiones y lenguas dominado por los mongoles primero y por los británicos después, que no apareció como Estado-Nación hasta 1948.

Por tanto, aparte de Francia, Inglaterra y España, cuya condición «nacional» puede ser rastreada hasta la guerra de los cien años en el siglo XIV para las dos primeras y hasta la conquista de Granada a finales del siglo XV para la segunda, el resto de naciones europeas adquiere cuerpo en los siglos XVIII y XIX. Curiosamente, los Estados Unidos son una Nación más antigua que Italia o Alemania, circunstancia cuyo reconocimiento debería contribuir a bajar ciertos humos.

La primera forma de la organización política humana fue la comunidad de agricultores o de cazadores, después vino la ciudad, a continuación las teocracias en cuya cúspide se situaba un monarca divinizado, y a ellas les siguieron los reinos dinásticos, tomando ambos frecuentemente la forma de imperios inclusivos con fronteras en expansión. El primer Estado no dinástico ni tampoco ciudad-Estado fue la república holandesa en el siglo XVII, que duró veinte años, de 1652 a 1672. La Nación moderna, quiero insistir en ello, es un fenómeno europeo y surgió en el declive de los grandes imperios, proceso que en términos históricos es prácticamente de antes de ayer.

En cuanto a la pretendida evolución lineal e inexorable desde las comunidades étnicas primitivas a las naciones actuales, se trata de una fantasía de los nacionalistas. Tampoco es detectable un vector histórico que apunte a comunidades internacionales de forma progresiva y creciente, aunque el siglo XX ha asistido nada menos que a cinco intentos formales de creación de un nuevo y definitivo sistema internacional, dos de ellos totalitarios y genocidas. De los tres liberales y bienintencionados, el primero, la Sociedad de Naciones, fracasó estrepitosamente, el segundo, las Naciones Unidas, no parece que sea de lo más operativo ni de lo más respetado por demasiados de sus integrantes, y el tercero, la Unión Europea, es el que ha registrado mayor éxito aunque su futuro no está desprovisto de incertidumbres.

Nunca se pondrá bastante énfasis en que las naciones más antiguas de la Europa occidental, y no digamos las más jóvenes, fueron creadas por avatares dinásticos sin base étnica homogénea alguna. La población prehistórica de Inglaterra sufrió invasiones de celtas y daneses antes de la conquista romana y de diversos pueblos germánicos posteriormente, quedando sujeta a la dominación de los normandos procedentes de Francia en el siglo XI. Desde 1945, Gran Bretaña ha recibido un abundante aporte de savia hindú, pakistaní y caribeña, una especie de recolonización de los colonizadores, que también se ha dado en otras antiguas potencias coloniales. Incluso la monarquía inglesa no tiene nada de inglesa. La actual dinastía es alemana, antes fue holandesa y antes todavía, escocesa. El último rey inglés verdaderamente inglés fue Harold, el derrotado en la batalla de Hastings hace nueve siglos. Francia ha incorporado vikingos, galos, romanos, bretones, vascos, francos, y todo ello, por supuesto, sobre la base de sus pobladores prehistóricos. Las largas guerras con Inglaterra en la Edad Media trajeron a Francia escoceses e irlandeses, y algunos apellidos de este origen figuran hoy en día incongruentemente entre los de la aristocracia francesa. A lo largo del siglo XX, Francia ha recibido judíos centroeuropeos, rusos, polacos, italianos, españoles, portugueses, armenios, indochinos, libaneses, argelinos, marroquíes, tunecinos y gentes de color procedentes de sus colonias africanas subsaharianas.

Y, ¿qué diremos de España, esa mezcla de bullente aluvión de iberos, celtas, fenicios, griegos, romanos, visigodos, vándalos y árabes?

En nuestros días, la condición de francés, inglés o español sólo puede tener un sentido sociológico, cultural e histórico y, si se quiere ser riguroso, ha de abandonar cualquier significado étnico. La manida frase «Fulano de tal es un individuo típicamente inglés» o «típicamente francés» o «típicamente español» ha pasado a constituir una convención carente de cualquier connotación de raza.

Los Estados Unidos son, desde luego, la menos étnica de las naciones, aunque una de las que poseen un sentimiento nacionalista más intenso, al haberse construido con los flujos migratorios de poblaciones procedentes de todo el planeta sometidas a un proceso de asimilación de una eficiencia considerable. Es precisamente la resistencia a esta fuerza niveladora y asimiladora la que se encuentra en el núcleo de muchas de las tensiones internas que sufre aquella compleja sociedad.

En franco contraste con esta situación, el sentimiento nacional en la Europa oriental y sudoriental está en general claramente identificado con la etnia y con la religión. La nacionalidad no se adquiere ni se pierde al emigrar o, si se hace, es a través de un proceso largo y doloroso, casi de desestructuración personal. Esta característica marca una diferencia notable con la percepción de la identidad nacional en la Europa occidental, y explica el estallido de la crisis balcánica tras la caída del comunismo en 1989. La nacionalidad es asumida por polacos, serbios, magiares, croatas, albanos, checos, rumanos y búlgaros como una cualidad desligada del territorio, algo que está en las fibras de su ser y que viaja con ellos allá donde estén. En paralelo, ciertas tierras poseen un alto valor simbólico, como sucede con aquellas partes de Croacia o de Bosnia ocupadas por los serbios, o con la provincia de Kosovo, a la que, pese a haber pasado a ser allí una pequeña minoría frente a los albanos musulmanes, los serbios nunca han dejado de considerar un trozo sagrado e irrenunciable de su patria por el papel trascendental que jugó en la Edad Media en la formación de la Nación serbia, y que ha quedado incorporado a su mitología como nota definitoria.

El caso polaco es muy ilustrativo. Durante más de un siglo, Polonia se quedó sin base territorial, repartida entre Rusia, Prusia y Austria. Entre 1918, año en el que recuperó un lugar en el mapa, y el día de hoy, la frontera polaca se ha desplazado hacia el Oeste algo más de doscientos kilómetros en su lado oriental y algo más de cien en el lado occidental. Parte de lo que era Polonia está actualmente en Lituania y Ucrania, incluyendo los grandes centros culturales de Vilnius y Lvov, y parte de lo que es ahora

Polonia antes fue Prusia. Después de la Segunda Guerra Mundial, los límites político-geográficos de Polonia se encogieron, y las minorías que no habían sido previamente eliminadas, fueron expulsadas, al tiempo que se concentraban en el nuevo Estado polacos dispersos por toda la Europa oriental. Las pérdidas de Vilnius y de Lvov, y la desaparición de judíos, rutenos y alemanes empobreció de forma extraordinaria a Polonia cultural y humanamente.

Durante los años en los que Polonia dejó de existir como tal en el siglo XIX, sobrevivió en la mente, en la voluntad y en el recuerdo de sus habitantes y también de los exiliados que pululaban por las distintas capitales europeas, en especial París. Cuando volvió a desvanecerse entre 1939 y 1945, se crearon escuelas y universidades volantes y clandestinas, así como una Administración civil y de justicia sumergida que asegurase la pervivencia nacional ignorando su eliminación oficial por las fuerzas de ocupación del III Reich. Es significativo que en la ceremonia de toma de posesión de la Presidencia de la República polaca por Lech Walesa en 1990, le impusiera las insignias de su cargo el provecto jefe del Estado polaco en el exilio, residente en Londres desde 1941, y no el general Jaruzelski, su inmediato predecesor y último presidente comunista del país.

Vemos, pues, en el ejemplo polaco, la evanescencia, la contingencia y la artificialidad de las construcciones nacionales. Fronteras cambiantes, muertes y resurrecciones, poblaciones desplazadas, entes de contornos imprecisos sometidos a los vaivenes del equilibrio internacional de poderes y a los intereses de las élites políticas propias y foráneas.

Las contradicciones y las paradojas asociadas al nacionalismo en el siglo XX no acaban aquí. La Nación occidental moderna es, sin la menor duda, un marco práctico, a la vez que ético y político, de convivencia. Sus ciudadanos tienen garantizados en un grado apreciable el orden civil interno, la defensa frente a agresiones externas, un mercado de libre circulación de personas, bienes y capitales, un sistema educativo público y universal, una red de transportes y comunicaciones, unas leyes justas iguales para todos, un conjunto de derechos fundamentales constitucionalmente protegidos, y una cobertura social suficiente en caso de invalidez, jubilación, enfermedad o desempleo. La pertenencia a un Estado-Nación implica beneficios y obligaciones para todos sus integrantes. A cambio de las ventajas recibidas, los ciudadanos pagan impuestos, cumplen las normas y, por supuesto, son castigados si las vulneran.

Sin embargo, más allá de ese planteamiento contractualista puramente racional, la Nación conlleva una indudable carga emocional de tipo irracional, que en ciertas ocasiones es tan intensa que puede arrastrar a colectividades étnicas, culturales o religiosas hábilmente manipuladas a ignorar o atropellar los legítimos intereses o derechos de otros pueblos o los de sus propias minorías nacionales.

La Primera Internacional socialista se deshizo en 1914 cuando sus afiliados, desoyendo las invocaciones internacionalistas de sus líderes contra el capitalismo burgués, se precipitaron a filas para matarse entre sí por razones estrictamente nacionalistas. Cristianos y judíos no han vacilado a lo largo del siglo XX a la hora de aniquilar a hermanos de su misma fe, formando parte de los ejércitos de las naciones europeas de las que se consideraban miembros.

Es interesante, sin embargo, darse cuenta de que el componente emocional de tipo irracional no es indispensable para articular y mantener una Nación. Consideremos el ejemplo belga. Se ha argumentado que la Nación belga fue una ficción hasta que la Primera Guerra Mundial despertó un patriotismo belga excitado por la brutal invasión de las tropas del Kaiser. Este ataque injustificable generó una inesperada resistencia solidaria de las dos comunidades, francófona y neerlandesa. Pese a ello, los belgas sienten un vínculo emocional muy tenue respecto de su Nación, su bandera y su himno. Largas épocas de ocupación extranjera con el hábito adquirido de actuar como administradores de un poder extraño, y la fría y casi hostil coexistencia de dos colectividades lingüísticas marcadamente distintas, han configurado un escenario poco propicio en Bruselas a los fervores nacionalistas que en tantas ocasiones han desbordado las calles de París, Londres o Berlín. Las atribuciones del Gobierno central belga se han reducido a un mínimo en la Constitución de 1993. Muchas de sus funciones esenciales están en manos de las administraciones valona, flamenca y de la ciudad de Bruselas, que es un islote bilingüe entre dos comunidades oficialmente monolingües. Seguramente muchos belgas no tendrían reparo alguno en ceder las competencias residuales de su Gobierno y Parlamento centrales a la Unión, asignándole a Bruselas el estatuto de ciudad internacional europea.

Aun así, la afirmación de que Bélgica es meramente un artificio creado en el siglo pasado por conveniencia geoestratégica de Prusia, Gran Bretaña y Francia debe hoy combinarse con el hecho sociológicamente probado de que se ha ido consolidando una idea nacional belga de carácter civil, institucional y dinástico que, por débil que sea, demuestra que las naciones pueden ser articuladas en torno a proyectos racionales de organización de la convivencia sin necesidad alguna de resucitar pasados sacralizados o de danzar ritualmente alrededor de tótems étnicos.

La gran potencia centroeuropea, Alemania, presenta un rasgo peculiar. Se trata de una Nación cuya historia la ha llevado a tener como preocupación principal no el defenderse de otras naciones, sino de sí misma. La Alemania contemporánea, desde 1945, se ha esforzado como ninguna otra Nación en diluir su nacionalismo étnico, en darle un espíritu civil carente de implicaciones de «sangre». De ahí su entusiasmo por la construcción de la Unión Europea, ese monumento al principio de legitimidad racional-democrático y a la superación de los odios identitarios. Su papel en la historia del siglo XX pesa como una losa en la conciencia colectiva alemana, remordimiento torturante que sus dirigentes tratan de aliviar con exhibiciones de antibelicismo y, no sin tensiones, con leyes de ciudadanía cada vez más generosas. El nacionalismo alemán desahoga hoy —o quizá debería decir *sublima*— su fuerza en su riqueza material y en su elevado desarrollo tecnológico.

El aspecto más sobresaliente de la personalidad «nacional» de la Alemania moderna radica en su dificultad para ser una Nación como las restantes de la Europa occidental. Pasó sin solución de continuidad del feudalismo al absolutismo dinástico en 1870 y, tras el breve y caótico período republicano de Weimar, al totalitarismo demente y genocida a partir de 1933. Desde la Edad Media, los alemanes del Sacro Imperio se veían a sí mismos encargados de la misión sagrada de la conversión y civilización de los pueblos situados al Este. Durante el nazismo, esta vocación se malignizó hasta degenerar en una ofensiva aniquiladora y esclavizadora de gentes a las que se definió aberrantemente como inferiores. Una vez terminada esta pesadilla, desde 1945 a 1990, Alemania ha parecido renunciar a esta misión histórica y decidirse a cerrar para siempre el libro del pasado. Pero la reunificación ha reavivado la secular atención a las grandes estepas orientales que anida permanentemente en el fondo del alma alemana. ¿Cómo se desenvolverá este proceso si la Alemania actual ha perdido y parece que renunciado a la mayor parte de Prusia, el corazón y el motor del ambicioso proyecto bismarckiano?

El siglo XX europeo empezó con la Primera Guerra Mundial, el más formidable de los conflictos nacionalistas de todos los tiempos. Y como el pasado no puede borrarse, las naciones son el precipitado de una historia que no pueden cambiar y, a veces, y esto es lo sobrecogedor, ni olvidar ni perdonar. La crisis balcánica que ha perturbado la vida europea de la última década del siglo XX es una consecuencia tardía de la destrucción de los Imperios otomano y austro-húngaro en 1918, en especial de la forma en que fueron desmantelados, dividiéndolos en naciones independientes étnicamente explosivas.

No parece exagerado afirmar que el nacionalismo ha impregnado el siglo XX europeo y que ha sido uno de sus principales ingredientes. El nacionalismo en sus dos versiones, la benigna y la maléfica, ha protagonizado los últimos cien años. Destruyó el colonialismo, provocó dos grandes guerras de dimensión planetaria, ha acabado con las dos ideologías internacionalistas de corte totalitario que han sido por desgracia signos distintivos de nuestra época y ha alumbrado un centenar largo de nuevas naciones. Basta recordar que de las casi doscientas representaciones acreditadas hoy en las Naciones Unidas, sólo existían una veintena con conciencia nacional consolidada antes de 1914.

El nacionalismo sigue ofreciéndonos sus contradicciones y paradojas. La integración económica y tecnológica de la sociedad internacional actual ha alcanzado una extensión y una profundidad inimaginables hace tan sólo tres décadas. Sin embargo, esa imparable globalización coexiste con innumerables conflictos nacionalistas de la especie más primitiva entre serbios y kosovares; entre moldavos y rusos; entre rusos y estonios; entre rusos y chechenos; entre rusos y ucranianos; entre vascos nacionalistas y vascos constitucionalistas, entre independentistas corsos y franceses republicanos, entre irlandeses católicos e irlandeses protestantes, y la lista podría continuar.

En otro orden de cosas, los principales países desarrollados han trasladado sus propias pugnas nacionalistas de antaño del ámbito bélico al comercial. La rivalidad entre Estados Unidos y Japón no es hoy menor que en 1942, pero se resuelve pacíficamente forcejeando en el seno de la Organización Mundial de Comercio o del G-7 y en sus acuerdos económicos bilaterales. Los Estados europeos han sacrificado una parte de su egoísmo nacionalista en aras de la Unión Europea, pero no hay que olvidar que uno de los motivos básicos de esta renuncia estriba en la convicción de que la cesión parcial de soberanía era esencial para competir con éxito con Estados Unidos y con Japón. En consecuencia, la Unión Europea es curiosamente una superación a la vez que un instrumento del nacionalismo de sus integrantes.

Además de paradojas y contrasentidos, el nacionalismo ha significado sucesivas desilusiones para la opinión pública occidental a lo largo del siglo XX. Durante muchos años, la causa nacionalista disfrutó de un aura progresista y fue vista con la simpatía que despiertan los movimientos que defienden el interés popular contra los imperios y las dinastías reaccionarios, con el afecto que suscita la lucha por la igualdad contra los privilegios, el eterno combate del débil oprimido que demanda justicia y reconocimiento contra el fuerte soberbio, injusto y opresor. Esta fue la visión jacobina emanada de Rousseau y también la de liberales decimonónicos como Mazzini o Stuart Mill. El mismo enfoque ingenuo fue aplicado por el presidente norteamericano Wilson y el grupo de intelectuales estadounidenses que prepararon las propuestas de paz en 1918 basadas en el etéreo principio de autodeterminación y en la creación de la Sociedad de Naciones. El desmembramiento de los Imperios austrohúngaro y otomano que los Aliados llevaron a cabo, principio de autodeterminación en ristre, descompuso el viejo equilibrio de la Europa oriental y sudoriental en un tropel de Estados étnicamente heterogéneos entregados de inmediato al trasiego de minorías desubicadas, a los conflictos fronterizos y a la división interna. Este desorden violento contribuyó al estallido de la Segunda Guerra Mundial y se ha reproducido tras la caída del Muro de Berlín. A los europeos nos cuesta aprender las lecciones de la historia y demasiadas veces parecemos impermeables a su magisterio.

El argumento empleado antes de 1918 fue que los imperios del águila bicéfala y de la media luna eran «cárceles de pueblos», pueblos que de acuerdo con el darwinismo social de la época, constituían naciones jóvenes, vigorosas y pujantes, listas para asumir su papel individualizado entre las demás, desplazando a otras estructuras viejas, caducas y superadas. La vitola «progresista» del nacionalismo se fue esfumando en el período de entreguerras a medida que en los Balcanes y en la Europa Oriental los Parlamentos eran disueltos por dictaduras militares o por monarcas autoritarios y los enfrentamientos étnicos, religiosos y lingüísticos envenenaban la vida política de Austria, Yugoslavia, Checoslovaquia, Hungría y Rumanía, facilitando la intervención nazi en la zona en la segunda mitad de la década de los treinta. Los acontecimientos que se produjeron en estos países provocaron el rechazo de la doctrina nacionalista por parte de las élites ilustradas occidentales, que originalmente habían impulsado la aparición de las nuevas naciones independientes. Uno de los más fervientes apóstoles de la creación de un Estado propio para los eslavos del Sur, el periodista e intelectual británico R.W. Seton-Watson, ante el recrudecimiento de las actitudes intolerantes entre serbios y croatas escribió con desesperación: «*I think they are both mad*». Transcurridos setenta años, aquella misma demencia asesina ha vuelto a clavarse inmisericorde en el vientre de Europa.

Después de la Segunda Guerra Mundial, las esperanzas puestas en el nacionalismo como factor de progreso se desplazaron a los movimientos de liberación de las colonias africanas y asiáticas. Se entendió que la independencia era un derecho inalienable de aquellos pueblos y un deber moral para las metrópolis, incluso en el supuesto de que los nuevos Gobiernos no alcanzasen las cotas de eficiencia y acierto deseados. La amarga verdad fue que, en su conjunto, la descolonización, lejos de mejorar la situación de los habitantes de las antiguas posesiones europeas, les puso bajo la férula de dictaduras corruptas e incompetentes que los hundieron en la miseria. Guerras tribales de una crueldad inusitada, políticas económicas disparatadas, hambre, miseria y genocidios atroces han sido la realidad cotidiana de millones de seres humanos de los antiguos dominios europeos en Asia y en África tras haber puesto, ellos también, su fe en el nacionalismo como instrumento de desarrollo material, de modernización social y de correcta institucionalización política.

El derrumbe del comunismo soviético y la desaparición de la URSS hicieron reaparecer la cara positiva del nacionalismo y sacaron brillo a su ajado prestigio, al ir asociado de nuevo a un gran acontecimiento histórico jubilosamente liberador. La ilusión duraría poco. De nuevo la vertiente oscura y nefasta de esta ambivalente doctrina ha alterado la paz internacional, ha provocado en los Balcanes horribles crímenes contra la Humanidad y ha puesto en peligro el futuro de Europa.

El rival más poderoso del nacionalismo ha sido en el siglo XX el internacionalismo totalitario, aunque curiosamente comparten un mismo origen: la Ilustración francesa y la reacción en contra que suscitó. Las Luces de la revolución y del enciclopedismo proclamaron ideas y principios que pretendieron ser universales y que Francia, su encarnación terrenal, debía extender e imponer en el mundo, de buen grado o a punta de bayoneta. En la segunda mitad del siglo XVIII, Alemania era todavía una gavilla de pequeños reinos y principados feudales y la clase intelectual y política alemana de la época se revolvió contra lo que percibía como un universalismo francés frío, prepotente y arrogante. Isaiah Berlin ha escrito unas líneas admirables al respecto que no me resisto a citar:

> La gran rebelión de los humillados alemanes contra la gélida y uniformizadora pedantería racionalista del pensamiento y del gusto franceses a mediados del siglo XVIII tuvo, en sus comienzos, un efecto vivificador sobre el arte y las ideas sobre el arte, sobre la religión, sobre las relaciones personales entre los seres humanos y sobre la moralidad individual. Pero llegó un momento en que la marea de los sentimientos desbordados invadió la vida política y social con resultados literalmente devastadores. Todas las formas de forzar los límites de la tensión fueron consideradas más dignas de la acción del hombre que la negociación pacífica o el encuentro a medio camino; el extremismo, el conflicto, la guerra, fueron presentados como gloriosos en sí mismos.

La reacción romántica se propuso liberar a los individuos de los regímenes absolutistas y de convenciones, jerarquías y prejuicios sociales, de tal manera que pudiera aflorar su auténtica personalidad y que esta autenticidad brillara por igual en el arte que en la vida social. La primacía de la razón debía ser desafiada, la razón era estéril porque ocultaba o inhibía sentimientos e intuiciones inefables que expresaban mejor la realidad que el estrecho pensamiento racional. El individualismo romántico generó la creencia de que las cosas espontáneas, sencillas y primigenias, despreciadas por los cultivadores del análisis racional y del método científico, eran más genuinamente humanas. Por ello, los nacionalistas románticos se lanzaron a recuperar lenguas dormidas o casi perdidas y ansiosas bandadas de filólogos, de antropólogos, de historiadores y de poetas rastrearon dialectos balbucientes, pergaminos deteriorados, leyendas olvidadas y canciones de gesta en busca de su pasado y de su verdadera identidad. Muchas lenguas antiguas fueron rescatadas, normalizadas, pulidas y dotadas de una gramática, cuando no completamente recreadas. La consecuencia política, letal en sus derivaciones, fue que las comunidades humanas marginadas por el devenir de la historia que hablasen una misma lengua debían ser reconocidas políticamente como naciones. Tropeles de intelectuales nacionalistas, amateurs o profesionales, desarrollaron infatigablemente lenguas literarias a partir del griego demótico, del macedonio, del eslovaco, del checo, del finlandés, del noruego o del vasco, parlas todas ellas despreciadas por las élites rectoras y habladas por sencillos campesinos analfabetos que no eran conscientes de que aquellos doctos caballeros que bebían vocablos y giros de sus labios estaban dando a luz con su colaboración nada menos que a nuevas naciones. La organización y lanzamiento de movimientos políticos nacionalistas para liberar a las naciones supuestamente oprimidas del yugo de los Estados que las albergaban fue el siguiente e inevitable paso. Algunos de los episodios de esta epopeya no dejaron de ser peculiares, como la explosión de poesía, novela y teatro escritos en un inglés soberbio al calor de la revitalización de un espíritu nacional irlandés pretendidamente celta que culminó en el sangriento levantamiento de 1916 y en la guerra de independencia contra el Imperio británico en 1919.

En su evolución de lo cultural, lo literario y lo folclórico a lo político, el nacionalismo representa una de las mutaciones históricas más trágicas que se han dado desde que el ser humano pisa la tierra. Una corriente de renovación y de rebelión encendidamente individualista como el Romanticismo se transmutó, en contacto con la política moderna, el sufragio universal y la democracia, en una doctrina colectivista de la peor especie que siempre ha aspirado, apenas se oyeron sus primeros vagidos, a someter a los individuos, su libertad, su dignidad y sus derechos inalienables, a una abstracción supraindividual homogeneizadora y cruelmente exigente, dueña de conciencias y vidas. Las criaturas monstruosas surgidas de esta terrible transformación han conformado, para desgracia de los que estamos en esta sala, de nuestros padres y de nuestros abuelos, lo peor y más ominoso del siglo XX. Ojalá nuestros hijos y nuestros nietos puedan verla un día como un error aberrante de un pasado definitiva y venturosamente superado.

En su célebre reflexión sobre el nacionalismo, escrita en 1862, Lord Acton ya puso en evidencia la incompatibilidad entre derechos individuales emanados de valores cívicos universales conducentes a la aceptación del pluralismo social y derechos colectivos basados en la primacía absoluta de la identidad étnica, lingüística, cultural o religiosa. Los movimientos nacionalistas, al equivocar gravemente la jerarquía axiológica que debe articular la moral colectiva, llegan a sacrificar la paz, la tolerancia y la prosperidad a la construcción nacional. La integración europea y su impulso de un nuevo concepto de ciudadanía meta y postnacional es, por tanto, una de nuestras principales fuentes de esperanza, así como un camino irrenunciable hacia el triunfo definitivo de la libertad.

(Intervención como contribución a la jornada «Ciudadanía europea y libertad» organizada por el Partido Popular del País Vasco, en Bilbao, el 5 de mayo de 2003.)

HACIA UNA SOCIEDAD CIVIL EUROPEA

Vivimos tiempos de agitadas incertidumbres, oscuros terrores y grandes esperanzas. La era post-totalitaria pone a Europa ante nuevos desafíos políticos, económicos y culturales de enorme envergadura y desbordante complejidad, que demandan la puesta a punto de herramientas intelectuales de interpretación y comprensión de la realidad social que sean a la vez simples, profundas y potentes. Para aquellos países, como es el caso de la República Checa, que se disponen, pletóricos de entusiasmo y de ilusionadas expectativas, a incorporarse a la Unión Europea, resulta indispensable el disponer de una percepción clara del auténtico significado de este decisivo paso histórico. Sólo así, mediante la asunción lúcida de la finalidad última de la Unión, del verdadero *telos* que impulsa el proceso iniciado hace medio siglo por un pequeño grupo de líderes clarividentes y de Estados exhaustos y malheridos por la Segunda Guerra Mundial, podrán las élites checas suscitar la movilización plena de la ciudadanía de esta antigua y noble Nación en tan necesaria tarea. Porque el esfuerzo, el sacrificio y la indesmayable perseverancia que se les exige a los pueblos de la Europa central y oriental para estar en condiciones de sumarse a esta «unión cada vez más estrecha» sólo serán animosamente aceptados si todos y cada uno de sus habitantes entienden e interiorizan el valor y el alcance de esta adhesión.

Por eso intentaré desarrollar el concepto de *sociedad civil*, además de proponerles esta idea central de nuestra civilización como el elemento esencialmente definitorio de la Unión Europea, como su raíz, su motor y su propósito, como el polo irresistible de atracción capaz de motivar a los innumerables hombres y mujeres de nuestro continente que desean la paz, la prosperidad y la justicia.

Pero, antes de continuar, enunciaré los rasgos que caracterizan a una sociedad que merezca el apelativo de *civil*, de tal manera que este concepto quede claramente dibujado. Una sociedad civil es una colectividad humana organizada de acuerdo con el siguiente marco institucional:

- un Gobierno temporal, revocable y responsable ante los ciudadanos;
- un Estado de Derecho regido por el imperio de la ley, a la que se someten tanto los ciudadanos como los poderes públicos;
- una economía libre de mercado en la que opera el principio de empresa privada;
- un tejido asociativo plural formado por una red de entidades y agrupaciones voluntarias que llevan a cabo actividades y persiguen objetivos concretos de la más diversa índole;
- una esfera pública de discusión y debate en la que los argumentos, las críticas y las propuestas puedan ser expuestos y defendidos sin otro límite que el fijado en las leyes.

Este tipo ideal de sociedad jamás ha sido alcanzado históricamente en toda su pureza y perfección, pero las formas de convivencia, la arquitectura institucional y la estructura normativa existentes hoy en los países anglosajones y en la Europa occidental se le aproximan bastante, sin que esto signifique que no haya en el actual escenario internacional otras naciones situadas fuera de estos ámbitos que procuren también ajustarse a este deseable modelo.

Por supuesto, las sociedades que responden al esquema descrito son democracias en las que se aplica la regla de la mayoría con respeto a las minorías, en las que existe un sistema de ayuda mutua entre los ciudadanos sufragado de manera proporcional a los recursos de cada uno, y en el que está garantizado un amplio conjunto de derechos y libertades individuales.

Las sociedades así articuladas han sido capaces, de acuerdo con la experiencia de los últimos dos siglos, de alcanzar un éxito apreciable en la resolución de problemas colectivos de gran calado, destacando entre ellos la acomodación de la pluralidad, la pacificación de conflictos internos, la consecución de un satisfactorio nivel de bienestar material para la mayoría de los ciudadanos, el freno a eventuales abusos de los Gobiernos o de los grupos sociales dominantes, y el atemperamiento de la fiebre nacionalista. Asimismo, un orden internacional impregnado de las bases inspiradoras de la sociedad civil se traduce en un mundo tolerablemente vivible, mientras que su desprecio o su ignorancia abre de forma irremisible las puertas a la barbarie, tal como la historia de Europa nos ha demostrado en múltiples ocasiones y como hemos comprobado trágica y recientemente en la antigua Yugoslavia.

La sociedad civil es una concepción y un logro europeos. El antropocentrismo griego, el Derecho romano, la elevación cristiana del ser humano a la categoría de persona, la genial sistematización del poder político elaborada por Montesquieu, el pensamiento social de los filósofos liberales escoceses del siglo XVIII, y la visión seminal de los federalistas que teorizaron la Revolución americana sentaron los pilares conceptuales y éticos de la forma más civilizada y benéfica de la organización de la convivencia que ha producido nuestra especie. Todo lo que ha venido después no han sido sino perfeccionamientos y retoques de un cuerpo de doctrina y de experiencia histórica que quedó sólidamente trabado hace doscientos años.

Antes de analizar la posibilidad de la aparición de una sociedad civil de dimensión europea, en la que todos sus elementos constitutivos, tal como los he descrito, abarquen un espacio que se extienda desde Lisboa a Praga y desde Helsinki a Nicosia, es conveniente examinar un aspecto no por incómodo menos presente, de la naturaleza de las sociedades civiles actuales. Me refiero al soporte comunitario de dichas sociedades, es decir, a aquellos factores étnicos, culturales, religiosos o geográficos que configuran una «identidad nacional», un sentimiento colectivo de pertenencia, adhesión y lealtad a un grupo humano bien delimitado y de contornos y símbolos visibles. Es imprescindible no olvidar que entre la nación étnica y la nación civil la relación se hace difícil en contextos racial, cultural o confesionalmente plurales. Cuando la Nación es entendida de manera excluyente como la adopción de un estereotipo homogéneo con independencia de la composición real de la sociedad, esta no puede ser una sociedad civil en el sentido aquí apuntado, porque la imposición coactiva de una lengua, la obtención a cualquier precio de la pureza de una raza o la exaltación intransigente de una ortodoxia religiosa conduce inevitablemente a la vulneración de libertades fundamentales, a la destrucción del espacio público de debate y opinión y a la erección de barreras nocivas para la unidad de los mercados. De hecho, el proyecto de la Unión Europea representa una ambiciosa transformación del soporte comunitario de una serie de sociedades civiles históricamente decantadas, con el propósito explícito de pasar de su fragmentación actual a un nivel superior de identificación y de participación que incida sobre la heterogeneidad reinante integrándola en función de valores y metas comunes.

Toda agrupación humana, tal como ha explicado de forma magistral Michael Oakeshott, puede ser entendida como una asociación «civil» plasmada en un conjunto de reglas de convivencia que facilite y garantice a los individuos el cumplimiento de sus proyectos particulares o como una «empresa» en la que sus integrantes se ponen al servicio de un objetivo colectivo que requiere de su parte el sacrificio de sus fines propios en aras de ese propósito trascendente común. En la práctica, las naciones reales participan de ambas concepciones. La sociedad civil no elimina ni desprecia la segunda de estas dos vertientes de la vida del grupo, pero pone un énfasis preferente en la primera. Entre la horda y el *demos*, entre la tribu y la *polis*, los miembros de la sociedad civil eligen sin titubeos y se inclinan por vivir juntos liberados del estado de naturaleza hobbesiano. No se hurtan a la dimensión colectiva aparejada a su condición de seres sociales, pero desean preservar a toda costa un espacio suficiente para su libre iniciativa. El socialismo colectivista y el nacionalismo identitario de corte étnico-lingüístico se encuentran en un extremo rechazable y siniestro de esta dicotomía, tan nefasto como el hedonismo egoísta del apátrida patológicamente desvinculado de su comunidad. Cuando el soporte comunitario se problematiza, la sociedad civil se cuartea y cuando la identidad étnica se reclama como valor supremo, la sociedad civil es arrasada.

La progresiva evolución de un grupo humano hacia el estadio superior que representa la sociedad civil implica una cierta relativización de la importancia otorgada al soporte comunitario, que aparece como indispensable en tanto que base material de partida, pero cuyo valor ético-normativo debe ser colocado por debajo del cultivo de la virtud cívica y de la dignidad inalienable de los individuos. En este sentido, la Unión Europea nos proporciona un ejemplo admirable de intento de dilución de las identidades nacionales de resabio étnico en una matriz institucional, moral y política de grandes proporciones en la que los ciudadanos europeos encuentren aquello que les une y les asemeja borrando viejos rencores y se sientan llamados a trabajar codo con codo con la mirada puesta en el interés general. El sueño de los padres fundadores de la Unión no nos arrastra a un juego de suma cero en el que la identidad diferenciada y la calidad democrática de cada Estado-Miembro se pierde en favor de las instituciones comunitarias, sino que, por el contrario, en la medida que sus órganos de acción situados en Bruselas, Estrasburgo y Luxemburgo se fortalecen y mejoran en eficiencia y operatividad, la personalidad de cada socio se afirma en un tono positivo sin agresividad y su compromiso con la democracia adquiere renovado vigor. Si no sucede así, y por ello se ha repetido *ad nauseam* que la Unión adolece de un «déficit democrático», es porque nos hemos apartado del diseño originario.

Antes de continuar adentrándonos en la plausibilidad y en las ventajas de disponer de una sociedad civil europea, es conveniente resaltar que entre los diferentes componentes de la sociedad civil existen vínculos sistémicos que hacen que funcione como un conjunto armónico, sin que ninguno de sus elementos pueda ser disociado de los demás, y mucho menos contrapuesto a ellos. Los manifestantes airados que tomaron las calles de Seattle para sabotear la última cumbre de la Organización Mundial del Comercio o los que hace pocos días lo intentaron en Washington con motivo de la reunión del Fondo Monetario Internacional estaban poseídos por la idea equivocada de que la esfera pública es la enemiga natural de los mercados y de la autoridades gubernamentales, y que su deber era poner en evidencia esta incompatibilidad con métodos lo más ruidosos y vandálicos posible. Sin ignorar el peligro que encierra siempre cualquier poder, cuya tendencia intrínseca a perpetuarse y a crecer representa una permanente amenaza para la libertad y la justicia, es suicida desaprovechar el potencial liberador y civilizador de la competencia entre empresas privadas, así como el de las políticas públicas. Un enfoque minimalista de la sociedad civil, reducida al tejido asociativo no gubernamental ni económico y al espacio de debate y controversia en los medios de comunicación, la esteriliza y la invalida secando su inagotable y salutífero manantial de progreso y de mejora de la convivencia. Una descripción del colapso del Imperio soviético tan somera como reveladora radica en afirmar que su fracaso estuvo estrechamente ligado a su irreversible apartamiento de cualquier asomo de sociedad civil. La pétrea fusión de los poderes político, económico, cultural, militar y mediático que caracterizó a la extinta URSS quedará para siempre como arquetipo del modelo de sociedad contrario al que Occidente, con mayor o menor acierto, ha adoptado sin excepciones como referencia durante el último medio siglo.

Los distintos engranajes de la sociedad civil, al girar unos encajados en los otros, con mejor o peor lubricación, entrenan a los que viven en su seno a comportarse de acuerdo con hábitos que la mera experiencia comunicativa o la optimista persuasión racional no bastan para generar. La tolerancia, la veracidad, el respeto a los compromisos contraídos, la atención a la opinión ajena, la conciliación con el interés de los demás mediante la búsqueda del pacto con preferencia al conflicto violento, la responsabilidad por los propios actos, el gusto por la excelencia, son sentimientos y virtudes que sólo se adquieren a través del aprendizaje suministrado por los mecanismos normales de relación propios de los marcos institucionales de la sociedad civil, al igual que no hay caldo de cultivo más apropiado para la corrupción, el engaño, la indolencia y la intolerancia que las sociedades cerradas y totalitarias.

Cabe preguntarse, y los euroescépticos formulan sin cesar este interrogante, cuál es el beneficio de ampliar el «tamaño» de la sociedad civil de cada ciudadano europeo, que dispone ya de los adecuados entornos normativos, éticos e institucionales en su correspondiente Estado-Miembro. Desde esta perspectiva cargada de reservas y erizada de temores hacia una eventual Europa super-Estado, más allá del libre intercambio y de la circulación sin restricciones del capital humano y financiero, de los productos de la agricultura y de la industria, y de los servicios, todo lo demás son ganas de enredar y de deteriorar la transparencia y la exigencia de responsabilidad a los representantes políticos. Frente a esta crítica, me limitaré a citar dos ejemplos: el primero consiste en señalar la eficacia de los criterios de disciplina fiscal impuestos por los Tratados a todos los miembros de la Unión con vistas a controlar las ansias intervencionistas y dirigistas de determinados Gobiernos que, obligados por la normativa europea a no sobrepasar cotas razonables de endeudamiento, inflación y déficit, se ven impedidos de invadir en demasía el terreno de la actividad privada; el segundo, al que ya me he referido anteriormente, estriba en el efecto inhibidor de posibles rebrotes de nacionalismos agresivos que deriva de la misma existencia de las instituciones comunitarias, impagables centros de puesta en común de divergencias de intereses con absoluta exclusión de colisiones cruentas, por no mencionar el inequívoco compromiso de la Unión con los valores democráticos y con los derechos humanos, tan solemnemente declarado en sus textos jurídicos fundamentales. La llamada de atención al Gobierno austriaco, tanto del Consejo Europeo como de la Comisión y del Parlamento, por la presencia en su composición de un partido sospechoso de veleidades xenófobas ha sido una muestra polémica, pero reconfortante, de este papel crucial de las más altas instancias europeas como guardianas de un patrimonio ético inmune a la coyuntura.

Y una vez esbozado el concepto de *sociedad civil* y ensalzadas sus positivas consecuencias, pasemos a revisar brevemente las dificultades inherentes al proceso de creación de una sociedad civil europea. Siguiendo el excelente planteamiento de uno de los más brillantes sociólogos españoles, Víctor Pérez Díaz, mencionaré tres principales obstáculos para una correcta configuración de la misma: la persistencia de una atención preferente de los ciudadanos europeos a su marco nacional particular ignorando el comunitario, la continua exhibición de contradicciones entre un discurso de unidad europea y la defensa egoísta de intereses nacionales, y la incongruencia entre las distintas memorias históricas de los Estados-Miembros.

Comenzando por el primer problema, resulta evidente que las opiniones públicas de los Quince están mucho más pendientes del debate político en sus propios países y tienden a ver preferentemente a sus Gobiernos nacionales como el blanco de sus complacencias o de su desaprobación antes que a las instituciones europeas. La realidad innegable de que muchas de las deficiencias estructurales que aquejan a nuestro continente en el terreno de las políticas sociales y económicas pueden encontrar mejores soluciones con un abordaje europeo global y no con medidas emprendidas a nivel nacional no ha calado en la ciudadanía de los Estados-Miembros, que siguen exigiendo a sus autoridades locales una intervención protagonista para encauzar las cuestiones que les afectan y les inquietan. El ciudadano europeo medio se siente más interesado por una acción sectorial de su ministro o ministra de Economía o de Trabajo que por la vasta panoplia de directrices surgidas de la cumbre europea de Lisboa.

Ruidosos y bochornosos acontecimientos sucedidos en la postrera década del siglo han contribuido a acrecentar la introversión de los cuerpos sociales europeos. Los escandalosos episodios de corrupción, casi siempre relacionados con la financiación ilegal de partidos políticos, que han sacudido sucesivamente las escenas públicas italiana, española, francesa, belga y alemana, han despertado la indignación avergonzada de los ciudadanos de estos países y han minado su confianza en la democracia representativa, concentrando su preocupación en el interior de sus fronteras. Una tasa media de desempleo doble que la norteamericana, los anuncios recurrentes de la falta de viabilidad de los sistemas de protección social y las tensiones asociadas a la globalización de la economía provocan una angustia creciente en masas de consumidores de noticiarios de televisión, que se vuelcan sobre sus Gobiernos nacionales en busca de consuelo y seguridad ante un futuro que les pintan sombrío e imprevisible.

Las élites políticas y empresariales, en cambio, bien sea por su superior grado de información, bien por su deseo de trasladar su responsabilidad a un ámbito lejano y menos visible que les alivie de la exigencia de dar respuesta a las demandas de sus votantes y de sus trabajadores, manifiestan en su discurso y en su actividad un intenso compromiso con los mecanismos institucionales y los procesos normativos de la Unión Europea, con la consiguiente irritación del hombre de la calle, que interpreta esta querencia comunitaria como escapismo o como ansia vanidosa de figurar en el plano internacional. El día en que una esfera pública europea alerta y buena conocedora de la política comunitaria sea la sede de un debate vivo y riguroso sobre las decisiones de los órganos de la Unión o sobre las distintas opciones a seguir por los Quince actuando conjuntamente parece todavía lejano.

En cuanto a la distancia a veces alarmante entre la florida retórica europeísta de los líderes políticos y una cruda realidad de defensa feroz de intereses nacionales produce en el espectador ingenuo una desagradable sensación de incoherencia y de cinismo. Consideremos, por ejemplo, la política agraria común. Este campo de acción de la Unión Europea consume la mitad de su presupuesto y absorbe una notable cantidad de recursos humanos y logísticos. Su objetivo es doble, dar satisfacción por una parte a los *lobbies* agrarios, especialmente a los de Francia, Alemania y el Benelux, y colorear por otra la tópica imagen bucólica de «tierra y campesinos» asociada a los ingredientes atávicos de las identidades nacionales. En el momento de plantear la admisión de un nuevo miembro en la Unión, su disposición a plegarse a estos intereses ha sido clave para establecer el calendario de la adhesión. Durante años, imperó en Europa un discurso grandilocuentemente conmovedor sobre el deseo ferviente de los Gobiernos comunitarios de abrir los brazos a España una vez esta recuperase la democracia. Pues bien, a la hora de la verdad, la impaciencia por recibir al nuevo hermano resultó ser menor que la cacareada en vida del general Franco. El dictador murió en 1975 y España solicitó la entrada en la Comunidad Europea en 1977.

La firma del documento de adhesión no se produjo hasta 1986, y ello después de que mi país pagase el gravoso precio de una significativa disminución de la capacidad de su agricultura para competir con la francesa. Desde entonces, y a pesar de haber pasado por las horcas caudinas de largos períodos transitorios, de draconianas cuotas lecheras y de haber arrancado incontables hectáreas de viñedos, los agricultores franceses descargan de manera periódica su cólera sobre los camiones españoles que transportan frutas y verduras a través de territorio galo con destino a los mercados del Norte. Ni que decir tiene que ante semejantes tropelías, la gendarmería mira distraídamente hacia otro lado y los palacios del Elíseo y de Matignon silban la Marsellesa. Todo un edificante ejemplo de solidaridad europea y de respeto a los Tratados. Este es un precedente que ha de ser tenido muy en cuenta por los candidatos de Europa central y oriental, y no lo digo para desanimarles ni soliviantarles, sino para advertirles que se armen de paciencia, porque la inconsistencia de pedirles a ustedes que saneen sus economías e introduzcan un severo rigor fiscal en sus cuentas públicas mientras les dan largas hasta que sus productos industriales y agrarios no representen una amenaza forma parte de la dinámica tradicional comunitaria. Los españoles ya degustamos en su día este desagradable trago y ustedes empiezan a notarlo ahora. En cualquier caso, sepan que a la larga el sacrificio vale la pena.

Esta perversa lógica impera también en el reparto de los fondos estructurales y de cohesión, en la asignación de vacantes en el funcionariado de la Comisión, del Parlamento, del Consejo y del Tribunal de Justicia, y en todos los programas en general, donde las delegaciones nacionales se disputan a cara de perro los puestos y los recursos en juego. Cuando la República Federal Alemana se lió la manta a la cabeza y emprendió la reunificación sin reparar en costes, centrifugó inflación y encarecimiento del precio del dinero al resto de sus socios comunitarios, con el consiguiente aumento del paro y del desequilibrio presupuestario a lo largo y a lo ancho de la Unión, sin que le temblara la mano a la hora de sentar la prevalencia de sus objetivos particulares sobre los de los demás Estados-Miembros que, pese a sus protestas, no tuvieron otro remedio que aguantarse. En definitiva, que en el núcleo más profundo de las políticas comunitarias hallamos demasiado a menudo comportamientos y actitudes que ponen ante los ojos de una ciudadanía escandalizada el choque descarnado de egoísmos nacionales apenas disimulados.

Examinemos, por último, la fragmentación de la memoria colectiva europea en relatos históricos que son frecuentemente imágenes invertidas, en las que los héroes de una narración son los villanos de la vecina, las glorias de una Nación son los desastres de otra y los distintos mitos fundacionales se edifican en ocasiones sobre la humillación pasada de un Estado-Miembro hoy forzosamente socio y amigo. Es extraordinariamente difícil que los europeos compartan recuerdos emocionalmente cohesionadores de manera semejante a los norteamericanos, que se encuentran satisfactoriamente reflejados en su epopeya de guerra liberadora contra la metrópoli británica, nacimiento de una Nación moderna y democrática y conquista del Oeste salvaje y legendario. Para los europeos no hay historia común, sino un haz de trayectorias entrecruzadas en un baile violento de guerras, alianzas, fobias, filias, enfrentamientos y cruces dinásticos, conquistas y reconquistas, en el que los motivos de rencor y de antipatía ahogan demasiadas veces en el imaginario colectivo las incitaciones a la amistad y al afecto.

La multiplicidad de lenguas es, obviamente, otro factor de división y distanciamiento entre los pueblos europeos cuya superación es costosa y fatigosa. En Europa ninguna lengua hace el papel del inglés en los Estados Unidos, que crea un dilatado espacio de comunicación fluida y de modos de expresión y arquetipos culturales que van de costa a costa cubriendo miles de kilómetros y envolviendo una marcada diversidad que queda así neutralizada. Para un europeo culto es imprescindible conocer una o dos lenguas además de la propia, el inglés como *lingua franca* oficiosa, al que hay que añadir el francés o el alemán. Sin embargo, salvo en casos contados, serán idiomas adquiridos que no se dominarán con la deseable soltura y que harán incómodo e incompleto el contacto con los ciudadanos de otros Estados-Miembros. Además, dada la reducida movilidad de las poblaciones europeas, pronto se diferenciarán unos estratos cosmopolitas y políglotas en las grandes urbes del común de las gentes alejadas de la dinámica de intercambio cultural y de cristalización de una identidad múltiple.

Si los europeos comparten una cierta estructura común de memoria histórica, esta se sitúa en el siglo XX. Todos ellos son herederos directos de una serie cronológica totalitarismo-guerra-democracia, todos han cometido un pecado original atroz seguido de la redención bélica y la gloria democrática, y todos ellos, o sus padres o abuelos viven sumergidos en el recuerdo de regímenes inhumanos y opresivos que sembraron la destrucción y la muerte hasta extremos escalofriantes. Esta huella terrible y cruel en el pasado reciente de Europa ha generado un complejo de culpa más o menos soterrado que ha impulsado a su vez una huída hacia adelante, una febril impaciencia por habitar el futuro dejando atrás las montañas de cadáveres inocentes víctimas de los fascismos nazi y comunista. Lo peor de este pretérito torturante es el carácter endógeno de los horrores hitlerianos, mussolinianos y estalinistas y el origen externo de las fuerzas salvadoras, concretamente los Estados Unidos y su liderazgo decisivo en la Segunda Guerra Mundial y en la larga guerra fría subsiguiente. El hecho de que la Unión Europea naciera para evitar que estas catástrofes se repitieran no ayuda demasiado, al estar indefectiblemente asociado el hito fundacional a un sentimiento de desconfianza en las propias pulsiones diabólicas, de contricción autoflagelante y de pérdida de autoestima. La divisa «*plus jamais ça*» encierra una loable determinación, pero mantiene vigente un estigma de oprobio. El alumbramiento ilusionado de una comunidad política supranacional queda algo lastrado cuando va emparejado a la necesidad de lavar una mancha infamante.

A la luz de lo anteriormente expuesto, no parece una posición demasiado pesimista constatar que todavía estamos lejos de disponer de una sociedad civil europea como tal. La autoridad pública europea es más bien un directorio intermitente y vacilante asistido por una burocracia cuyas transparencia y eficiencia son puestas en cuestión, mientras los canales de asunción de responsabilidad política ante los ciudadanos siguen siendo confusos y evasivos. La normativa europea es aplicada por los Estados-Miembros, que procuran con excesiva frecuencia eludirla, obstaculizarla o configurarla en términos de sus intereses nacionales. En el capítulo del mercado único y de la libertad económica es donde el avance ha sido más sustancial, aunque existen todavía barreras inmateriales que obstaculizan la permeabilidad de las fronteras, y una parte significativa de la economía está aún fuertemente intervenida. La multiplicación y expansión de redes asociativas de cooperación, contacto y mutuo conocimiento ha sido espectacular en todos los ámbitos privados y públicos, pero falta un largo trecho para que este proceso cale en la calle y no quede circunscrito a unas élites políticas, culturales, empresariales, profesionales y mediáticas que monopolizan en su beneficio el *élan* europeísta. Y en lo que se refiere a la aparición de una esfera pública formada por una masa crítica de ciudadanos responsables que se sientan europeos y como tales actúen, opinen, critiquen y sigan de cerca las políticas desarrolladas por las instituciones comunitarias, estamos casi en mantillas. Este punto en particular, el de la formación de un espacio europeo de debate y análisis de las cuestiones de dimensión comunitaria, es clave para que exista una verdadera ciudadanía europea, es decir, un colectivo de decenas de millones de hombres y mujeres que se vean a sí mismos como integrantes de la Unión, estén dispuestos a reclamar derechos ante las instancias correspondientes y también a asumir cargas y deberes en función de su condición de europeos, un *demos* superpuesto y compatible con los *demoi* nacionales, pero tan tangible como estos, una muchedumbre consciente y lúcida que se sepa depositaria de valores comunes y vibre con la pasión anticipada de las grandes tareas colectivas que la Unión se dispone a acometer en el tercer milenio, y entre las cuales la Ampliación destaca como una de las más relevantes y arriesgadas.

En esta titánica hazaña de transformar un hervidero de pueblos orgullosos y ariscos, ensimismados en sus mitos y leyendas autoglorificadores, mortificados por una mala conciencia histórica, celosos defensores de sus intereses geopolíticos y económicos particulares, y prisioneros de sentimientos nacionalistas identitarios, en una única comunidad civilizada, racional, pacífica, altruista, ilustrada y competitiva, que esté presente en el escenario planetario con una voz que, aunque polifónica, emita un mensaje coherente e inteligible y tenga una influencia decisiva en la marcha de los acontecimientos de un mundo globalizado y aceleradamente cambiante, en este trabajo sólo apto para Hércules contemporáneos, la articulación y fortalecimiento de una sociedad civil europea es condición previa e ineludible, compendio y esencia.

He aludido con anterioridad al deseo de paz, prosperidad y justicia que animaba a los ciudadanos europeos en su voluntariosa bregа para ampliar, configurar y asentar la Unión. Hay que tener muy presente, y de ahí la fuerza clarificadora e inspiradora de la noción de sociedad civil, que no estamos hablando de una paz, una prosperidad y una justicia cualesquiera. La paz que anhelamos no sólo es una mera paz pasiva entre las naciones europeas sino una paz activa ganada contra los totalitarismos inhumanos y degradantes; la prosperidad que queremos construir y disfrutar no es una prosperidad indiferente al método para conseguirla, es una prosperidad basada en el funcionamiento espontáneo de los mercados y en la interacción sin más trabas que las imprescindibles entre millones de agentes autónomos; la justicia a la que nos sometemos y que demandamos no es la justicia impartida por el déspota o por el sabio iluminado, sino la justicia derivada del imperio de la ley democráticamente aprobada que obliga a todos por igual, desde el gobernante más encumbrado al ciudadano más modesto.

Concluyendo, la Unión Europea merece la pena porque constituye un orden de libertad y la sociedad civil europea que debemos esforzarnos en vertebrar es el cauce y el instrumento de este orden de libertad.

(Conferencia pronunciada ante la Asamblea General de la Academia de Ciencias de Chequia, el 27 de abril de 2000.)

CIUDADANÍA, IDENTIDAD Y DIVERSIDAD CULTURAL EN LA UNIÓN EUROPEA

Después del rechazo a la llamada Constitución europea en los referendos celebrados en Francia y en Holanda, el entonces presidente del Consejo Europeo, el primer ministro luxemburgués, Jean Claude Juncker, les dijo a un grupo de periodistas que se interesaban por su valoración de estos dos fracasos: «No crean ustedes a los que les digan que Europa está en crisis. La verdad es que Europa está en una crisis profunda». Aparte de demostrar que en Luxemburgo existe el sentido del humor, dato altamente estimulante a la hora de analizar el futuro de la Unión Europea, lo que el experimentado político democristiano señalaba es una realidad tan dura como imposible de ignorar: el método utilizado para hacer avanzar el proceso de integración iniciado hace más de medio siglo ha quedado agotado y entramos en una nueva etapa que exigirá un enfoque distinto, con planteamientos más participativos, más realistas y probablemente más pausados.

De hecho, lo que los votantes franceses y holandeses expresaron con su sufragio negativo fue una reacción defensiva contra lo que percibían como una amenaza a su modo de vida, a sus valores, a su seguridad laboral y física, en definitiva, a su identidad. La imagen del fontanero polaco en Francia o la exhibición airada de la cifra de ciento ochenta euros per cápita de contribución holandesa al presupuesto comunitario nos ponen sobre la pista de la naturaleza del mal que ha dejado moribundo al Tratado Constitucional. Por eso resulta oportuno reflexionar en este momento de la historia europea sobre la relación entre ciudadanía, identidad y diversidad cultural, porque de este análisis podemos extraer claves interpretativas útiles para salir de la agobiante mezcla de desorientación y pesimismo que hoy domina los despachos y mentideros de Bruselas.

La creación de una identidad requiere un objeto que se percibe a sí mismo como único y distinto a otros y que se describe a sí mismo como tal. En el caso de grupos humanos, la identidad se basa en órdenes dotados de contenido normativo con capacidad estructurante de la acción social. La lengua, la raza, la religión, las tradiciones, el derecho, el sistema de instituciones políticas, la gastronomía o el folclore son, entre otros, elementos definidores de la identidad colectiva. La identidad cultural, desde esta perspectiva, será siempre heterogénea y contendrá órdenes potencialmente conflictivos. Un Estado confesional cuya religión determine todos los hábitos de conducta y los códigos estéticos en una sociedad étnicamente uniforme y monolingüe con escasa diferenciación social representaría un caso extremo de homogeneidad cultural. Este modelo ficticio no se da en la práctica y todas las sociedades evolucionadas conocidas presentan un grado más o menos apreciable de pluralidad cultural interna. En Europa, las identidades colectivas fueron ahormadas en clave «nacional» básicamente en el siglo XIX. Las naciones políticas fueron los agentes principales de formación de las identidades culturales nacionales que, a su vez, quedaron asociadas con carácter biunívoco a las entidades que las habían gestado.

Por tanto, el desarrollo de una identidad europea implica la aparición de uno o varios órdenes normativos con capacidad de estructurar la acción social en todo el territorio de la Unión. Dada la fuerza de los Estados-Nación para definir identidades nacionales, este hipotético orden institucionalizado europeo debería ser también lo suficientemente sólido para fabricar su propio espacio identitario. En su ausencia, y pese a los esfuerzos del llorado José Antonio Jaúregui por rastrear cada concepto, cada costumbre, cada refrán, cada arquetipo literario y cada pista filológica que pudiera servir de arcilla para moldearlo, la cultura europea será un conglomerado de culturas nacionales que compiten entre sí. Ahora bien, de manera tortuosa, laboriosa y confusa, pero persistente y creciente, la Unión Europea ha ido elaborando a lo largo de los últimos cincuenta y cinco años una estructura institucional surgida del ideal de unidad continental. El Consejo, la Comisión, el Parlamento, el Tribunal de Justicia configuran un régimen supranacional con poder normativo en sus áreas de competencia. Tenemos, pues, un objeto susceptible de verse a sí mismo como único y distinto a otros, es decir, nos encontramos con la posibilidad de la emergencia de una identidad europea. Hasta qué punto esta identidad puede llegar a ser una identidad cultural sentida como propia por todos los ciudadanos de la Unión es un asunto digno de atención además de polémico.

Es ilustrativo recordar los pasos sucesivos de la progresiva «comunitarización» de los Estados-Miembros desde la seminal Comunidad Europea del Carbón y del Acero hasta el Tratado de Niza y la por ahora fallida Constitución. Con el cambio de siglo, lo que empezó siendo un sistema económico integrado ha devenido en un régimen profundamente institucionalizado de tipo jurídico-político. Es impresionante repasar la lista de materias en las que la Unión Europea posee competencias, sean estas exclusivas, compartidas o de coordinación. Los Estados-Miembros han transferido una parte sustancial de sus atribuciones a la Unión y la legislación europea tiene primacía sobre las legislaciones nacionales en ámbitos muy significativos como el comercio exterior, la agricultura, la pesca, la política monetaria, el medio ambiente, la política industrial, la inmigración, el asilo, el transporte, la investigación y la innovación y la política social. Un nuevo orden se ha levantado sobre y junto a los Estados-Nación por la voluntad soberana de los mismos. Esta «comunitarización» creciente ha inducido cambios cualitativos que han transformado la naturaleza de la Unión. De una asociación para llevar a cabo tareas conjuntas sin que la soberanía de los Estados-Miembros quedara involucrada, hemos pasado a una autoridad supranacional con poder normativo sobre aspectos vitales de la vida de los ciudadanos. Las Constituciones de los Estados-Miembros se han abierto a la Unión y a este respecto es útil recordar la reforma constitucional alemana de 1992 que modificó el artículo 23 de la Ley Fundamental de la República Federal. Es cierto que la Unión Europea no es un super-Estado, como pretenden algunos euroalarmistas desaforados, pero no se puede negar que cada día contiene más elementos que la asemejan parcialmente a un Estado.

Se puede afirmar, en consecuencia, que el proceso de integración europea ha alumbrado un nuevo orden económico-jurídico-político dotado de poder normativo y con una influencia directa sobre las condiciones de vida de los ciudadanos de los veinticinco Estados que se encuentran bajo su jurisdicción. Dado que la formación de instituciones precede a la aparición de una conciencia autoidentificadora, Europa se ha convertido en una referencia tangible para una posible identidad colectiva. Este es un dato innegable y muy probablemente irreversible.

Hay que tener presente que inicialmente la Comunidad Europea se legitimaba a los ojos de la opinión pública a través de criterios de pura eficiencia y la referencia a valores culturales o éticos era nula o muy escasa. Así, la fijación de objetivos y los procesos de toma de decisiones se producían de forma ajena a los órdenes nacionales fundamentados en valores culturales, morales o sociales de carácter identificador. Un descarnado pragmatismo presidía la realización de la unión aduanera, la creación del mercado único o el impulso a la libre competencia. La gestión de los efectos previstos e imprevistos de estas decisiones quedaban en manos de los sistemas políticos de los Estados-Miembros y la Comunidad Europea se concentraba en áreas de actuación muy concretas para obtener resultados materiales que redundasen en la prosperidad general. El debate sobre el «déficit democrático» era más ritual que otra cosa y hasta el Tratado de Maastricht las cuestiones constitucionales quedaban encerradas en círculos académicos o en cenáculos de eurofederalistas. Los Gobiernos de los Estados-Miembros eran los «señores de los Tratados», se sentían legitimados por sus cuerpos electorales nacionales y negociaban directa y personalmente en las reuniones del Consejo de Ministros sobre las medidas que había que adoptar. El Parlamento tenía un papel secundario y discutía sobre las piezas legislativas que le remitía la Comisión en cuyo seno una burocracia altamente tecnificada preparaba las propuestas bajo una óptica de mera racionalidad económica. La creencia sin fisuras en las notorias ventajas del proceso de integración como generador de crecimiento y de riqueza hacía superflua cualquier legitimación más allá de la evolución del producto interior, la balanza exterior y la tasa de empleo. La necesidad de una identidad que proporcionase una conciencia de pertenencia y un espíritu de cohesión de alcance supranacional ni era sentida por los ciudadanos ni requerida para el buen funcionamiento de las instituciones.

En el Eurobarómetro más reciente (EB62, otoño 2004) se observa que sólo un 3% de los ciudadanos de la Unión se consideran exclusivamente europeos, un 7% se definen como europeos en primer lugar y nacionales de sus Estados en segundo, un 47% como nacionales de sus Estados en primer lugar y europeos en segundo y un 41% como sólo nacionales de sus Estados. Si comparamos estos mismos porcentajes con los registrados en el Eurobarómetro correspondiente a septiembre de 1995 (EB43) vemos que la tendencia es claramente regresiva en la vinculación con Europa como referencia autoidentificadora. Las cifras son del 6%, 8%, 45% y 37% para los mismos epígrafes citados con anterioridad. Por otra parte, de las respuestas a otras preguntas relacionadas con la valoración del trabajo de las Instituciones Europeas se desprende de manera paradójica que una mayoría de encuestados están satisfechos con la pertenencia de su país a la Unión, que perciben claramente los beneficios derivados de la misma, que la confianza en las instancias comunitarias ha aumentado en los últimos años y que la imagen de la Unión asimismo ha mejorado. En cualquier caso, queda claro que estas opiniones positivas tienen un origen más apoyado en consideraciones prácticas e instrumentales que en elementos axiológicos o emocionales. A los ojos de los europeos, el Estado-Nación sigue siendo el principal agente defensor del interés nacional, el depositario de la legitimidad democrática y el marco formal de los mecanismos de integración más potentes, a saber, la autoconciencia colectiva fruto de la comunicación directa, los acuerdos políticos sobre redistribución de la riqueza y sobre la carga tributaria y la atribución de los logros o los fracasos a los actores políticos, económicos y sociales. Hoy por hoy, la Unión Europea no ofrece una referencia omnicomprensiva para la creación de una identidad colectiva. Dentro de la multiplicidad de regímenes supranacionales, tales como la ONU, la OMC, la OTAN, el BM o el FMI, la Unión va ganando visibilidad, relevancia y proximidad, pero aún no se ha colocado ni de lejos a la par con el Estado-Nación.

La llegada del Tratado de Maastricht y la transformación de la Comunidad Económica Europea en Unión Europea representó un cambio cualitativo de profundas consecuencias. La Unión Monetaria y el Pacto de Estabilidad han introducido severas limitaciones en la autonomía de los Estados-Miembros para desarrollar sus políticas presupuestarias mientras la incapacidad para adaptarse a las circunstancias derivadas de la globalización ha introducido fuertes presiones sobre las economías de algunos de los países comunitarios más opulentos, como Francia y Alemania. Simultáneamente, la marcada diferencia de renta per cápita entre el norte y el sur de Europa, y entre la Europa de los Quince y la de los diez nuevos socios exige acciones redistributivas bastante enérgicas en el seno de la Unión, lo que choca con las necesidades internas de los Estados ricos con elevados índices de paro y déficits abultados. Por consiguiente, aparecen tensiones agudas en relación a las políticas de nivelación de rentas y la Unión ya no se puede desentender de los efectos del ejercicio de sus competencias. La reciente flexibilización del Pacto de Estabilidad o la acritud del debate sobre las próximas perspectivas financieras son síntomas palpables de la resistencia de ciertos Estados-Miembros a aceptar sus obligaciones en tanto que tales. Lo que era una comunidad económica entregada a la liberalización de los mercados y al fomento de la competencia se ha transformado en una unión política o, si se quiere, politizada, en cuya arena institucional sus integrantes se pelean ferozmente por el reparto de los recursos. Este tipo de enfrentamientos surgidos de las diferentes interpretaciones sobre la aplicación correcta de la solidaridad se resuelven mejor en el seno de cada Estado-Miembro gracias al poder amortiguador del conflicto que proporciona el tejido cohesivo de la identidad cultural. No es casualidad que nuestros nacionalistas secesionistas estén tan empeñados en destruir los lazos de afecto secular entre los españoles y su sentido de pertenencia a una identidad común antes de proceder a arramblar con el botín fiscal. La naturaleza intrínsecamente perversa de su proyecto no significa que no esté a cargo de individuos que saben perfectamente lo que se traen entre manos. Uno de los fenómenos que mayor perplejidad me han inspirado en las dos décadas que llevo en la política activa es el contraste entre la astucia, la habilidad, la férrea voluntad y la perfecta planificación con la que los nacionalistas están desmontando el Estado y dinamitando la Constitución y la ingenuidad inane y la pusilanimidad oportunista de los que en teoría deberían frenar sus desmanes. Pero volvamos a Europa antes de que nos suba la presión arterial.

A medida que la Unión Europea influye de manera más explícita en los procesos redistributivos de la riqueza, experimenta una necesidad creciente de legitimidad, lo que nos aboca de nuevo a la cuestión de la identidad colectiva generadora de sentimientos de solidaridad por encima de las fronteras nacionales. Ahora bien, el sistema de valores sustentador del «Estado Europeo del Bienestar» que cumpla un papel análogo al que posibilita los Estados del Bienestar nacionales en cada Estado-Miembro todavía no ha nacido y la crisis constitucional que estamos atravesando demuestra que el parto no se presenta fácil.

A partir del Tratado de Maastricht, Europa se ha visto obligada a emprender una doble tarea que, en cierta forma, la descoyunta. Por una parte, debe desarrollar referentes axiológicos y culturales que susciten la adhesión emocional de los ciudadanos a la Unión construyendo así una dimensión europea de solidaridad, por otra, ha de reforzar la lealtad a los Estados-Nación. Si falla en el primer objetivo, será muy difícil continuar incrementando las competencias y la extensión geográfica de la Unión; si retrocede en el segundo, la posibilidad de alcanzar acuerdos redistributivos a nivel europeo disminuirá peligrosamente.

Hay que tener presente que los procedimientos coactivos de corte autoritario utilizados durante los siglos XVIII y XIX para crear los modernos Estados-Nación políticamente centralizados y culturalmente homogéneos resultan impensables en las actuales instituciones comunitarias, que recurren para crear «conciencia europea» a estrategias mucho más sutiles y persuasivas, aunque hasta el momento con escaso éxito. La comunitarización segmentada de la gestión política, en la que unas competencias son exclusivas de la Unión, otras son compartidas y otras de mera coordinación o apoyo, no es apta para la producción de una Europa-Nación culturalmente homogénea y gobernada desde un foco central de poder. La Unión es un ente extraño que ejerce en paralelo competencias supranacionales junto a formas elaboradas de cooperación internacional. La política agrícola común, la política monetaria de la zona euro o la conservación de los recursos pesqueros quedan fuera de la jurisdicción de los Estados-Miembros, pero la política internacional, la fiscalidad y la defensa son terrenos en los que conservan plena autonomía.

Otro camino muy efectivo de «nacionalización», la igualación de derechos civiles, tampoco parece demasiado adecuado para la consolidación de una identidad cultural de alcance continental. Las libertades de circulación, el derecho de petición, el derecho de sufragio activo y pasivo en elecciones municipales y europeas, el derecho de recurso ante el Tribunal de Justicia o el derecho de protección y atención diplomática en países extracomunitarios configuran un estrato de derechos civiles «europeos» que la Carta de Derechos Fundamentales hubiera ampliado enormemente si el Tratado Constitucional no hubiese naufragado, pero de ninguna manera sustituyen a la amplia panoplia de derechos y libertades civiles, políticos y sociales consagrados en las Constituciones nacionales de los Estados-Miembros. En este contexto, conviene recordar que la ciudadanía europea es adquirida en la medida que se es ciudadano de un Estado-Miembro y esta jerarquía confiere a los derechos civiles «europeos» un estatus de subordinación a los nacionales tremendamente elocuente. Lejos de voluntarismos europeístas faltos de realismo, hemos de constatar que incluso después del Tratado de Maastricht los ingredientes introducidos en el crisol comunitario no se han fundido para dar al mundo una nueva identidad cultural. De hecho, el intento de forzar el proceso calentando en exceso la mezcla ha reventado el recipiente en las recientes consultas populares en Francia y en Holanda. Y es que probablemente Valèry Giscard d´Estaing siempre ha mostrado aptitudes para la intriga, pero la alquimia está más cerca de la magia que de la astucia.

La Unión Europea, al igual que los Estados compuestos, ha sido descrita como un sistema de gestión política dinámico a varios niveles. En el caso europeo, son cuatro: local, regional, nacional y comunitario. La pieza clave que permite el funcionamiento armónico de esta compleja arquitectura es, sin duda alguna, el Estado-Nación, que está presente en los cuatro niveles, aunque sólo ejerce el control completo y directo en el suyo propio. Esta pluralidad de niveles de Gobierno aporta otro obstáculo a la creación de una identidad europea específica que ha de estar necesariamente conectada a un conjunto de relaciones funcionales ejercidas y controladas desde y por las instituciones comunitarias. Esta relación biunívoca necesita, como ya he apuntado, un concepto europeo de solidaridad que legitime las asimetrías entre las rentas per cápita nacionales y la distribución del presupuesto comunitario.

No he de insistir sobre la fragilidad de este componente de la cohesión. Otra referencia «fuerte» podría ser una política exterior y de defensa común, pero es suficiente recordar las divisiones surgidas en el Consejo Europeo con motivo de la guerra de Irak, la inexistencia de un servicio militar obligatorio europeo —cada vez quedan menos de ámbito nacional— o la ineludible dimensión atlántica de nuestra seguridad para advertir que ninguno de estos elementos contribuye con un cemento lo suficientemente fraguado a la erección de una identidad colectiva europea.

En un sistema en el que el poder está distribuido verticalmente en estratos que interaccionan entre sí de forma compleja, la atribución de competencias resulta con frecuencia confusa y la asignación de responsabilidades se diluye. No en vano el principio de subsidiariedad es manifiestamente oscuro y etéreo y se presta a toda suerte de manipulaciones interesadas. Es bien conocida la argucia de los Gobiernos nacionales de culpar a Bruselas de los acontecimientos negativos y de quedarse con el mérito de los positivos. Lo mismo sucede en España con los Gobiernos autonómicos nacionalistas, que tampoco vacilan en endosar a ese ente maligno denominado «Madrid» la causa de todas sus deficiencias y fracasos. Este panorama intrincado tampoco favorece la aparición de una identidad europea. Por el contrario, cuando la gente no consigue aclarar a qué estrato administrativo o político ha de dirigir sus reclamaciones, sus deseos o sus reproches, tiende a reforzar una identidad regresiva y virulenta en el espacio público más inmediato, lo que deteriora la conciencia europea en relación a la nacional y la nacional a favor de la regional, factor este último muy bien rentabilizado por los partidos nacionalistas en nuestro país.

Pese a todo, la principal fuente de autoidentificación en esta superposición embrollada de niveles de gestión y decisión sigue siendo el Estado-

Nación, en cuyos Parlamentos se negocia la asignación de un volumen del producto interior comprendido entre el 40 y el 50%. En este sentido, el Parlamento Europeo es una institución doblemente segmentada por colores políticos y nacionales, que no es percibida por los ciudadanos como la representación genuina de un *demos* europeo todavía inexistente o a lo sumo embrionario. Las competencias transferidas por los Estados-Miembros a las instancias comunitarias se incorporan como añadidos a la imagen de la identidad nacional que los ciudadanos tienen interiorizada, pero no la reemplazan ni la absorben. El concepto de *identidad nacional* en la Europa de principios del siglo XXI no es, por supuesto, el del siglo XIX, pero no ha sido desplazado todavía en el plano político como referente identificador dominante.

El proceso de integración europea siempre ha considerado la cultura como una competencia exclusiva de los Estados-Miembros, lo que indica claramente la renuncia a articular de forma explícita una identidad cultural de la Unión que, si emerge, será por caminos espontáneos e indirectos distintos a los de la intervención legislativa de las instituciones comunitarias. Las acciones de apoyo, tales como los programas de intercambio de estudiantes, la elección de las capitales europeas de la cultura, la tupida red de asociaciones culturales europeas, el reconocimiento mutuo de titulaciones, la armonización de los sistemas educativos superiores o la promoción del ideal europeo en las escuelas secundarias, son otras tantas muestras de una concepción de la política cultural entendida como el fomento del conocimiento mutuo y la comunicación entre culturas distintas y no la creación de una cultura homogénea superpuesta y superior a las nacionales.

Un elemento central de la identidad cultural es la lengua y por eso el nacionalismo es una doctrina que transforma milagrosamente a los químicos e incluso a los iletrados en filólogos. En las instituciones de la Unión de la Europa de los Veinticinco se reconocen veintiuna lenguas oficiales, tras la reciente incorporación del irlandés. En el Parlamento, todos los documentos relacionados con cada etapa del procedimiento legislativo son traducidos a estos veintiún idiomas y los miembros de la Cámara tienen derecho a expresarse en uno de ellos en todas las reuniones y actividades oficiales. Más de un tercio del presupuesto y casi la mitad del personal se dedican exclusivamente a labores de traducción e interpretación. No hay una *lingua franca* oficiosa, sino dos, el inglés y el francés, lo que también es un síntoma de la resistencia de la Unión a la uniformidad cultural, al igual que lo es el mantenimiento de tres sedes, en Bruselas, en Estrasburgo y en Luxemburgo, contra el más elemental criterio de racionalidad económica. La lengua materna es el medio primordial para la inmensa mayoría de los europeos de socialización y de acceso al conocimiento y a la información, y, por consiguiente, constituye un componente esencial e indeleble de la identidad colectiva a la que los ciudadanos se sienten emocionalmente vinculados de manera particularmente intensa. El derecho al uso de la lengua nacional respectiva en las instituciones europeas es, pues, una herramienta indispensable para la participación igualitaria y la consecución de acuerdos, y, por tanto, de legitimación democrática de la propia Unión.

A esta pluralidad cultural característica de Europa asociada a la rica diversidad de lenguas, se añade una amplia y variada panoplia de confesiones religiosas, tradiciones, costumbres, preferencias estéticas y, como ha hecho notar el eximio estadista que hoy preside la República Francesa, dietas alimenticias. Algunos de estos rasgos culturales traspasan las fronteras y se extienden a más de un Estado-Miembro, pero en cualquier caso ninguna identidad cultural nacional está dispuesta a ser minorizada o marginada y, con independencia de su importancia cuantitativa o de su influencia en el mundo, exige un trato de igual a igual con las demás en el seno de las instituciones de la Unión.

Otro problema que se ha de tener en cuenta es el de los posibles conflictos que se plantean cuando la acción legislativa de la Unión afecta a las llamadas «conquistas sociales», a principios éticos o a cuestiones dotadas de contenido moral, como, por ejemplo, los derechos de los asalariados, la regulación de los medios audiovisuales, los sistemas de protección social, el bienestar animal, las preferencias sexuales o la manipulación de embriones humanos. En estos campos, se puede dar y de hecho se produce una colisión entre el sistema de valores asumido por una determinada cultura nacional y los criterios europeos. Este género de situaciones pone en marcha laboriosos procesos de negociación con el fin de alcanzar formulaciones compatibles con las diversas sensibilidades nacionales y tienen la virtud de agitar las aguas normalmente tranquilas de las instituciones europeas.

Una bandera, un himno sin letra, una impresión normalizada de los pasaportes y una moneda única son los símbolos del nuevo orden europeo, cuya progresiva expansión territorial y normativa parece, pese a tropiezos y estancamientos ocasionales, imparable. Esta referencia simbólica adicional, inexistente hace medio siglo, se añade a las muchas ya operativas en Europa, sin eliminarlas ni sustituirlas. El problema de la identidad cultural europea no es la enorme diversidad de culturas nacionales y subnacionales, sino la comunicación entre ellas. La política cultural de la Unión no debe ser, en consecuencia, de homogeneización, misión, por otra parte, imposible, sino de traducción.

Recapitulando y terminando: la Unión Europea se ha erigido como una referencia para una identidad europea en forma de «comunitarización segmentada» de determinadas competencias y funciones de control de carácter económico y político bajo una perspectiva principalmente instrumental. Una identidad cultural europea más profunda y emocionalmente movilizadora todavía no ha aparecido porque los Estados-Nación mantienen sin rival su papel de depositarios primordiales de la legitimidad y de marcos preferentes de decisión política. La esfera pública de los valores sigue siendo a los ojos de los ciudadanos ante todo el Estado-Nación. Asimismo, los Estados-Nación actúan como garantes y protectores de las identidades culturales nacionales cuyas ciudadanías no aceptan someter a decisiones mayoritarias tomadas externamente a su contorno. Una identidad cultural europea homogénea ni se prefigura, ni se la espera, ni se la desea, y Europa continuará exhibiendo un conglomerado muy diversificado de identidades culturales nacionales.

Lo anterior no obsta para que surjan dos nuevas líneas de desarrollo. En primer lugar, la unidad monolítica de los Estados-Nación se hará más permeable a componentes europeos, sin llegar a la formación de una identidad europea jerárquicamente superior a la nacional. En segundo, algunas dimensiones particulares se emanciparán de forma más acusada de la matriz nacional, sobre todo las que a nivel comunitario experimenten una institucionalización más fuerte, como la economía y el derecho.

Desde esta perspectiva, la identidad europea será un proceso en continua evolución del que conocemos el punto de partida, aunque nadie se ha atrevido y dudo que se atreva con la que está cayendo, a fijar un punto de llegada.

(Intervención dentro del ciclo «El pluralismo en las democracias: la cuestión del multiculturalismo» en el II Campus FAES, el 17 de julio de 2005.)

OTROS TÍTULOS DE LA EDITORIAL

¿Qué ideología sustenta a la nueva izquierda radical que se ha acomodado en el poder tras los atentados del 11-M? ¿Es verdad que los grupos de la contracultura como las feministas radicales, ecologistas, pacifistas o antiglobalización se han hecho con el control ideológico del PSOE? ¿Quiénes son los gurús de donde extrae el socialismo español las nuevas ideas radicales? ¿Los restos del marxismo tienen cada vez más peso en la acción de Zapatero y de su Gobierno?

Jesús Trillo-Figueroa contesta estos interrogantes y muchos otros con sólidos argumentos y documentación abundante, desvelando lo que se oculta tras la ideología invisible de la izquierda española.

¿Sabía que dos de los terroristas del 11-M pasaron por comisaría cinco días antes de los atentados? ¿Y que El Chino, uno de los principales cabecillas, tenía su teléfono intervenido antes del 11-M y que esas escuchas telefónicas se interrumpieron al día siguiente de los atentados? ¿Conocía que los teléfonos móviles usados en las bombas fueron liberados en la tienda de un policía? Casi todos los principales responsables del 11-M eran confidentes, trabajaban para los servicios de Inteligencia o estaban siendo estrechamente vigilados antes de la masacre. ¿Cómo se pudo, entonces, producir ese atentado? ¿Estamos ante una simple negligencia?

Los enigmas del 11-M analiza las investigaciones contenidas en el sumario judicial y revela datos sorprendentes que le harán replantearse su visión de los hechos. Después de dos años de indagaciones policiales, judiciales y periodísticas, y después de una Comisión de Investigación que no fue capaz de explicar nada, la opinión pública sigue sin conocer quién puso las bombas, quién las fabricó, quién dio las órdenes para atentar a tres días de unas elecciones. Pero lo que sí está claro a estas alturas es que aquel atentado provocó un cambio político en España cuyas consecuencias sólo ahora estamos empezando a vislumbrar.

La ironía es la mejor arma de la lucidez; el buen humor, el mejor talante para desmontar la maraña de pequeños dogmas de la manipulación. En muchos aspectos, en el Gobierno de Zapatero se dan similitudes sorprendentes con las ensoñaciones de *Alicia en el país de las maravillas*, como la eliminación de cualquier regla lógica y el trastocamiento del lenguaje. Incluso descubrimos paralelismos chocantes entre ZP y el enigmático gato de Cheshire.

Con pluma afilada y desinhibida, el autor pasa revista a la desnortada cosmogonía *progre*, con sus tics, prejuicios e incoherencias. A veces en broma, a veces con la intensidad de la mejor divulgación, desentraña y despeja las antinomias de Zapatero.